南京理工大学知识产权学院文库

海外专利纠纷应对
——江苏企业典型案例分析及启示

聂 鑫 郑伦幸 徐升权 等◎著

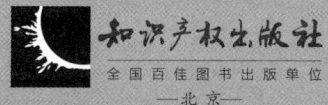

图书在版编目（CIP）数据

海外专利纠纷应对：江苏企业典型案例分析及启示/聂鑫等著.—北京：知识产权出版社，2022.5

ISBN 978-7-5130-8126-9

Ⅰ.①海… Ⅱ.①聂… Ⅲ.①专利权—民事纠纷—案例—国外 Ⅳ.①D913.405

中国版本图书馆 CIP 数据核字（2022）第 059140 号

责任编辑：刘 睿 刘 江　　　　　责任校对：潘凤越
封面设计：SUN 工作室　　　　　　责任印制：刘译文

海外专利纠纷应对

江苏企业典型案例分析及启示

聂 鑫 郑伦幸 徐升权 等 著

出版发行：知识产权出版社有限责任公司	网　址：http://www.ipph.cn
社　址：北京市海淀区气象路 50 号院	邮　编：100081
责编电话：010-82000860 转 8344	责编邮箱：liujiang@cnipr.com
发行电话：010-82000860 转 8101/8102	发行传真：010-82000893/82005070/82000270
印　刷：三河市国英印务有限公司	经　销：新华书店、各大网上书店及相关专业书店
开　本：720mm×1000mm　1/16	印　张：18.5
版　次：2022 年 5 月第 1 版	印　次：2022 年 5 月第 1 次印刷
字　数：292 千字	定　价：90.00 元
ISBN 978-7-5130-8126-9	

出版权专有　侵权必究

如有印装质量问题，本社负责调换。

本书编写人员

聂　鑫　郑伦幸　徐升权　潘玉萍

史佳芝　骆思宇　刘珊珊　谢肖肖

前　言

深入实施"走出去"战略，是我国推动全方位高水平对外开放，实现高质量发展的必要选择，也是落实习近平总书记在党的十九大报告中指出的"坚持引进来和走出去并重，遵循共商共建共享原则，加强创新能力开放合作，形成陆海内外联动、东西双向互济的开放格局"的必然要求。"走出去"战略的实施不仅需要科学的理论指导，还需要合理且高效地处理好实践中可能遇到的问题。当前，随着知识经济和经济全球化的深入发展，知识产权已成为国际市场竞争力的核心要素，是企业发展的关键性资源。知识产权领域的争夺已成为我国"走出去"企业布局全球、融入国际竞争的主战场之一。我国企业常因海外知识产权信息获取渠道不畅，风险防控能力较弱，纠纷处理不当，造成巨大损失。进出口贸易中海外知识产权争端防控处理能力不足、抗知识产权风险能力较弱的问题已成为制约我国企业"走出去"的重要因素。江苏是外贸大省，将江苏企业遭遇的海外知识产权纠纷典型案件作为研究样本，深入分析案件涉及的国外知识产权法律规则，总结江苏企业防控应对海外知识产权纠纷存在问题，并推广相关经验，可为我国"走出去"企业提升海外知识产权纠纷防控意识与应对能力提供方法遵循，具有重要的示范意义与价值。

《海外专利纠纷应对——江苏企业典型案例分析及启示》一书正是在这一背景下，由南京理工大学课题组编写完成。本书共收录了15个江苏企业涉诉的海外专利纠纷案例，其中，专利侵权案例9个，专利无效案例6个。本书对于案例的介绍与解读，分为五个部分：第一部分，基本信息，主要介绍案件的审理法院、原告、被告、判决时间等信息；第二部分，案情介绍，主要介绍案件的基本案情、当事人以及诉争专利信息；第三部分，处理结果，主要介绍法院对于案件的处理情况；第四部分，案情解析，围绕法院审理案件的争议焦点，分析案件审理所涉及的事实查明以及法律适用问题；第五部分，镜鉴启示，以"走出去"企业为视角，提出企业提升海外专利风险防控以及应对能力的一些启示建议。

本书编写特点主要体现在以下三方面：一是凸显江苏特色。本书收录的都是江苏企业涉案的海外专利案例，通过对相关案件信息的整理与分析，力图探寻江苏企业处理海外专利纠纷的普遍性问题，总结相关企业的案件处理经验，形成可供我国"走出去"企业参鉴的"江苏样本"。二是力求内容翔实。本书在介绍与分析案情的同时，还通过涉诉企业背景的挖掘、专利布局信息的检索分析、所在行业情况的介绍，旨在向读者全面展示内容翔实的案件信息，便于读者全方位掌握案情，了解涉案企业作出相关应诉决策的现实考量。三是紧扣目标需求。考虑到本书编写的目标主要是为我国"走出去"企业提供海外专利纠纷防控应对的方法遵循与借鉴，因此，本书在每个案例的研究中专门设置"镜鉴启示"部分。该部分以"以案说法"的方式，向读者介绍防控海外专利风险、处理海外知识产权纠纷的方法、经验与策略，以期起到举一反三的作用。

本书第一部分的案例一、五由郑伦幸、潘玉萍编写，案例二由聂鑫、谢肖肖编写，案例三由聂鑫、谢肖肖、史佳芝编写，案例四、八由聂鑫、刘珊珊编写，案例六、七、九由郑伦幸、骆思宇编写；第二部分的案例一由聂鑫、刘珊珊编写，案例二由聂鑫、谢肖肖编写，案例三、四、五由徐升权、史佳芝编写，案例六由郑伦幸、骆思宇编写。

目 录

第一部分 专利侵权案件

案例一 美国FNA集团有限公司诉江苏龙腾鹏达机电有限公司侵害
专利权、商业秘密民事纠纷案 ························· 3
  一、基本信息 ··· 3
  二、案情介绍 ··· 3
  三、处理结果 ·· 10
  四、案情解析 ·· 10
  五、镜鉴启示 ·· 16

案例二 浙江昶洧新能源汽车发展有限公司诉南京拜腾公司、拜腾
北美公司等侵害专利权民事纠纷案 ······················ 19
  一、基本信息 ·· 19
  二、案情介绍 ·· 19
  三、处理结果 ·· 32
  四、案情解析 ·· 32
  五、镜鉴启示 ·· 35

案例三 张伯伦集团公司诉亿腾科技（无锡）有限公司等侵犯专利权
民事纠纷系列案 ·· 38
  一、基本信息 ·· 38
  二、案情介绍 ·· 38
  三、处理结果 ·· 54
  四、案情解析 ·· 54

五、镜鉴启示 57

案例四　利纳克有限公司诉常州市凯迪股份有限公司侵害
**　　　　专利权纠纷案** 61

　　一、基本信息 61

　　二、案情介绍 61

　　三、处理结果 71

　　四、案情解析 71

　　五、镜鉴启示 73

案例五　波士顿科学公司诉南微医学科技股份有限公司侵害专利权
**　　　　民事纠纷案** 76

　　一、基本信息 76

　　二、案情介绍 76

　　三、处理结果 85

　　四、案情解析 86

　　五、镜鉴启示 94

案例六　美国 RK Solutions 有限公司等诉苏州维卓生物技术有限
**　　　　公司等侵害专利权民事纠纷案** 96

　　一、基本信息 96

　　二、案情介绍 96

　　三、处理结果 100

　　四、案情解析 100

　　五、镜鉴启示 105

案例七　美国 Evolv 公司诉卓尔悦（常州）电子科技有限公司等
**　　　　侵害专利权民事纠纷案** 109

　　一、基本信息 109

　　二、案情介绍 109

　　三、处理结果 122

　　四、案情解析 122

　　五、镜鉴启示 128

案例八　Ultra‐Mek 公司诉江苏钰龙智能科技有限公司等侵害专利权民事纠纷案 ………… 133
　　一、基本信息 ………… 133
　　二、案情介绍 ………… 133
　　三、处理结果 ………… 146
　　四、案情解析 ………… 147
　　五、镜鉴启示 ………… 151

案例九　美国 Codexis 公司诉苏州汉酶公司等侵害专利权民事纠纷系列案 ………… 153
　　一、基本信息 ………… 153
　　二、案情介绍 ………… 153
　　三、处理结果 ………… 159
　　四、案情解析 ………… 160
　　五、镜鉴启示 ………… 167

第二部分　专利无效案件

案例一　"防护手覆盖手套"外观设计无效宣告请求案 ………… 175
　　一、基本信息 ………… 175
　　二、案情介绍 ………… 175
　　三、处理结果 ………… 183
　　四、案情解析 ………… 184
　　五、镜鉴启示 ………… 188

案例二　"含 pH 调节器的紫杉烷制药溶液及其制备方法"专利权宣告无效请求案 ………… 193
　　一、基本信息 ………… 193
　　二、案情介绍 ………… 193
　　三、处理结果 ………… 200
　　四、案情解析 ………… 200
　　五、镜鉴启示 ………… 207

案例三 "具有改进注射性能的可注射悬浮液"专利权无效宣告
　　　　请求案 ·· 210
　　一、基本信息 ·· 210
　　二、案情介绍 ·· 210
　　三、处理结果 ·· 217
　　四、案情解析 ·· 217
　　五、镜鉴启示 ·· 219

案例四 "介孔复合二氧化钛及其制备方法"专利权无效宣告
　　　　请求案 ·· 223
　　一、基本信息 ·· 223
　　二、案情介绍 ·· 223
　　三、处理结果 ·· 235
　　四、案情解析 ·· 235
　　五、镜鉴启示 ·· 236

案例五 "低改性生物相容性高分子巯基改性衍生物、交联
　　　　材料和所述材料的用途"专利权无效宣告请求案 ·············· 240
　　一、基本信息 ·· 240
　　二、案情介绍 ·· 240
　　三、处理结果 ·· 253
　　四、案情解析 ·· 253
　　五、镜鉴启示 ·· 255

案例六 "药物雷西纳德结晶形式"专利权无效宣告请求案 ·············· 260
　　一、基本信息 ·· 260
　　二、案情介绍 ·· 260
　　三、处理结果 ·· 269
　　四、案情解析 ·· 269
　　五、镜鉴启示 ·· 275

参考文献 ·· 281

后　　记 ·· 283

第一部分
专利侵权案件

案例一

美国 FNA 集团有限公司诉江苏龙腾鹏达机电有限公司侵害专利权、商业秘密民事纠纷案

☞ 入选理由：本案涉及美国司法实践中法院对外观设计专利以及商业秘密侵权判断标准的适用问题。通过本案，有利于企业准确把握美国相关知识产权的侵权判定要件内容与适用标准。

一、基本信息

审理法院：美国内华达州地区法院。
原告：美国 FNA 集团有限公司。
被告：江苏龙腾鹏达机电有限公司。
判决时间：2020 年 5 月 31 日。

二、案情介绍

（一）基本案情

2018 年 5 月 7 日，美国 FNA 集团有限公司（以下简称"FNA"）以江苏龙腾鹏达机电有限公司（以下简称"龙腾鹏达"）违反保密协议、违反许可证合同、违反内华达州《欺骗性贸易惯例法》、违反《美国保守商业秘密法》以及侵犯其在美国与泵产品相关的两件专利（USD699762 号专利、

USD700211号专利）为由，向美国内华达州地区法院提起违约诉讼。原告FNA指出，被告龙腾鹏达是其产品制造商，双方于2012年3月27日达成两项协议：第一，不披露、不竞争和不干涉协议（以下简称"NDA协议"）。该协议规定龙腾鹏达具有保守FNA商业秘密的义务，未经FNA书面许可，不得使用其商业秘密，且不得未经许可就以直接或间接方式向任何人披露或允许披露其商业秘密。第二，技术和诀窍许可协议（以下简称"许可协议"）。据此协议，FNA向龙腾鹏达颁发了非排他、不可转让、不可公开和特许权使用费许可证。协议中双方约定，该协议于双方业务关系结束时终止，协议终止后龙腾鹏达不得以任何方式向任何第三方出售、转让、许可、处置或其他方式提供FNA技术秘密的全部或部分内容，并应立即停止生产许可产品，停止使用或披露FNA技术秘密，且应立即将所有有形形式的技术信息及其副本归还FNA。原告和被告于2016年结束业务合作关系。

关于违反保密协议，原告FNA指出被告龙腾鹏达在2018年5月8~10日于内华达州拉斯维加斯举办的"国际五金制品及花园展览会"第1011号展位上展示了依据FNA技术诀窍生产的高压垫圈及泵产品。此外，被告龙腾鹏达在双方业务关系终止之后仍利用FNA的机密信息、诀窍和商业秘密制造、提供销售和销售与FNA直接向第三方销售的产品几乎相同的产品。

关于侵犯专利权，原告FNA指出，被告龙腾鹏达在其网站上提供的产品为之前根据协议由其为FNA生产的产品，包括LT901/LT902（立式轴流泵），实际上是FNA的泵型号510001；LT921/LT922（卧式轴流泵），实际上是FNA的泵型号520002；LT931/LT932（锻造黄铜泵头），实际上是FNA的泵型号530008；LT951/LT952（锻造黄铜泵头），实际上是FNA的泵型号530006。原告FNA声称，其对510001泵拥有的外观设计专利号为USD691638；对520002泵拥有的外观设计专利号为USD699762；对530008泵拥有的外观设计专利号为USD670312和USD700211；对530006泵拥有的外观设计专利号为USD692026。原告提出，在双方业务关系中，其向被告提供了这些泵的机密工程图纸和规格。（原告FNA特别强调被告龙腾鹏达侵犯其 USD699762 和 USD700211 号专利,主要因为这两项实用新型专利发明人之一是龙腾鹏达的雇员,两项专利分别于 2014 年 2 月 18 日和 2013 年 10 月 22 日获得专利证书,因此,被告龙腾鹏达对原告申请这两项专利的行为知情。)被告龙腾鹏达除制造 FNA 具有专利权的产品之外,还将这些产品销售给 Karcher North American 公司和 Nilfisk Pressure Pro 公司。

案件审理过程中,被告龙腾鹏达仅于 2018 年 6 月 28 日进行过答复,此后再未出庭应诉。

(二)背景介绍

1. 当事人情况

(1)原告方背景概述。

原告美国 FNA 集团有限公司是一家总部位于伊利诺伊州埃尔克格罗夫村,主要从事开发、生产和销售商业和工业压力垫圈、压力垫圈泵、高压软管以及这些装置的附件、更换部件的公司,其注册地址在伊利诺伊州埃尔克格罗夫村绿叶大道 1825 号。

FNA 的专利布局情况如下:FNA 在 2016 年以前的年均专利申请量大多处于个位数,最多的是 2013 年的 13 件。2016 年后,FNA 迎来专利申请的高峰,2017 年达到 39 件(见图 1-1-1)。

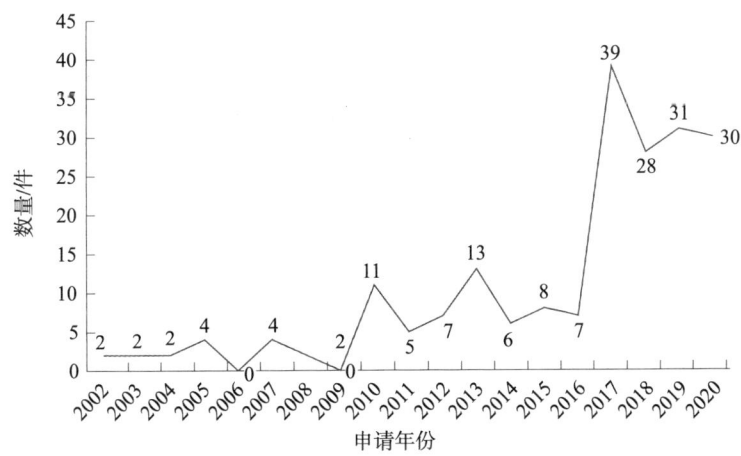

图 1-1-1　美国 FNA 集团有限公司全球专利申请趋势

数据来源:智慧芽(PatSnap)全球专利检索数据库(2021 年 4 月 1 日)

FNA 主要在美国、中国、加拿大、新西兰和墨西哥等进行专利布局，其中专利受理数量前三名的国家为美国、中国和加拿大，数量分别是 89 件、45 件和 32 件（见图 1-1-2）。

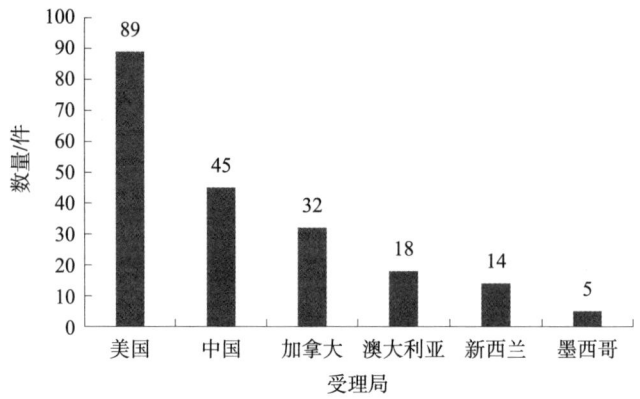

图 1-1-2　美国 FNA 集团有限公司全球专利布局情况
数据来源：智慧芽（PatSnap）全球专利检索数据库（2021 年 4 月 1 日）

FNA 拥有 85 组同族专利（专利总数为 203 件），其中外观设计专利为 63 件，占比 74%；发明专利 22 件，占比 26%（见图 1-1-3）。

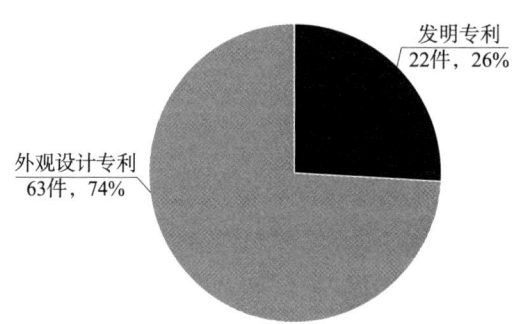

图 1-1-3　美国 FNA 集团有限公司专利类型
数据来源：智慧芽（PatSnap）全球专利检索数据库（2021 年 4 月 1 日）

（2）被告方背景概述。

江苏龙腾鹏达机电有限公司成立于 2011 年，总投资 1.8 亿元人民币，占地 100 亩，厂房 6 万平方米，注册地址在江苏省启东市吕四港镇兆民工业园区 88 号，法定代表人为毛鹏飞，注册资本 3000 万元人民币，经营范围包括电动工具、气动工具、五金工具、清洗机、割草机及配件、压缩机电机、清洗机用发动机制造、销售及自营和代理一般经营项目商品和技术的进出口业务。龙腾鹏达公司专业生产电动高压清洗机、汽油高压清洗机等各系列 20 多个品种，年生产能力 200 万台，目前公司产品全部出口。龙腾鹏达公司是江苏鹏达集团有限公司的子公司，由集团公司控股 84%。江苏鹏达集团有限公司的 4 个子公司分别是：南通鹏达（富士德）工具有限公司、江苏万鹏机电有限公司、江苏龙腾鹏达机电有限公司、江苏万鹏生态苗木有限公司。

龙腾鹏达的专利布局情况如下：经检索，截至 2021 年 4 月 1 日，龙腾鹏达未进行任何海外知识产权布局，自成立以来，共申请 44 件专利，均为国内专利。2014 年专利申请量最高，为 24 件，2015 年后没有专利申请（见图 1 - 1 - 4）。

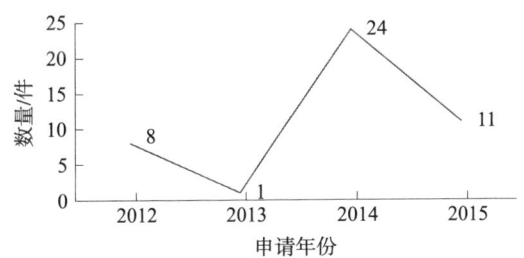

图 1 - 1 - 4　江苏龙腾鹏达机电有限公司全球专利申请趋势

数据来源：智慧芽（PatSnap）全球专利检索数据库（2021 年 4 月 1 日）

龙腾鹏达申请的 44 件专利中，发明专利 4 件，占比 9%；实用新型专利 11 件，占比 25%；外观设计专利最多，为 29 件，占比 66%（见图 1 - 1 - 5）。

2. 诉争专利情况

本案所涉及的主要专利为原告 FNA 集团的两项授权专利：USD699762 和 USD700211（见表 1 - 1 - 1、表 1 - 1 - 2、表 1 - 1 - 3）。

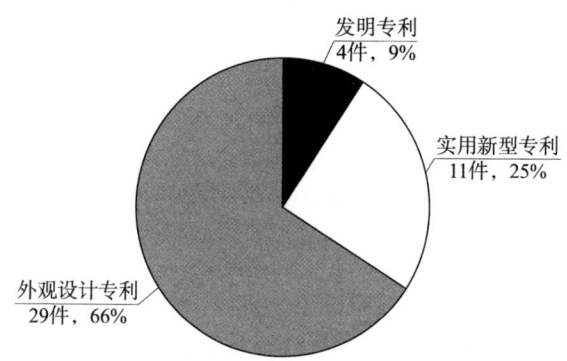

图1-1-5 江苏龙腾鹏达机电有限公司专利类型

数据来源：智慧芽（PatSnap）全球专利检索数据库（2021年4月1日）

表1-1-1 涉案专利基本信息

专利号	专利名称	申请日	法律状态
USD699762 同族专利：CN302588913S	泵 （Pump）	2012年10月9日 同族专利：2013年4月9日	有效
USD700211 同族专利：CN302518496S	泵 （Pump）	2012年8月10日 同族专利：2013年2月1日	有效

数据来源：智慧芽（PatSnap）全球专利检索数据库（2021年4月1日）

表1-1-2 USD699762号专利的主要附图

附　图	说明书
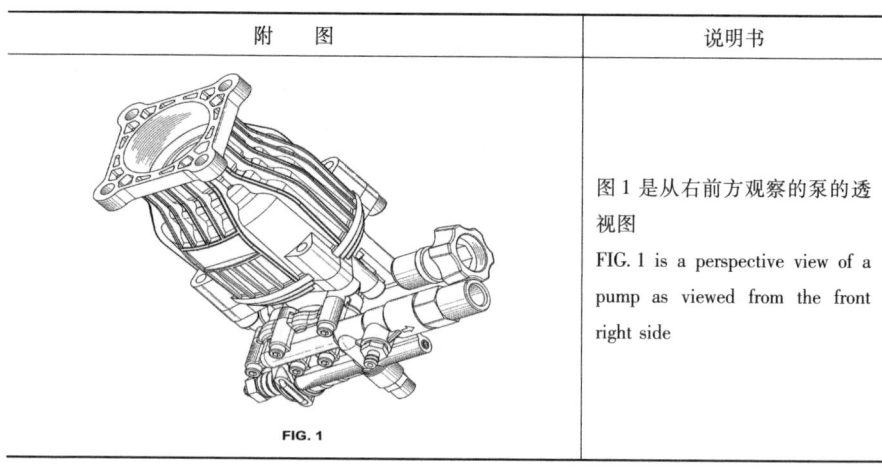	图1是从右前方观察的泵的透视图 FIG. 1 is a perspective view of a pump as viewed from the front right side

续表

附　　图	说明书
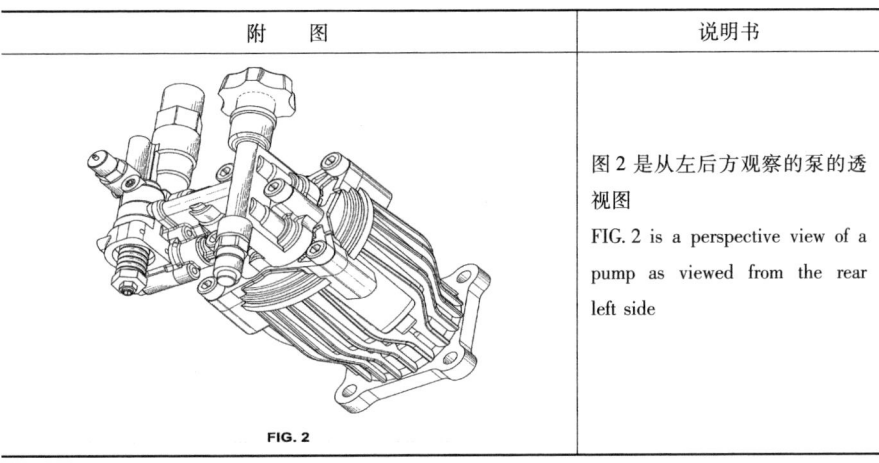 FIG. 2	图2是从左后方观察的泵的透视图 FIG. 2 is a perspective view of a pump as viewed from the rear left side

数据来源：智慧芽（PatSnap）全球专利检索数据库（2021年4月1日）

表1-1-3　USD700211号专利的主要附图

附　　图	说明书
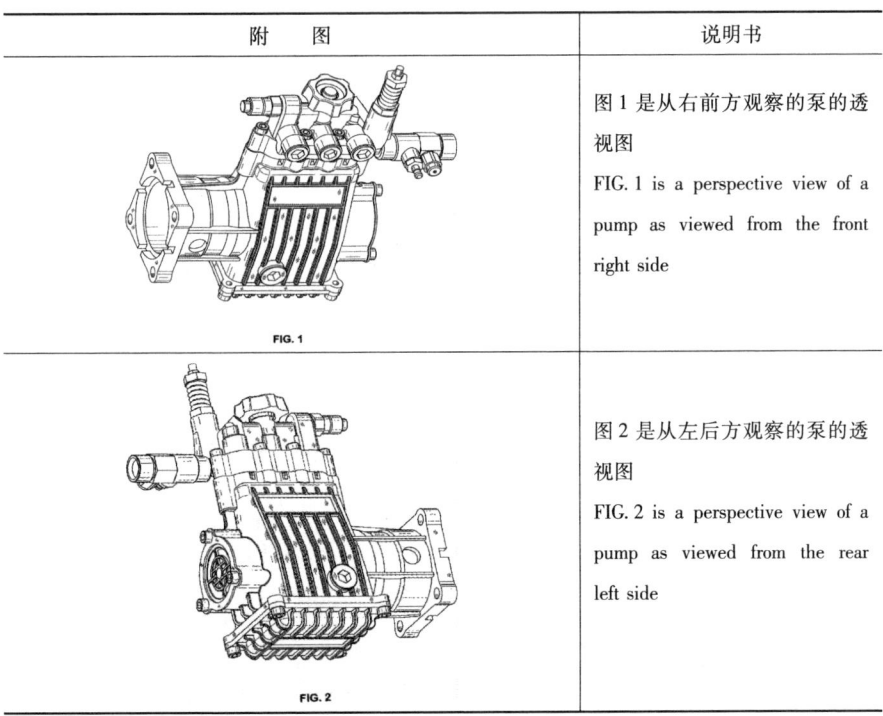	图1是从右前方观察的泵的透视图 FIG. 1 is a perspective view of a pump as viewed from the front right side 图2是从左后方观察的泵的透视图 FIG. 2 is a perspective view of a pump as viewed from the rear left side

数据来源：智慧芽（PatSnap）全球专利检索数据库（2021年4月1日）

三、处理结果

经审理，美国内华达州地区法院根据案件事实及相关判例，判定被告龙腾鹏达存在违反保密协议和许可协议的行为，侵犯了原告的 USD699762、USD700211 号两项专利权，构成外观设计专利侵权。根据上述认定，又基于被告不予应诉的事实，法院最终作出不利于被告的缺席判决，判决内容包括被告构成对原告的违约和侵权，并对被告发布了永久禁令。

四、案情解析

本案法院的审理主要围绕原告提出的四项诉请展开：第一，被告是否侵犯原告的 USD699762 号和 USD700211 号两项专利权；第二，被告是否违反与原告签订的保密协议，侵犯其商业秘密；第三，被告是否违反与原告之间的许可协议；第四，是否向被告核发永久禁令。

（一）关于被告是否侵犯原告两项诉争专利权的问题

原告 FNA 是一家注册地位于美国伊利诺伊州的公司，其主要营业地在美国威斯康星州。被告龙腾鹏达在 2012～2016 年曾是原告的产品制造商。据原告提供的相关证据显示，在被告龙腾鹏达为原告制造产品期间，其在中国申请了关于 FNA 产品的专利，此申请违反了双方的许可协议且原告事先不知情。2017 年，龙腾鹏达在中国对 FNA 新的中国制造商苏州丹尼奥提起诉讼，指控其基于不当获得的专利技术对龙腾鹏达实施了专利侵权。在 FNA 告知龙腾鹏达，根据双方的协议，其专利申请存在不当之后，龙腾鹏达撤回了在中国有关 FNA 技术的专利申请，放弃了相关权利。然而，龙腾鹏达仍一直在使用 FNA 的技术诀窍和商业秘密制造产品，并将其销售和运输至设在美国的分公司。这一行为同时违反了双方的协议以及美国联邦、伊利诺伊州的法律。原告还声称，龙腾鹏达一直在利用 FNA 的商业秘密、诀窍和机密信息来制造、许诺销售和销售与 FNA 直接向第三方销售的产品几乎相同的产品。相同产品的对应关系如下：龙腾鹏达的产品 LT901/LT902（立式轴流泵），实际上是 FNA 的泵型号 510001；龙腾鹏达的产品 LT921/LT922（卧式轴流泵），实际上是 FNA 的泵型号 520002；龙腾鹏达的产品 LT931/LT932（锻造黄铜泵头），实际上是 FNA 的泵型号 530008；龙腾鹏达的产品 LT951/LT952（锻造黄铜泵头），实际上是 FNA 的泵型号 530006。原告声称，在双方的业务关系中，它提供了这些泵的机密工程图纸和规格，并对 510001 泵的外观设计享有专利保护，包括专利号为 USD691638 的 520002 泵、专利号为 USD699762 的 530008 泵、专利号 USD670312、USD692026 和 USD700211 的 530006 泵。

原告还声称，龙腾鹏达利用 FNA 的商业秘密和机密信息，为 FNA 的直接竞争对手制造了几乎相同的轴流泵，其中至少包括长赫（Karcher）北美公司和力奇（Nilfisk Pressure Pro）公司。上述结论的提出基于这些竞争对手销售的泵与原告受专利保护的泵之间具有相似性，龙腾鹏达为力奇公司制造和进口了泵的污垢激光压力垫圈。这些压力垫圈使用在电力设备之上并直接在网站上销售。原告指出，力奇公司的 Dirt 激光型号 PP3425H 包含 FNA 泵 530008 的部件，原告向法院提供了这两种型号的图片，以便比较它们的相似性。FNA 提出，它在与被告龙腾鹏达具有合作关系期间提供了该泵的机密工程图纸和规格。FNA 对 530008 泵的外观设计有专利保护，涉及 USD700211 号专利。此外，力奇公司的 Dirt 激光型号 PP3225H 和 PP3225K 也涉及对 FNA 享有专利的泵 520002 的仿冒。同时，龙腾鹏达亦将其生产的 LT921/LT922（卧式轴向泵），实为 FNA 的泵号 520002，出口给美国的 Karcher 北美公司和力奇公司。

原告 530008 泵的专利于 2013 年 10 月 22 日颁发，专利号为 USD700211。原告 520002 泵的专利于 2014 年 2 月 18 日颁发，专利号为 USD699762。原告在诉讼中附上了两项专利的副本。原告声称，龙腾鹏达自原告研发 USD70211 号和 USD699762 号专利技术以来，就一直知悉这些专利的技术方案，因为这两项专利发明人之一就是龙腾鹏达的雇员。

综合以上案情，美国内华达州地区法院对原告的该项指控，作出如下判决：针对原告认为被告侵犯其对 USD699762 号和 USD700211 号两项专利权的主张，法院为判断被告是否构成外观设计的侵权，采取了"普通观察者测试法"，认定该指控产品与专利的设计相同，并且被告存在制造、运输和销售泵产品到美国的行为，据此，法院判定被告构成外观设计专利侵权。

目前,"普通观察者测试法"是美国司法实践中惯常使用的判断和比较被控侵权产品与已有外观设计相似度的方法,即如果被控侵权产品的外观设计与获得专利保护的外观设计具有相似性,并足以使一般消费者认为其购买的是原告的外观设计专利产品,那么被控侵权产品的外观设计便构成侵权。"普通观察者测试法"适用的核心在于对"一般消费者"的主体选择,美国司法实务中倾向于认为一般消费者不是相关领域的专家或者市场中任意挑选的消费者,而是专利产品在市场上的实际购买者。本案主审法官就是以一般消费者的视角进行评价,最终得出被告产品设计构成对原告外观设计专利侵权的结论。

(二)关于被告是否违反保密协议,侵犯原告商业秘密的问题

2012年3月27日,FNA与龙腾鹏达双方达成"NDA协议",以向龙腾鹏达披露相关技术和诀窍信息,用于制造泵和其他相关产品。根据协议内容,双方若任何一方违反NDA协议,适用伊利诺伊州法律,并且适用于保密规定(第5条)的期限为合同生效之日(2012年3月27日)起10年。NDA协议第5条的具体内容如下:龙腾鹏达被允许接触有关FNA或其附属公司及其各自的业务、设备、产品和雇员的商业秘密和机密信息,包括但不限于"研究、技术、知识产权、技术信息、方法、想法和所有其他FNA试图保密且具有商业价值或其未经授权披露将损害许可方利益的信息"。相应地,龙腾鹏达对FNA负有如下义务:秘密接收和保存所有机密资料,不向任何人(包括受限制的一方或其附属机构)透露任何机密资料;未经许可方书面同意,不得使用或允许使用任何机密资料;除法律要求或许可方指示外,不得直接或间接向任何其他人(包括任何受限制的一方或其任何附属机构)披露、分发、允许披露、分发任何机密信息;采取所有必要和适当的措施,以保持机密信息的机密性。被告在双方合作关系终止,但在NDA协议的有效期内,未经原告FNA的许可,利用原告的技术诀窍和商业秘密生产、制造了相关产品,对原告造成了商业利益损害。

根据美国伊利诺伊州法律,违约的构成要件为:(1)存在有效和可执行的合同;(2)原告履约;(3)被告存在违约行为;(4)被告违约对原

告造成伤害。根据原告提供的证据证明，原被告之间存在合法有效的不披露、不竞争和不干涉合同，根据该合同，原告向被告披露了保密信息，而被告违反了保密规定，即其利用原告提供的技术信息进行制造、销售和运输产品的行为，违反了协议中双方约定的未经许可不得使用和披露原告任何机密信息的义务，该行为造成原告客户、订单和市场份额损失、产品和专利的价格侵蚀、商业机会损失以及商誉损失和声誉损害等损害后果，据此，法院对原告提出的被告违反保密协议的主张，作出违约判决。

原告还称被告违反了《美国保护商业秘密法》，其依据是龙腾鹏达"挪用"了原告的商业秘密。《美国保护商业秘密法》第1836（b）条第1款和第1837条第2款规定，"如果涉案商业秘密与用于或拟用于州际或对外贸易的产品或服务有关，被挪用商业秘密的所有人可根据本款提起民事诉讼"。无论该行为是发生在美国境内还是境外，均适用该规约。《美国保护商业秘密法》第1839条将"商业秘密"定义为：（1）金融、商业、科学、技术、经济或工程信息的形式和类型，包括模式、计划、汇编、程序装置、公式、设计、原型、方法、技术、过程、程序或代码，无论是有形的还是无形的，以及是否或如何以实物、电子、图形、照片或书面形式存储、汇编；（2）权利人已采取合理措施保守这些资料的秘密；（3）信息具有独立的经济价值，不论是实际的还是潜在的，因为不为他人所普遍了解，也不能通过适当手段随时查明，而该人可以从信息的披露或使用中获得经济价值。《美国保护商业秘密法》第1839条将"挪用"定义为：（1）知道或有理由知道商业秘密是通过不正当手段获得的人获取另一人的商业秘密；或（2）未经某人明示或默示同意而泄露或使用他人商业秘密。所谓使用不正当手段获取商业秘密知识，在披露或使用时知道或有理由知道商业秘密的知识是指：（1）源自或通过使用不当手段获取商业秘密的人；（2）在导致有义务保守商业秘密或者限制使用商业秘密的情况下取得的；或（3）源于或通过对寻求救济的人负有维持商业秘密保密或限制商业秘密使用义务的人；或（4）在他人的地位发生重大变化之前，知道或有理由知道此内容是商业秘密。

构成商业秘密侵权的前提是原告首先举证证明存在商业秘密，而要证明商业秘密存在,便需其证明以下三个构成要件:秘密性、保密性和价值性。秘密性是指该秘密不为特定公众所知悉,即不可能从公开的渠道获得。保密性是指权利人采取保密措施,建立起保密制度及采取其他合理的保密措施。价值性是指秘密具有一定经济价值和实用性。在本案中,原告证实其是商业秘密的所有者,其向被告提供的与其产品或服务有关的设计、图纸、制造、销售、消费者反馈等信息构成商业秘密,原告也证明其努力保守商业秘密,同时这些商业秘密具有独立的经济价值,故符合商业秘密的构成要件。被告龙腾鹏达利用这些商业秘密在未经原告许可同意的情况下制造、运输和销售自己的泵,尽管知道或有理由知道这些秘密是根据NDA协议和许可证合同获得的,且该合同规定龙腾鹏达有义务保密。因此,法院判定被告龙腾鹏达违反保密协议的行为构成了商业秘密侵权。

(三)关于被告是否违反许可协议的问题

在NDA协议执行的同一天,原被告双方还签订了技术和诀窍许可合同即许可协议,以便FNA向龙腾鹏达颁发非排他性、不可转让、不可公开和特许权使用费许可证,从而让其使用FNA的相关技术和专门技能,在被告龙腾鹏达所在国境内生产许可产品,以及提供与任何许可产品有关的售后和其他辅助服务。双方同意任何一方若违反许可协议,适用美国伊利诺伊州法律。

双方签订的许可协议将技术和知识定义为:(1)关于"技术",是指与任何许可产品的制造、装配、使用、销售、营销或其他处置有关的专有技术(不论是否获得专利,包括配方、方法、工艺、技术、发明和工业设计),以及(2)与任何许可产品的制造、装配、使用、销售、营销或其他处置有关的"专有技术"、技术知识、经验、技能、商业秘密、特殊技术(包括产品质量控制)和专有信息,以及(3)所有技术改进。许可合同第9.3节规定,在合同终止时,被许可方龙腾鹏达保证:(1)不得以任何方式向任何第三人(或被许可方的任何附属机构)出售、转让、许可、处置或以其他方式提供技术和诀窍的全部或任何部分;(2)不得继续制造和使用被许可的产品和FNA的技术和诀窍;(3)不得继续使用或披露保密信息;(4)必须返还以书面或者其他形式提供给龙腾鹏达的所有有形形式的保密信息和技术诀窍,同时督促其他相关主体将上述信息返还给FNA。

在执行NDA协议和许可协议的过程中,原告FNA向龙腾鹏达提供了相关机密信息、诀窍和商业秘密。2016年,原被告双方的合作关系终止。根据原告提交的证据显示,2018年5月8~10日,在美国内华达州拉斯维加斯举办的"国际五金制品及花园展览会"在第1011号展位上,龙腾鹏达展示了其高压垫圈及泵产品。原告指出,出席展览的大多数与会者在出席时都计划购买和购买该新产品,因此,被告的行为使其受到包括客户、订单和市场份额的损失、产品和专利的价格侵蚀、商业机会的损失及商誉受损等损害。

美国内华达州地区法院对原告的该项指控,作出如下判定:由于原告证明原被告双方签订的许可协议合法有效,在原告履行合同义务的前提下,被告却违反了许可协议中约定的在合同终止后不得根据原告机密信息或专利技术制造、运输和销售产品的义务,据此法院对被告作出违约判决。

(四)关于是否核发永久禁令的问题

本案中,原告还请求法院基于被告侵犯其商业秘密的行为核发永久禁令。根据《美国保护商业秘密法》第1836条第3款规定,法律赋予法院核发禁令的权力。此外,美国专利法也允许法院给予原告衡平法救济,但是法院对于永久禁令的核发,通常需要通过"四步检验法"的测试:(1)原告可能遭受不可挽回的伤害;(2)法律上没有其他可用的补救办法以弥补或救济的损害;(3)考虑到原告和被告之间的损益平衡,有必要采取该救济方法;(4)不会因发布永久禁令而损害公共利益。本案中,首先,原告通过向法院提供潜在客户或商誉受到损害的证据,证明其可能遭受不可挽回的损害。原告指出,被告的侵权行为是持续的,并且其可能通过产品创新产生更大的竞争力,在此过程中原告可能会失去更多的潜在客户。客户流失是一种无形损害,这种无形损害无法通过金钱得到适当弥补。其次,法庭认可的事实表明,若不核发禁令,原告将持续遭受不可挽回的损害,从平衡双方利益的角度考虑,应当发布永久禁令。最后,《美国欺骗性贸易惯例法》和有关专利侵权补救办法的法规亦允许衡平救济。综合以上理由,法院认为原告已满足禁令救济的法定要求。虽然被告龙腾鹏达未能出席庭审，但根据《美国联邦民事诉讼法》的相关规定，这并不影响法庭对其作出相关判决。因此，法院最终裁定，对被告龙腾鹏达及任何代理人、职员、雇员、代表、继承人、受让人、关联人、持牌人、分销商，以及所有在其许可和授权下行事的人，均被永久禁止以下行为：（1）为任何目的直接或间接使用 FNA 的机密信息、诀窍和商业秘密（统称为"FNA 材料和信息"）；（2）为任何目的直接或间接向任何第三方披露任何 FNA 材料和信息，包括但不限于 FNA 的任何当前、未来的实际或潜在竞争对手或客户；（3）直接或间接销售、提供销售、输送、转让、开发、设计、制造或以其他方式将 FNA 材料和信息进行商业化并从中获利；（4）以任何不符合或违反 NDA 或许可证合同的方式直接或间接地使用、披露或访问任何信息，包括任何 FNA 材料和信息；（5）以任何方式直接或间接使用、披露或访问任何侵犯 FNA 任何知识产权的信息，违反任何关于使用、披露或访问任何 FNA 材料或信息的州或联邦法律，或以其他方式侵犯 FNA 的任何权利或特权；（6）直接或间接侵犯 USD699762 号和 USD700211 号专利。此外，法院还规定，在本命令生效后 14 天内，被告应将所有 FNA 材料和信息退回并移交给 FNA。

五、镜鉴启示

（一）外向型企业应提升知识产权规则意识，做好知识产权合规性审查

目前我国部分外向型企业尚处于全球产业链的中低端，海外竞争与发展主要沿袭的还是"粗放式"发展模式，注重以低廉的制造成本、规模化的生产，以价格竞争方式，寻求和建立企业海外竞争优势，而忽视对贸易国知识产权规则的遵循，欠缺对贸易对象企业知识产权的尊重，缺失对自身采购、生产、许诺销售、销售等活动的知识产权合规性审查。特别是在当前日益复杂的国际经贸环境下，外向型企业的知识产权合规性审查尤为重要。价格优势虽然能让企业赢得短期市场利润，但是企业如果没有知识产权规则意识，放任商业行为对其他市场主体知识产权合法利益的侵害，无视市场商业道德，长久建立的竞争优势迟早也会随其商业信誉、企业形

象的贬损而消失殆尽。外向型企业做好在国际贸易中知识产权合规性审查，关键是注重对知识产权合同的审查。在签订可能会产出知识产权的合同中，企业应注重相关知识产权权利归属条款的明确约定，典型的权利归属条款涉及权利归属、申请权、使用权、利益分配等内容。在知识产权许可合同中，企业应注重授权许可的性质、权利种类、分许可、转让和许可限制等内容的明确约定。在知识产权转让的合同中，企业应注重转让合同的标的、交付方式及相关瑕疵担保条款等的明确约定。在商业秘密保密合同中，企业要注意商业秘密的范围、保密的例外、授权使用、保密期限及保密资料处理等内容。

（二）企业应加强海外知识产权布局，提升海外知识产权风险防控能力

海外知识产权布局是海外知识产权风险防控的基础，企业只有在贸易目标国家或地区布局有一定数量的知识产权，一旦遇到海外知识产权纠纷或诉讼，才有反制竞争对手的武器。目前缺少海外知识产权布局问题是我国外向型企业涉外知识产权风险防控以及纠纷应对能力较弱的症结所在。一旦遭遇海外知识产权诉讼，该类型企业基本没有化解或减少损失的空间和余地。基于此，企业可通过如下方式增强海外知识产权布局：首先，企业要有国际化意识，选择最合适的申请时机。就专利而言，包括中国在内的绝大多数国家或地区都遵循"先申请原则"，即以申请日作为判断专利申请先后的标准。为避免竞争对手捷足先登，企业应选择最佳时机在其他国家申请专利或进行 PCT 国际专利申请。其次，企业应选择最佳目的国及区域组织，以有限的资金实现最有效的保护。企业应基于本企业的海外经营计划来重点布局，如可考虑销售市场国家、制造国家等因素。基于防御和攻防的需要，企业可在主要竞争对手的主要经营地域进行知识产权布局。最后，企业应对自身技术进行分层、分项的精细化管理，形成一般技术包围精尖技术的周密知识产权网络，同时对每项技术选择最佳的知识产权保护方式，如对于不适合申请专利的技术，企业可将其作为商业秘密来保护。

（三）中小企业应以增强自主创新能力为着力点，加快推进转型升级

知识经济时代，知识产权作为无形资产，已替代传统以资金、设备等为内容的有形资产，成为企业参与国际竞争的核心战略资源。企业只有不断强化自主创新能力，积累足够多高价值的知识产权资产，才能为自身发展注入持久强劲动力，在激烈的国际竞争中立于不败之地。目前我国大部分外向型中小企业的"粗放式"经营特征仍较为明显，研发投入较低、研发力量薄弱、自主知识产权数量少、产品附加值低，主要依靠低廉的价格优势打开国外市场。如果继续沿袭"粗放式"发展路径，遭遇海外知识产权风险只是时间问题。特别是在当前各国政策向内倾斜，贸易保护主义持续升温，"逆全球化"趋势导致全球经贸摩擦加剧，西方国家强化对我国贸易与科技围堵的形势下，更进一步倒逼我国中小企业增强自主创新能力，加快转型升级。

增强自主创新能力，推动中小企业转型升级，一方面，要发挥中小企业自身的能动性，摆脱对"粗放式"发展的路径依赖，持续加大研发投入，激发自主创新的"内力"；密切跟踪竞争对手关键性技术创新及研发成果，借鉴与优化自身技术设计方案，做好对先进技术创新与科技成果的"借力"；积极参与相关的产学研合作，将企业创新有机融入协同创新体系之中，形成产学研共同促进企业自主创新的"合力"。另一方面，在企业激发自身活力形成内生主动力的同时，政府相关部门还应通过战略规划指导、政策支持激励、营商环境优化、社会服务促进、规则秩序监管等方式，积极构建以提供服务创造环境，强化外部驱动为鲜明特征，优化公共资源配置为实现途径的有效"供给"体系，与企业发展相向对接，形成促进转型升级的双引擎。

案例二

浙江昶洧新能源汽车发展有限公司诉南京拜腾公司、拜腾北美公司等侵害专利权民事纠纷案

☞**入选理由**：本案涉及美国专利申请的条件。通过本案，有利于企业明晰在美国选择专利保护方式的考量因素以及如何制定相应符合企业实际的知识产权战略。

一、基本信息

审理法院：美国加利福尼亚州北部地区法院。

原告：浙江昶洧新能源汽车发展有限公司。

被告：拜腾北美公司、南京拜腾新能源汽车技术开发有限公司。

判决时间：2018年10月31日。

二、案情介绍

（一）基本案情

2018年8月20日，浙江昶洧新能源汽车发展有限公司（以下简称"昶洧公司"）以拜腾北美公司（以下简称"拜腾北美"）及南京拜腾新能源汽车技术开发有限公司（以下简称"南京拜腾"）侵犯其3项专利权为由，向美国加利福尼亚州北部地区法院提起初步禁令动议，即要求法院禁

止被告拜腾北美和南京拜腾制造、使用、提供销售或在美国境内销售,或进口到美国,使用被告功能的车辆。被告拜腾北美及南京拜腾向法院请求驳回浙江昶洧指控受侵犯的3项专利,主张这3项专利不符合可专利的主题。

(二)背景介绍

1. 当事人情况

(1)原告方背景概述。

昶洧公司成立于2014年9月17日,总部设在中国香港,昶洧香港有限公司是其唯一股东。昶洧公司主要从事电动车的研发设计、生产制造、销售及技术转移等相关业务,致力于增强车辆安全性和整体用户体验,并与国外相关产业进行接轨。❶

昶洧公司在不同国家和地区的专利申请数量图(见图1-2-1)根据其在2015~2019年度专利申请的有关情况绘制而成。从图中可以看出,美国是昶洧公司专利布局最多的国家,共267件,其次是欧洲专利局和中国,分别为132件和78件。

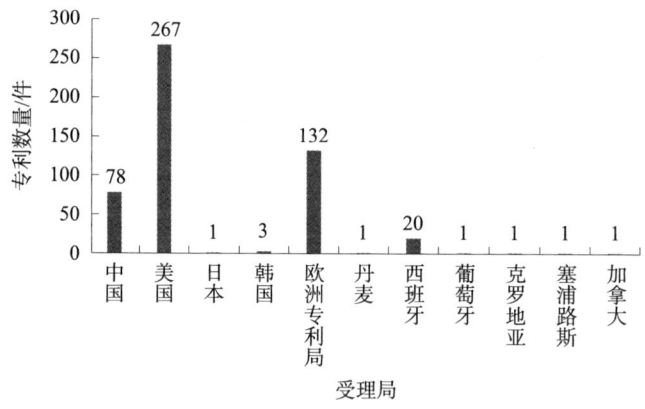

图1-2-1 昶洧公司全球专利布局情况

数据来源:大为innojoy专利数据库(2021年3月27日)

---

❶ 浙江昶洧新能源汽车发展有限公司概况[EB/OL].[2021-03-28]. https://www.qcc.com/firm/01c26fc29d98a0e2481a41714adaac78.html.

昶洧公司的专利申请的高峰在2017年，随后申请数量逐年下降（见图1-2-2）。截至2021年3月，在其501件专利中，授权专利有343件，处于审查状态的52件，被宣布无效的106件，在其无效专利中，被撤回的一共83件，视为放弃的23件。

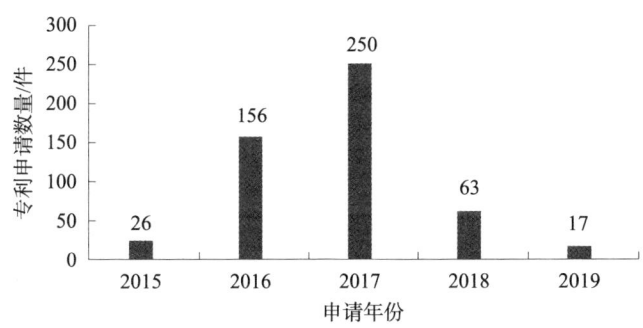

图1-2-2 昶洧公司年度专利申请数量

数据来源：大为innojoy专利数据库（2021年3月27日）

（2）被告方背景概述。

本案被告之一的拜腾北美是专注于开发和制造电动汽车的公司，是南京拜腾的子公司。

本案被告之二的南京拜腾成立于2017年12月13日，是一家立足中国、布局全球的高端电动汽车公司，公司股东为南京知行新能源汽车科技开发有限公司，主要从事电动汽车及零部件研发、技术咨询、技术服务、技术转让等业务，同时自营和代理各类商品及技术的进出口业务。❶

本案被告的专利布局情况如下。

① 拜腾北美。

通过图1-2-3可以发现，拜腾北美专利布局最多的区域在美国，共有38件专利。

---

❶ 南京拜腾新能源汽车技术开发有限公司概况［EB/OL］．［2021-03-28］．https：//aiqicha.baidu.com/company_detail_46923256511751．

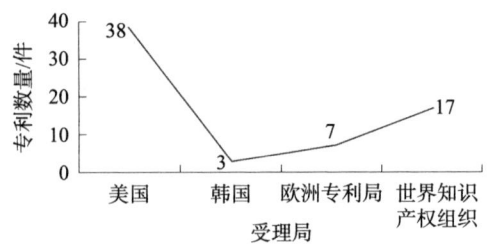

图 1-2-3 南京拜腾全球专利布局情况

数据来源：大为 innojoy 专利数据库（2021 年 3 月 27 日）。

拜腾北美 2017 年才开始申请专利，其中，2019 年申请数量较多，共79 件，占总数量的 55%（见图 1-2-4）。截至 2021 年 3 月，拜腾北美拥有专利中，处于有效状态的为 7 件，实质审查状态为 37 件，被宣告无效的为 1 件。

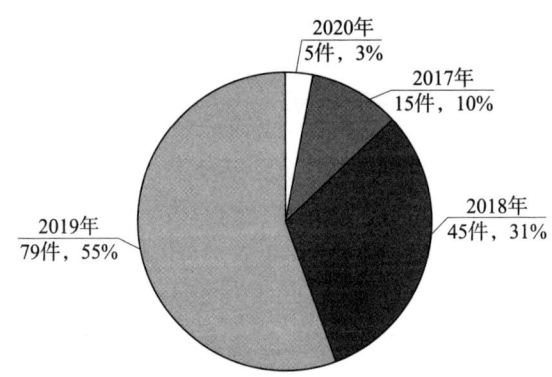

图 1-2-4 拜腾北美年度专利申请

数据来源：大为 innojoy 专利数据库（2022 年 4 月 24 日）。

② 南京拜腾。

南京拜腾共有 105 件专利，专利申请集中在 2019 年，2019 年的专利申请数量占总数的 58%（见图 1-2-5），其中，84 件已获得授权，19 件处于实质审查状态，3 件被撤回。

第一部分 专利侵权案件

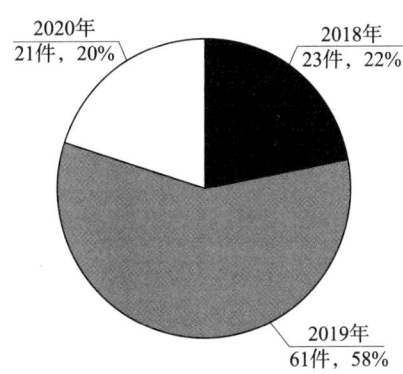

图 1-2-5 南京拜腾年度专利申请

数据来源：企查查（2021年3月28日）

2. 诉争专利情况

该案所涉及的主要专利为原告昶洧公司的 3 项授权专利：US9547373B2号专利、US9561724B1号专利、US9563329B1号专利，基本情况如表 1-2-1 所示。

表 1-2-1 涉案专利基本信息

专利号	专利名称	申请日	法律状态
US9547373B2	使用动作捕捉的车辆操作系统（Vehicle operating system using motion capture）	2015-03-16	权利终止
US9561724B1	仪表板上信息面板的可互换显示（Interchangeable display of information panels on a dashboard）	2015-09-15	授权
US9563329B1	仪表板上信息面板的可互换显示（Interchangeable display of information panels on a dashboard）	2015-09-15	授权

数据来源：智慧芽（PatSnap）全球专利检索数据库（2021年3月28日）

US9547373B2号专利是昶洧公司于 2015 年 3 月 16 日申请，2017 年 1 月 17 日获得授权，描述的是用于操作车辆的车辆操作系统，主要是解决汽车行业特有的注意力不集中或分心驾驶有关的驾驶员和乘客安全问题，可以用来捕捉和处理司机与乘客的手势信号，当司机和乘客的信号发

23

生冲突时，优先处理司机发出的信号。其权利要求 1 的内容如表 1-2-2、图 1-2-6、图 1-2-7 所示。

表 1-2-2 US9547373B2 号专利权利要求 1

权利要求书摘要（中文）	权利要求书摘要（英文）
1. 一种用于操作车辆的车辆操作系统，所述车辆操作系统包括用于车辆驾驶员的驾驶座和用于乘客的至少一个乘客座椅，所述车辆操作系统包括： 摄像装置，用于捕获驾驶员的手势动作图像和至少一个乘客的手势动作图像； 存储装置，用于存储与手势动作相对应的操作信号； 处理装置，配置为：控制摄像头装置同时或基本同时捕获驾驶员和乘客的手势动作图像，并根据所述捕获的手势动作图像转换为相应的操作信号。对于存储在存储设备中的手势动作的操作信号，确定第一操作信号来自驾驶员的手势动作图像，以及确定第二操作信号来自乘客的手势动作图像，第一和第二操作信号都是为了操作车辆的相同部件，确定第一操作信号是否与第二操作信号一致，选择第一操作信号作为操作信号，并根据来自驾驶员的第一操作信号放弃第二操作信号。由于第一操作信号是根据驱动程序而来判断第一操作与第二操作信号不一致，并发出操作信号； 执行装置，用于接收处理装置发送的操作信号，并执行与该操作信号相对应的操作。	1. A vehicle operating system for operating a vehicle including a driving seat for a vehicle driver and at least one passenger seat for passengers, the vehicle operating system comprising: camera devices for capturing at least one of images of gestures of the driver and images of gestures of a passenger; a storage device for storing operating signals corresponding to gesture actions; a processing device configured to: control the camera devices to capture gesture action images of the driver and passenger simultaneously or substantially simultaneously, convert the captured gesture action images into corresponding operating signals according to the operating signals corresponding to the gesture actions stored in the storage device, determine a first operational signal is from a gesture action image for the driver and determine a second operational signal is from a gesture action image for the passenger, the first and second operational signals both for operating a same component of the vehicle, determine whether the first operation signal is consistent with the second operation signal, select the first operational signal as the operating signal and discard the second operational signal by virtue of the first operational signal being from the driver in response to the determination that first operation signal is not consistent with the second operation signal, and send out the operating signals; and execution devices configured to receive the operating signals sent by the processing device, and to execute operations corresponding to the operating signals.

数据来源：智慧芽（PatSnap）全球专利检索数据库（2021 年 3 月 28 日）

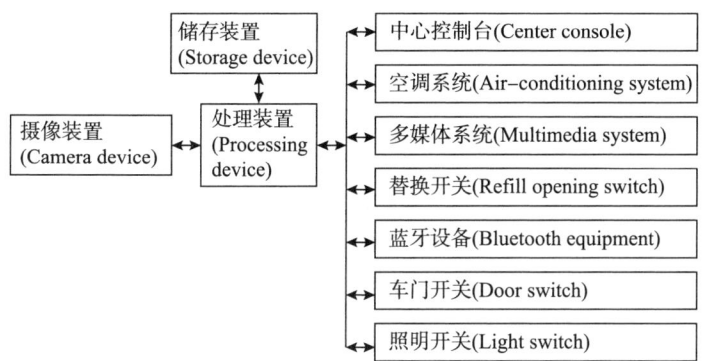

图 1-2-6　US9547373B2 号专利权利要求 1 附图

数据来源：智慧芽（PatSnap）全球专利检索数据库（2021 年 3 月 28 日）

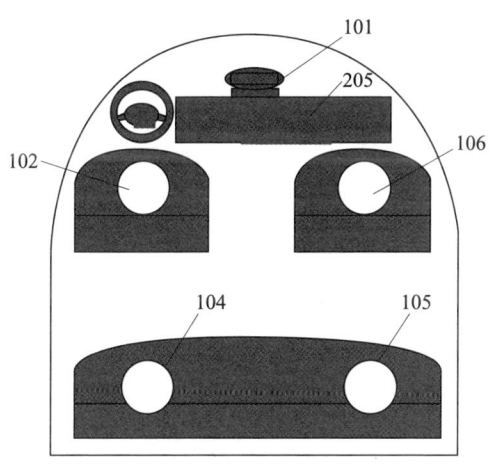

FIG.1

图 1-2-7　US9547373B2 号专利的车舱结构示意

数据来源：智慧芽（PatSnap）全球专利检索数据库（2021 年 3 月 28 日）

US9561724B1 号专利是昶洧公司于 2015 年 9 月 15 日申请，2017 年 2 月 7 日获得授权的专利，描述的是一种车载显示系统，该系统在液晶屏幕上显示两个信息面板，根据用户的需要，切换信息面板的位置信号。其权利要求 1 的内容如表 1-2-3、图 1-2-8、图 1-2-9 所示。

表 1-2-3　US9561724B1 号专利权利要求 1

权利要求书摘要（中文）	权利要求书摘要（英文）
1. 一种运输设备中的信息显示系统，该信息显示系统包括：液晶显示器（LCD）屏幕，其至少占据运输设备的仪表板的一部分，其中，该 LCD 屏幕能够以图形方式显示多个信息。在 LCD 屏幕上的各个位置处的面板，所述信息面板在 LCD 屏幕上彼此分开且彼此独立地显示，其中，所述信息面板包括第一信息面板和第二信息面板；以及处理器，配置为：在所述 LCD 屏幕上的第一位置显示所述第一信息面板，并且在所述 LCD 屏幕上的第二位置显示所述第二信息面板；接收指示切换第一和第二信息面板在 LCD 屏幕上的显示位置的请求的用户信号；产生切换指令，以根据接收到的用户信号切换第一信息面板和第二信息面板的显示；根据所产生的切换指令，在液晶显示器屏幕上的第二位置显示第一信息面板，并在液晶显示器屏幕上的第一位置显示第二信息面板；产生切换指令，以在预定时间段之后在切换之前将第一信息面板和第二信息面板的显示位置切换回它们先前的显示位置。	1. An information display system in a transportation apparatus, the information display system comprises: a liquid crystal display (LCD) screen that occupies at least a portion of a dashboard of the transportation apparatus, wherein the LCD screen is capable of graphically displaying multiple information panels at respective positions on the LCD screen, the information panels being displayed separate and independent from each other on the LCD screen, wherein the information panels include a first information panel and a second information panel; and a processor configured to: display the first information panel at a first position on the LCD screen and display the second information panel at a second position on the LCD screen; receive a user signal indicating a request to switch the display positions of the first and second information panels on the LCD screen; generate a switch instruction to switch the display of first and second information panels in accordance with the received user signal; display the first information panel at the second position on the LCD screen and display the second information panel at the first position on the LCD screen in accordance with the generated switch instruction; generate a switch-back instruction to switch back the display positions of the first information panel and second information panel to their previous display positions prior to the switching after a predetermined time period.

数据来源：智慧芽（PatSnap）全球专利检索数据库（2021 年 3 月 29 日）

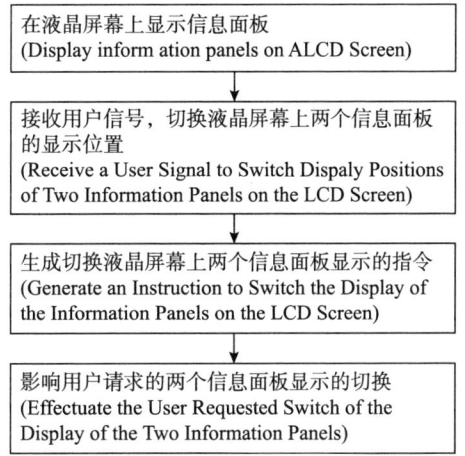

图 1-2-8　US9561724B1 号专利权利要求 1 附图

数据来源：智慧芽（PatSnap）全球专利检索数据库（2021 年 3 月 29 日）

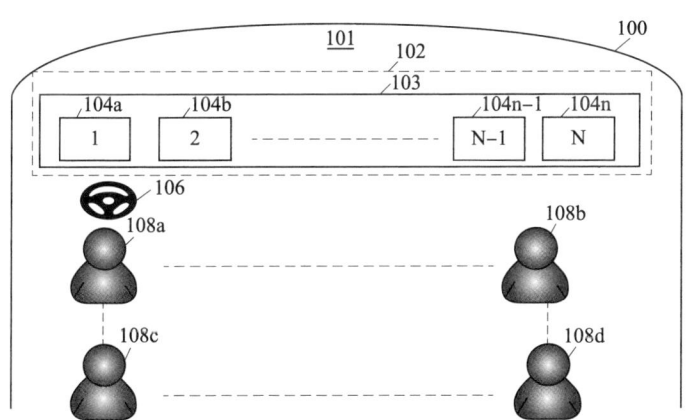

图 1-2-9　US9561724B1 号专利内部示意图

数据来源：智慧芽（PatSnap）全球专利检索数据库（2021 年 3 月 29 日）

US9563329B1 号专利是昶洧公司于 2015 年 9 月 15 日申请，2017 年 2 月 7 日获得授权的专利，描述的是一个类似 US9561724B1 号专利的显示系统，该系统没有液晶屏幕，其中的处理器没有回切功能，而是接收一个用户信号，主要是重复第一个信息面板在仪表板上的第三个位置响应用户指令。其权利要求 1 内容如表 1-2-4、图 1-2-10、图 1-2-11 所示。

表1-2-4　US9563329B1号专利权利要求1

权利要求书摘要（中文）	权利要求书摘要（英文）
1. 一种运输设备中的信息显示系统，该信息显示系统包括： 仪表盘屏幕，该仪表盘屏幕至少占据运输设备的仪表盘的一部分，其中，该仪表盘屏幕能够以图形方式在其上的各个位置上显示多个信息面板。仪表盘屏幕和信息面板在所述仪表盘屏幕上彼此分离且独立地显示，其中，所述信息面板包括第一信息面板和第二信息面板。 处理器，配置为：在仪表板屏幕上的第一位置显示第一信息面板，并且在仪表板屏幕上的第二位置显示第二信息面板。接收指示切换仪表板屏幕上的第一信息面板和第二信息面板的显示位置的请求的用户信号；产生切换指令，以根据接收到的用户信号切换第一和第二信息面板的显示；根据所产生的切换指令，将第一信息面板显示在仪表盘屏幕上的第二位置，并将第二信息面板显示在仪表盘屏幕上的第一位置；在指示板屏幕上的第三显示位置处接收指示请求复制第一信息面板的显示的用户信号；响应于接收到用户信号，将第一信息面板显示在仪表板屏幕上的第三显示位置。	1. An information display system in a transportation apparatus, the information display system comprises: a dashboard screen that occupies at least a portion of a dashboard of the transportation apparatus, wherein the dashboard screen is capable of graphically displaying multiple information panels at respective positions on the dashboard screen, the information panels being displayed separate and independent from each other on the dashboard screen, wherein the information panels include a first information panel and a second information panel; and a processor configured to: display the first information panel at a first position on the dashboard screen and display the second information panel at a second position on the dashboard screen; receive a user signal indicating a request to switch the display positions of the first and second information panels on the dashboard screen; generate a switch instruction to switch the display of first and second information panels in accordance with the received user signal; display the first information panel at the second position on the dashboard screen and display the second information panel at the first position on the dashboard screen in accordance with the generated switch instruction; receive a user signal indicating a request to duplicate the display of the first information panel at a third display position on the dashboard screen; and display the first information panel at the third display position on the dashboard screen in response to the user signal being received.

数据来源：智慧芽（PatSnap）全球专利检索数据库（2021年3月29日）

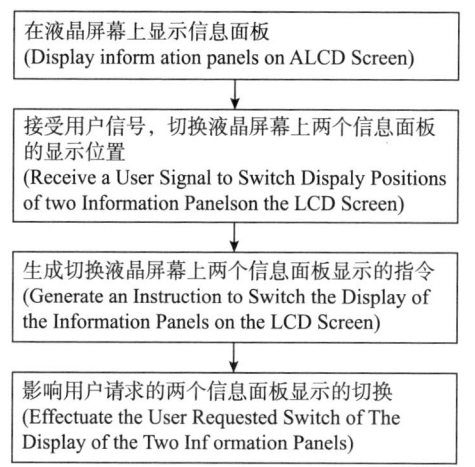

图 1-2-10　US9563329B1 号专利权利要求 1 附图

数据来源：智慧芽（PatSnap）全球专利检索数据库（2021 年 3 月 29 日）

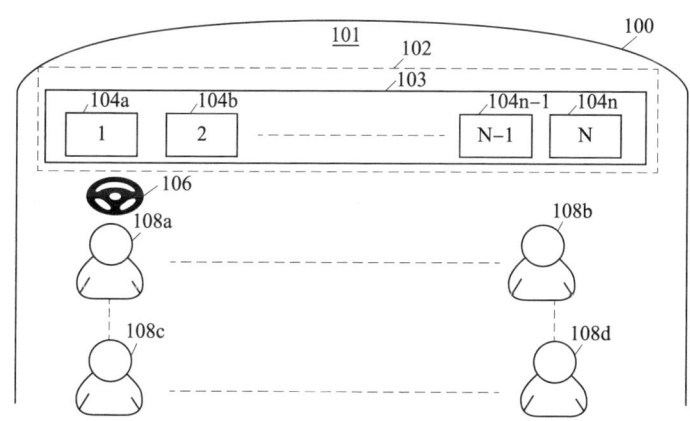

图 1-2-11　US9563329B1 号专利示意图

数据来源：智慧芽（PatSnap）全球专利检索数据库（2021 年 3 月 29 日）

3. 汽车行业发展现状

（1）中国汽车产业发展进程。

与西方发达国家相比，中国汽车产业发展起步较晚。1956 年 7 月 15 日，中国第一个汽车制造厂才开始兴建，由于技术、资金、人才等各种因

29

素的制约,发展速度也一直较为缓慢,直到1983年,中国汽车的年产量才突破5000辆。改革开放以来,中国汽车厂商开始与国外汽车行业巨头开展合作,中外合资这一发展模式开启了中国汽车工业的新时代。然而,这一模式也给中国汽车行业发展带来了隐患,缺乏自主品牌和关键核心技术,研发能力较低成为制约中国汽车产业发展的短板。进入21世纪以来,随着国内经济增速的高位运行,中国市场对汽车产品的需求不断增多,中国目前已成为全球最大的汽车及配套产品生产国家和消费市场。

(2)中国汽车专利构成情况。

随着经济全球化和国际分工进一步加深,汽车制造产业的发展模式也从传统的纵向一体化转变为专业化分工协作,汽车行业企业间围绕核心技术的竞争愈加激烈,知识产权制度已不仅成为巩固与保护企业核心技术创新的重要手段,亦是表征企业创新水平和实力的重要指针。

2020年中国汽车专利公开量为29.5万件,连续三年保持稳步增长状态,反映出中国汽车企业专利创新水平稳步增强(见图1-2-12)。

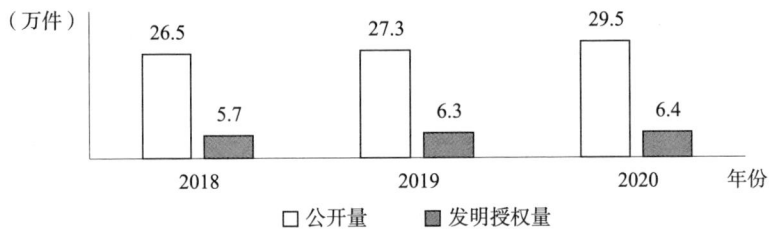

图1-2-12 中国汽车专利年度发展态势

数据来源:2020中国汽车专利数据统计分析(2021年3月29日)

在中国汽车行业专利技术构成中,尤以新能源汽车和智能网联汽车的专利占比较大,新能源汽车占比23%,公开量同比增长16%;智能网联汽车占比20%,同比增长18%(见图1-2-13)。

在新能源汽车和智能网联汽车的专利技术构成分析中,可以发现,专利分别主要集中在动力电池系统、充电系统和智能感知、通信车联网方面

(见图 1-2-14）。❶

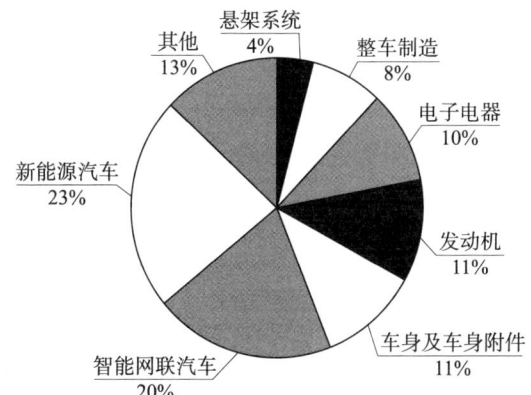

图 1-2-13 中国汽车专利技术构成

数据来源：2020 中国汽车专利数据统计分析（2021 年 3 月 29 日）

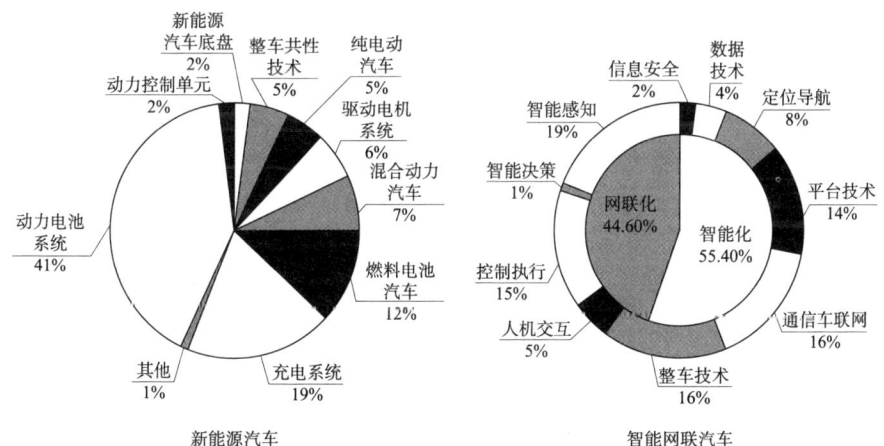

图 1-2-14 2020 年中国新能源汽车和智能网联汽车的专利技术构成

数据来源：2020 中国汽车专利数据统计分析（2021 年 3 月 29 日）

---

❶ 王颖. 2020 中国汽车专利数据统计分析［EB/OL］.（2020-01-21）［2021-03-29］. https：//mp.weixin.qq.com/s/CoYSAkIdJzRla0duoqJvXQ.

三、处理结果

经审理,美国加利福尼亚州北部地区法院根据《美国专利法》规定以及相关司法判例,认为原告3项专利权利要求中描述的车辆操作系统权利要求针对的是抽象概念,用于车辆操作系统的专利缺少足够的具体要素内容,无法将抽象概念转换为符合专利条件的申请,原告的US9547373B2、US9561724B1以及US9563329B1号专利不符合可专利主题,因此,最终判决批准了被告驳回原告诉请的动议。

四、案情解析

本案中,原告指控被告侵犯其3项专利权,被告针对原告的诉请,以原告的3项专利不符合可专利主题进行抗辩,提出原告的3项专利属于无效专利,法院围绕双方的争议进行审理。根据《美国专利法》第101条规定"抽象概念不可申请专利"判断某项技术是否具有申请专利资格,一般需要进行两步分析:第一步就是要判断处于争议之中的权利要求是否属于抽象概念,如果属于抽象概念,接下来要进行第二步分析;不仅要将每个权利要求的要素单独考虑,还要将其作为一个整体考虑,综合确定其是否具有申请专利资格的条件。

(一)关于US9547373B2号专利是否无效

针对原告的US9547373B2号专利,本案被告提出以下观点:(1)US9547373B2号专利指向的是一个抽象概念。根据其权利要求1,从两个人的操作手势接收信号,确定是否不一致,如果不一致就基于其中一个人的信号执行操作,这一技术内容并不符合《美国专利法》规定的抽象或创新的内容。为了容易理解,被告提供了一个美式足球四分卫的类比,即美式足球的四分卫同时观察到了主教练和进攻协调员的手势信号,但当这两个信号冲突时,他只会执行主教练的命令。(2)该专利没有包含一个足以将所主张的抽象概念转化为符合专利条件的发明概念。因为权利要求1不主张任何新技术来实现权利要求所求的结果,而是依赖通用组件,如计算机处理器、存储设备、软件、固件、屏幕、摄像头和车辆操作控制,也不包含任何所要求的功能说明。如果一个权利要求仅仅是提出一个抽象的概念，并在互联网上增加执行的要求或者在一组通用计算机组件上执行它，那么这个权利要求就没有包含一个创造性的概念。

本案原告与被告持相反的观点，认为该专利技术是在现有技术的基础上进行改进，通过手势操作车辆部件，提供了相对安全、可靠和方便的操作环境，减少了驾驶员分心驾驶的问题，因此，具备专利法意义上的创造性，理由如下。(1)该专利的每个权利要求都指向符合专利创造性的条件概念，每个权利要求都是针对车辆功能的特定改进，其改进的地方具体包括以下两方面：一是避免驾驶者或乘客直接触摸按钮或选择屏幕，使操作更方便，注意力更集中，整体安全性得到提高；二是用于捕捉手势图像并将其转换为相应操作信号的元素改善了车辆的使用功能。(2)将该专利的车辆操作系统的组件结合起来，执行的特殊操作超出了摄像机、处理器和执行设备的标准功能。具体来说，权利要求的处理器必须与摄像头和其他设备协调，以捕获和分析来自不同乘客的手势动作信号，确定在捕获的信号之间是否存在冲突，确定哪个信号来自驾驶员，选择该信号而忽略其他一个信号，然后向车辆内的设备发送操作信号，开始执行所选的信号。

基于原被告双方的意见，结合相关的事实证据，法院经审理认为，原告的 US9547373B2 号专利不具有创造性，因此，批准了被告的动议，理由如下。(1)该专利权利要求所述的步骤必须在物理领域，而不能仅靠在纯粹概念层面执行，比如在涉及计算机相关的创新案例中，调查通常会涉及权利要求是否集中在计算机能力的具体改进或进程上。美国联邦法院曾提出，权利要求的纯粹功能性在于证实是否是一个抽象的想法，而不是这个想法的具体体现。正如被告所言，原告的专利只不过是收集信息、分析信息并显示收集和分析的某些结果的系统。该专利的权利要求书只描述了一种预期的功能或结果，而没有提供任何限制性细节将权利要求书限定用在解决某一特定问题上。权利要求所具有的纯粹功能性以及其权利要求 1 侧重"那些抽象的想法过程的组合"，都表明原告该专利权利要求针对的是一个抽象的想法，而不是该想法的具体体现。(2)法院认为，原告提出因为将车辆操作系统的组件结合起来，执行的特殊操作超出了摄像机、处理器和执行设备的标准功能,因此具有创造性的观点也不成立,因为这与专利法意义上的创造性概念不相符。权利要求书中的任何内容都不需要现成的、传统计算机、网络和显示技术以外的任何内容来收集、发送和显示所要的信息。尽管原告强调其描述的系统可以在选择输出时,对相互冲突的输入之间,进行优先排序,而这一事实不足以证明其具有创造性。

(二)关于 US9561724B1 号专利是否无效

被告主张原告的 US9561724B1 号专利的权利要求仅仅是基于用户命令在屏幕上移动信息面板的抽象想法,不具有创造性,不符合专利的条件,而原告认为该专利的权利要求提出了车辆技术的具体操作和安全改进,具体来说,所主张的技术要素综合作用,可以使车辆中的用户能够通过独立的面板共享信息,因此,该项发明具有创造性,有权获得专利保护。

法院经审理认为,原告所拥有的 US9561724B1 号专利指向的标的物,没有获得专利保护的资格,具体理由如下:该专利只增加了显示面板的两个功能,即能够在预定的时间后自动切换回原来的位置,这一功能不足以使其权利要求所提出的抽象概念变成一个创造性概念。在说明书和权利要求书的概括性中,尽管专利权利要求书试图将切换回功能描述为新颖的,但事实上,该功能除呈现信息之外没有任何创造性可言。

(三)关于 US9563329B1 号专利是否无效

原告认为该专利具有创造性,主要观点如下:(1)该专利的权利要求虽然与 US9561724B1 号专利的权利要求 1 相似,但并未指定使用 LCD 屏幕,该权利要求保护的处理器是用来接收用户指令,该指令请求在仪表盘屏幕上的第三个显示位置重复显示第一信息面板;(2)相对于现有技术,在操作领域,此屏幕的复制功能是在安全性上的进步,权利要求中指出"与传统的固定显示信息面板相比,本发明可以使运输设备的用户与另一个用户共享信息,通过在仪表板屏幕上的显示位置显示一个或多个信息面板,方便共享用户查看"。

法院经审理认为,US9563329B1 号专利不具有创造性,理由如下:该专利与 US9561724B1 号专利基本相似,只是将其液晶屏幕换成仪表盘,主要的不同点在于 US9563329B1 号专利更抽象,更缺乏创造性,因为它只涉及响应用户指令,将显示器从仪表盘屏幕上的一个位置移动到另一个位置。因此,该专利也不符合专利保护的条件。

五、镜鉴启示

(一)明晰海外目标市场与本国法律制度的差异

本案涉及 3 项专利的授权国家都是美国,争议焦点在于以上专利是否具有创造性。根据《美国专利法》规定,申请专利的三个条件之一就是创造性,即一项发明,虽然满足新颖性的相关要求,但申请专利的内容与其已有技术之间的差别微小,以至于在该项发明完成时对于本领域技术人员而言是显而易见的,则不能取得专利。该案最后的判决结果是 3 项专利都不满足《美国专利法》的创造性条件,不具备专利授予资格。就专利的创造性而言,中美两国的法律规定存在明显不同:(1)在定义上,美国要求"非显而易见性",而我国《专利法》规定的是"突出的实质性特点"和"显著的进步",不仅要求发明技术与现有技术相比有本质区别,还有显著效果的限定;(2)在判断主体上,虽然都是以虚拟的"本领域普通技术人员"作为判断主体,但美国赋予其一定的创造能力,提高了判断创造性的标准,而我国则选择不赋予其创造能力;(3)在现有技术范围上,美国规定了抵触申请是可以作为判断创造性的现有技术,而我国则规定抵触申请不可以作为判断创造性的标准,只能作为判断新颖性的标准。❶ 通过以上比对,可以发现知识产权具有非常强的地域性特点,即使企业的产品在本国享有专利权的保护,但因为各国相关领域的法律政策并不全然相同,一旦涉及其他国家市场,无法确保该产品在相关国家就一定能获得知识产权保护。

基于不同国家在知识产权法律制度上的差异,对于企业而言,在海外开展知识产权创造、运用、保护以及管理活动:一方面,要做好相应的知识产权尽职调查,提高自身对目标市场国知识产权法律制度的熟悉了解程度,明晰知识产权法律制度之间的差异;另一方面,还应充分利用好知识

---

❶ 司艳雷. 中美专利创造性判断比较研究 [J]. 法制与经济,2017(1):44-45.

产权律所、中介服务机构等专业化的法律资源,为企业知识产权申请、保护与管理等活动提供专业的服务支撑。

(二)结合技术特点,科学选择不同的知识产权保护方式

专利与商业秘密是在知识产权制度框架内保护技术方案的不同方式。商业秘密的保护方式主要是商业秘密持有人通过一定的保密措施保护其重要的技术、经营等信息,而专利权的保护方式则是权利人通过向国家专利局申请专利权获得保护。对于技术方案,企业既可以将其作为商业秘密,不对公众公开而获得保护,该保护没有任何的时间限制,也可以选择专利方式,通过向社会公开而获得保护,其他组织、个人未经专利权人的许可,不得制造、使用、销售、许诺销售和进口该专利产品,比如本案中的昶洧公司就选择将其汽车相关技术通过专利方式进行保护。然而,专利保护是有时间限制的,如中国的发明专利保护期是 20 年,实用新型为 10 年,外观设计专利为 15 年,若期限届满,则该专利权就会失效,进入公共领域。

在美国,专利法属于联邦法,而商业秘密法属于州法,各州对商业秘密的保护自成体系,虽然都是对于技术保护的法律,但是二者的要求迥异。《美国专利法》第 101 条所规定的保护客体须同时符合实用性、新颖性和非显而易见性的要求,才能受到专利法的保护。美国商业秘密保护的理论基础是契约自由和反不正当竞争,虽然没有全国统一的联邦层面的立法,但是要满足秘密性、商业价值性和信息所有人采取了合理的保密措施这三个要件,才能受到商业秘密保护。❶ 本案中昶洧公司的 3 项专利,正是因为被法院认为不符合《美国专利法》第 101 条规定的受专利法保护客体,而被宣告无效。企业在决策以何种方式保护拥有的技术时,应该慎重考虑,结合具体技术特点,科学地选择保护方式。专利权是一种"对世权",权利人对其发明创造享有强排他性保护,即使他人独立研究了相同的发明创造,都不得与该专利权对抗,因此,对于容易被反向工程破解,市场存续周期较短,经得起严格审查和专利无效诉讼的技术方案,宜选择

---

❶ 孙南申. 美国知识产权法律制度研究[M]. 北京:法律出版社,2012:79.

专利方式进行保护。相较而言，商业秘密法提供的保护是一种弱排他性保护，权利排他性不能对抗独立的研发主体，并且存在容易被他人偷窃或披露给竞争者的危险，对于不易通过反向工程破解的技术，市场周期存续较长的技术，宜选择商业秘密进行保护。值得注意的是，无论选择何种保护方式，所有的技术方案在申请专利之前都应保持保密状态，否则，一旦公开进入公共领域，在申请专利权时可能因为缺乏新颖性而被驳回。❶

---

❶ 李明德. 美国知识产权法［M］. 2版. 北京：法律出版社，2014：178-182.

案例三

张伯伦集团公司诉亿腾科技（无锡）有限公司等侵犯专利权民事纠纷系列案

☞ **入选理由**：本案涉及美国专利申请中权利要求范围以及诉讼程序规则。通过本案，企业可以明晰专利申请中明确权利要求范围的重要性以及在应对涉美专利诉讼时，如何利用诉讼程序规则，化被动为主动。

一、基本信息

审理法院：美国伊利诺伊州地方法院、美国联邦巡回上诉法院。

原告：张伯伦集团公司。

被告：香港创科实业有限公司、北美创科实业有限公司、同一世界科技有限公司、欧特实业有限公司、亿腾科技（无锡）有限公司。

判决时间：2019年12月12日。

二、案情介绍

（一）基本案情

2016年6月10日，美国张伯伦集团公司向美国伊利诺伊州地方法院提起诉讼，指控香港创科实业有限公司、北美创科实业有限公司、同一世界科技有限公司、欧特实业有限公司、亿腾科技（无锡）有限公司共同制造、使用、出售、要约出售或进口Ryobi型号GD200的超静音车库门开启器，侵犯了其两项专利权（US7635966B2、US7224275B2），请求法院永久禁止这5家公司在美国境内制造、使用、提供要约销售、销售、进口以及进口行为。同年7月5日，张伯伦集团公司亦向美国国际贸易委员会（ITC）提出立案申请，指控上述公司在美国出口、进口、销售的部分门禁系统及其零件侵犯了其专利权（US7161319B2号专利、US7196611B2号专利和US7339336B2号专利），请求ITC发布普遍排除令或有限排除令和制止令。2019年，基于ITC作出的有限排除令裁决，作为本案被告的创科实业公司向美国联邦上诉巡回法院提起上诉，请求撤销ITC作出侵权的最终裁定。

（二）背景介绍

1. 当事人情况

（1）原告背景概述。

张伯伦集团公司成立于1906年，总部设在美国伊利诺伊州埃尔姆赫斯特，于1958年以其第一个车库开门器产品正式进入车库门市场，1967年推出市场领先的车库开门器LiftMaster（r）。如今的张伯伦公司的产品主要是门禁控制设备，包括住宅车库门开启器、商业门操作器、门禁解决方案、家庭连接产品和相关配件。为不断改善其为客户和消费者提供的产品，张伯伦公司投入大量资源来研究和开发访问控制产品，包括开发具有新功能、高质量和安全的产品，使其成为美国车库门开启器领域无可争议的领导者，其产品在安全性和可靠性方面享有盛誉。研发方面的大量投入使张伯伦公司拥有350多项美国专利，并依靠这些专利保护其业务，收回其大量的研究和产品开发投资，并保护其声誉免受仿制产品或劣质设备的损害。❶

张伯伦集团公司的专利折线图（见图1-3-1）是根据其1987～2015年度的专利申请情况绘制而成。可以看出，该公司的专利申请从1987年就已开始，2003年左右，是其专利申请数量的顶峰，高达41件。截至2021年，张伯伦集团公司共申请专利184件。

---

❶ 张伯伦集团公司概况［EB/OL］.［2021-03-30］. https：//chamberlaingroup.com/.

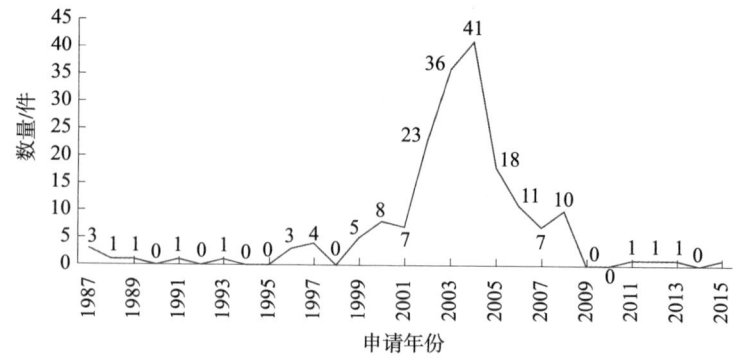

图1-3-1 张伯伦公司全球专利申请趋势

数据来源：智慧芽（PatSnap）全球专利检索数据库（2021年3月28日）

（2）被告背景概述。

被告之一的香港创科实业有限公司成立于1985年，是总部位于香港的全球电力设备和地板护理公司，于1990年在香港联合交易所有限公司（以下简称"香港联交所"）上市。公司拥有强大的品牌组合、全球制造和产品开发足迹以及稳健的财务状况，2019年全球销售额达到创纪录的70亿美元，拥有3万多名员工。

被告之二的亿腾科技（无锡）有限公司，成立于2003年12月3日，经营范围主要是金属门及门窗附属金属制品、门业电控驱动装置的研发设计制造，具体包括自营和代理各类商品及技术的进出口业务（国家限定企业经营或禁止进出口的商品和技术除外，不含分销及其他国家禁止、限制类项目）、门窗制造、门窗销售、金属门窗工程施工、金属制品销售、金属链条及其他金属制品制造、塑料制品制造、塑料制品销售、电子元器件批发、机械设备销售、通信设备制造、通信设备销售、智能家庭消费设备制造、智能家庭消费设备销售、模具制造、模具销售。❶

被告的专利布局情况如下。

① 香港创科。香港创科实业有限公司的专利数量趋势图（见图1-3-2）

---

❶ 亿腾科技（无锡）有限公司概况［EB/OL］.［2021-03-30］. https://www.qcc.com/firm/7ac91032c558fe83003b1f9fad3c577e.html.

是根据其1997~2021年度的专利数量绘制而成，从图中可以发现，该公司从1997年就开始申请专利，直到2015年，专利申请数量达到顶峰，为91件。截至2021年，61件未缴纳年费，137件处于授权状态，54件撤回，1件放弃，45件权利终止，处于实质审查状态的共9件，处于公开状态5件。

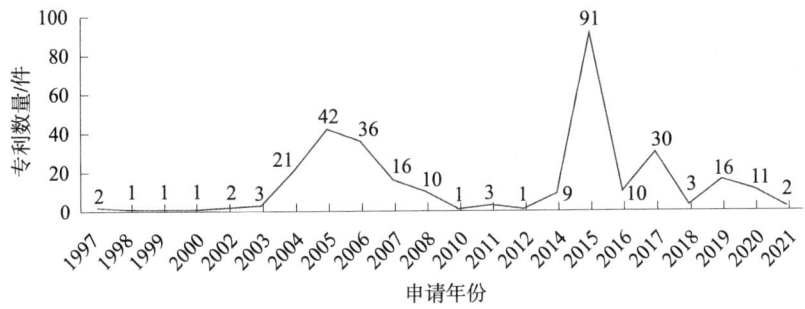

图1-3-2 创科实业年度专利申请数量

数据来源：企查查（2021年3月28日）

②亿腾科技。亿腾科技专利数量趋势图（见图1-3-3）是根据其2013~2021年度的专利数量绘制而成，从图中可以发现，该公司从2013年开始申请专利，2017年，专利申请数量达到顶峰，为15件。截至2021年，56件处于授权状态，9件处于实质审查状态，5件权利终止，1件属于避重授权。

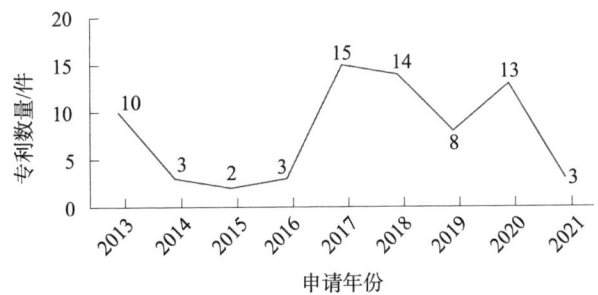

图1-3-3 亿腾科技年度专利申请数量

数据来源：企查查（2021年3月28日）

2. 诉争专利情况

本案所涉及的主要专利为原告张伯伦集团的 5 项授权专利：US7635966B2、US7224275B2、US7161319B2、US7196611B2、US7339336B2，基本情况如表 1-3-1、表 1-3-2、表 1-3-3、表 1-3-4、表 1-3-5 和表 1-3-6 所示。

表 1-3-1　涉案专利基本信息

专利号	专利名称	申请日	法律状态
US7635966B2	障碍运动操作员备用电池和电源设备电池充电中心（Barrier movement operator battery backup and power equipment battery charging center）	2006-06-28	授权
US7224275B2	可移动障碍操作员状态传输装置和方法（Movable barrier operators status condition transception apparatus and method）	2003-05-29	授权
US7161319B2	具有串行数据通信的可移动屏障操作员（Movable barrier operator having serial data communication）	1999-04-07	期满无效
US7196611B2	障碍运动操作人机界面方法和装置（Barrier movement operator human interface method and apparatus）	2003-04-17	授权
US7339336B2	可移动屏障操作员自动力设定方法（Movable barrier operator auto-force setting method and apparatus）	2002-12-31	授权

数据来源：智慧芽（PatSnap）全球专利检索数据库（2021 年 4 月 1 日）

表 1-3-2　涉案专利权利要求书摘要

权利要求书摘要（中文）	权利要求书摘要（英文）
US7635966B2 可移动屏障操作器具有无线状态条件数据发送器，其无线地将状态条件消息发送到一个或多个远程外围设备。后者可以反过来使用此状态信息来实现其自身的功能和支持的功能。	A movable barrier operator has a wireless status condition data transmitter that wirelessly transmits status condition messages to one or more remote peripherals. The latter can in turn use this status information to effect their own functionality and supported features.

续表

权利要求书摘要（中文）	权利要求书摘要（英文）
US7224275B2 一种系统包括用于屏障运动操作者的可充电电池备用。屏障移动操作员控制可移动屏障的移动。屏障移动操作器具有头部单元以命令可移动屏障执行可移动屏障功能。头部单元由电源供电。电池充电站与至少一个可充电电池连通并且与头部单元电连通以向至少一个可充电电池供电。电路电连接到电池充电站，以从至少一个可充电电池向主机单元供电。该系统还包括电动设备，该设备包括用于接收至少一个可充电电池的装置。电动设备适于由至少一个可充电电池供电以执行预定功能。	A system includes a rechargeable battery backup for a barrier movement operator. A barrier movement operator controls the movement of a moveable barrier. The barrier movement operator has a head unit to command the moveable barrier to perform moveable barrier functions. The head unit is supplied power by a power source. A battery charging station is in electrical communication with at least one rechargeable battery and in electrical communication with the head unit to supply power to the at least one rechargeable battery. Circuitry is electrically connected to the battery charging station to supply power from the at least one rechargeable battery to the head unit. The system also includes electrically powered equipment comprising an apparatus for receiving the at least one rechargeable battery. The electrically powered equipment is adapted to be powered by the at least one rechargeable battery to perform a predetermined function.
US7161319B2 用于可移动屏障操作器的墙控制单元通过电线连接将基带信号发送到可移动屏障操作器的头单元，以命令可移动屏障执行屏障操作器功能。墙壁控制单元具有用于连接到电线连接的墙壁控制单元端口。第一开关向头部单元发送屏障命令信号，命令头部单元打开或关闭可移动屏障。第二开关命令头部单元为光源提供通电。红外检测器使命令信号被发送到头单元以控制光源的照明状态。	A wall control unit for a movable barrier operator sends baseband signals over a wire connection to a head unit of a movable barrier operator to command the movable barrier to perform barrier operator functions. The wall control unit has a wall control unit port for connection to the wire connection. A first switch sends a barrier command signal to the head unit commanding the head unit to open or close a movable barrier. A second switch commands the head unit to provide energization to a light source. An infrared detector causes a command signal to be sent to the head unit to control the illumination state of the light source.

续表

权利要求书摘要（中文）	权利要求书摘要（英文）
US7196611B2 公开了与屏障移动操作器的人类交互的改进。屏障移动操作器的控制器能够具有多种学习模式，其中控制器与用户协作以学习操作参数。控制器引导并纠正用户的必要动作。屏障移动操作器还包括远离操作员主控制器的输入/输出单元。人与远程输入/输出单元的交互可以远程诊断操作员故障。	Improvements in human interaction with barrier movement operators are disclosed. A controller of the barrier movement operator is capable of a number of learning modes in which the controller cooperates with a user to learn operating parameters. The controller guides and corrects the necessary actions by the user. The barrier movement operator also includes an input/output unit remote from the main controller of the operator. Human interaction with the remote input/output unit enables diagnosis of operator faults remotely.
US7339336B2 提供了一种与可移动屏障操作器一起使用的方法，其不具有用户可启动的专用学习操作模式。监测至少一个参数，该参数对应于施加到可移动屏障的力，以选择性地使可移动屏障在至少第一位置和第二位置之间移动。响应于所监测的至少一个参数，自动改变超力阈值，以提供更新的超力阈值。更新的超力阈值和监测的至少一个参数都用于确定何时经由可移动屏障操作器将过量的力施加到可移动屏障。当通过可移动屏障操作器将过大的力施加到可移动屏障时采取预定动作。	A method is provided for use with a movable barrier operator that has no user–initiable dedicated learning mode of operation. At least one parameter is monitored that corresponds to force as applied to a movable barrier to selectively cause the movable barrier to move between at least a first position and a second position. An excess force threshold value is automatically changed in response to the monitored at least one parameter to provide an updated excess force threshold value. Both the updated excess force threshold value and the monitored at least one parameter are used to determine when excess force is being applied to the movable barrier via the movable barrier operator. A predetermined action is taken when excess force is being applied to the movable barrier via the movable barrier operator.

数据来源：智慧芽（PatSnap）全球专利检索数据库（2021年4月1日）

表 1-3-3 涉案专利主要附图

专利号	附图
US7161319B2 US7196611B2	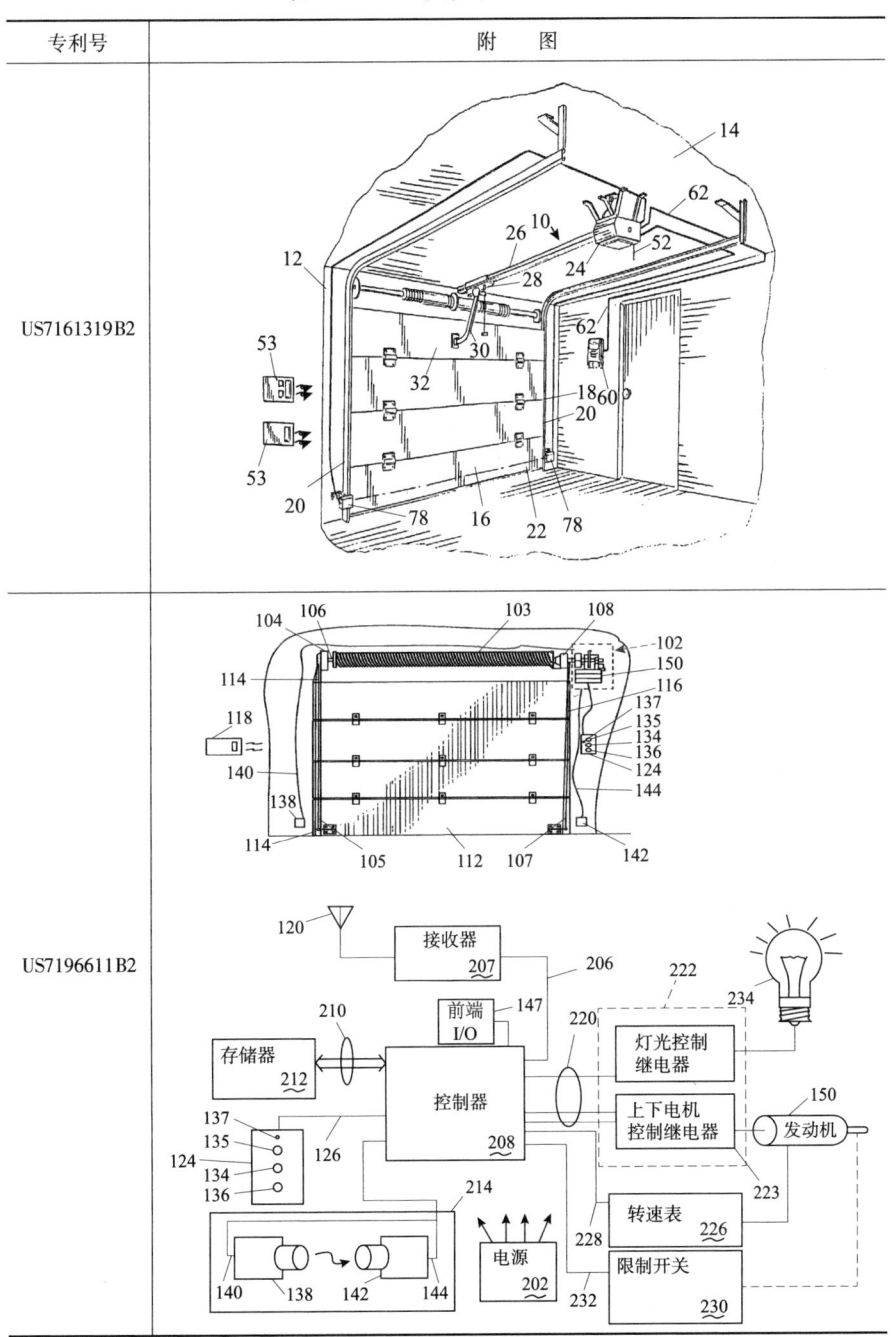

45

续表

专利	附图
US7339336B2	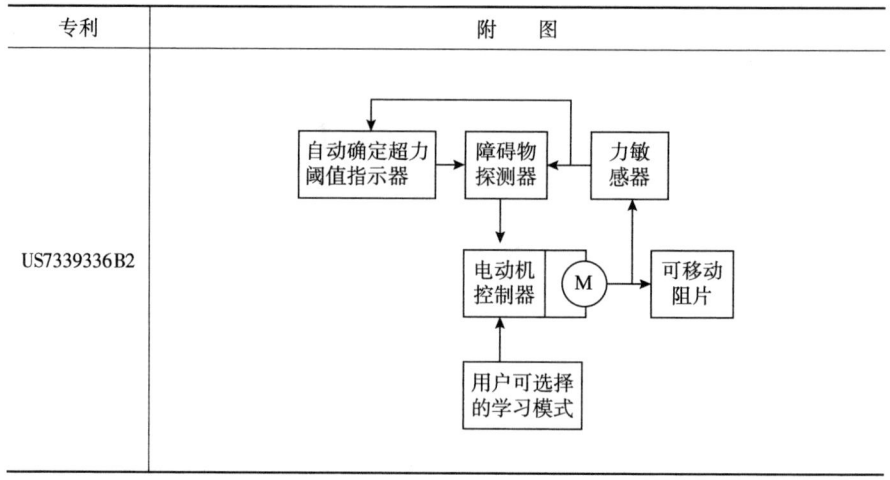

数据来源：智慧芽（PatSnap）全球专利检索数据库（2021年4月1日）

表1-3-4　US7224275B2号专利权利要求书摘要

权利要求书摘要（中文）	权利要求书摘要（英文）
1. 一种可移动屏障操作器，包括：控制器，其具有至少部分由多个操作状态定义的多个潜在操作状态；可操作地耦合到控制器的可移动屏障接口；可操作地耦合到控制器的无线状态条件数据发射器，其中无线状态条件数据发送器发送状态条件信号，该状态条件信号与至少部分地由多个操作状态中的至少两个操作状态定义的当前操作状态相对应；并且包括至少相对唯一于所述可移动屏障操作者的标识符，使所述可移动屏障操作者状态条件信号基本上唯一地标识可移动屏障操作器。	1. A movable barrier operator comprising: a controller having a plurality of potential operational status conditions defined, at least in part, by a plurality of operating states; a movable barrier interface that is operably coupled to the controller; a wireless status condition data transmitter that is operably coupled to the controller, wherein the wireless status condition data transmitter transmits a status condition signal that: corresponds to a present operational status condition defined, at least in part, by at least two operating states from the plurality of operating states; and comprises an identifier that is at least relatively unique to the movable barrier operator, such that the status condition signal substantially uniquely identifies the movable barrier operator.

续表

权利要求书摘要（中文）	权利要求书摘要（英文）
5. 根据权利要求 1 所述的可移动壁障操作器，其中所述多个操作状态包括以下至少一种：沿第一方向移动可移动壁障；沿第二方向移动可移动壁障；使可移动壁障反向移动；使可移动壁障停止移动；检测移动障碍物的可能存在；检测人的可能近端存在；接收无线遥控信号；接收有线遥控信号；接收学习模式启动信号；照明状态改变；休假模式状态改变；检测车辆的可能近端存在；检测近端车辆的识别；以及接收操作参数改变信号。	5. The movable barrier operator of claim 1 wherein the plurality of operating states includes at least one of: moving a movable barrier in a first direction; moving the movable barrier in a second direction; reversing movement of the movable barrier; halting movement of the movable barrier; detecting a likely presence of an obstacle to movement of the movable barrier; detecting a likely proximal presence of a human; receiving a wireless remote control signal; receiving a wireline remote control signal; receiving a learning mode initiation signal; a lighting status change; a vacation mode status change; detecting a likely proximal presence of a vehicle; detecting the identification of a proximal vehicle; and receiving an operating parameter alteration signal.
15. 根据权利要求 14 所述的方法，其中检测至少一个预定条件包括检测至少一个：在第一方向移动可移动屏障；在第二方向移动可移动屏障；使可移动屏障反向移动；停止可移动屏障的移动；检测可能存在的移动障碍可移动屏障；检测可能存在的近端人员；接收无线遥控信号；接收有线遥控信号；接收学习模式启动信号；照明状态变化；休假模式状态变化；检测可能存在的近端车辆；以及接收操作参数改变信号。	15. The method of claim 14 wherein detecting at least one predetermined condition includes detecting at least one of: moving a movable barrier in a first direction; moving the movable barrier in a second direction; reversing movement of the movable barrier; halting movement of the movable barrier; detecting a likely presence of an obstacle to movement of the movable barrier; detecting a likely proximal presence of a human; receiving a wireless remote control signal; receiving a wireline remote control signal; receiving a learning mode initiation signal; a lighting status change; a vacation mode status change; detecting a likely proximal presence of a vehicle; and receiving an operating parameter alteration signal.

数据来源：智慧芽（PatSnap）全球专利检索数据库（2021 年 4 月 1 日）

表1-3-5　US7635966B2号专利权利要求书摘要

权利要求书摘要（中文）	权利要求书摘要（英文）
14. 根据权利要求9所述的电池充电装置，其中所述电动设备包括工具。	14. The battery charging apparatus of claim 9, wherein the electrically powered equipment comprises a tool.
15. 一种在至少一个可充电电池、障碍物移动操作器、除障碍物移动操作器之外的电动设备之间的功率流方法，该电动设备在物理上与障碍物移动操作器分离，所述方法包括：检测所述至少一个可充电电池是否与电池充电站通信；通过所述电池充电站从电源向所述至少一个可充电电池供电；从所述至少一个可充电电池经由所述电池充电站向所述主机单元提供存储的电力，以执行可移动屏障功能；以及响应于所述至少一个可充电电池连接到所述电力设备而从所述至少一个可充电电池向所述电力设备提供电力。	15. A method of power flow between at least one rechargeable battery, a barrier movement operator, electrically powered equipment other than and physically separate or separable from the barrier movement operator, the method comprising: detecting whether the at least one rechargeable battery is in electrical communication with a battery charging station; providing power from a power source to the at least one rechargeable battery via the battery charging station; providing stored power from the at least one rechargeable battery to the head unit via the battery charging station to perform movable barrier functions; and providing power from the at least one rechargeable battery to the electrically powered equipment in response to the at least one rechargeable battery being electrically connected to the electrically powered equipment.
16. 根据权利要求15所述的方法，还包括响应于以下至少一项通知用户：从电池充电站移除至少一个可充电电池，并且至少一个可充电电池的存储功率低于阈值量。	16. The method of claim 15, further comprising notifying a user in response to at least one of: the at least one rechargeable battery being removed from the battery charging station, and the stored power of the at least one rechargeable battery being below the threshold amount.
17. 根据权利要求16所述的方法，其中通知包括生成声音指示和视觉指示中的至少一个。	17. The method of claim 16, wherein notifying comprises generating at least one of an audible indication and a visual indication.
18. 权利要求15的方法，其中所述电动设备包括工具。	18. The method of claim 15, wherein the electricallypowered equipment comprises a tool.

数据来源：智慧芽（PatSnap）全球专利检索数据库（2021年4月1日）

表 1-3-6　US7161319B2 号专利权利要求书摘要

权利要求书摘要（中文）	权利要求书摘要（英文）
1. 一种改进的车库门开启器，包括用于打开和关闭车库门的电动机驱动单元，所述电动机驱动单元具有微控制器和壁控制台，所述壁控制台具有微控制器，所述电动机驱动单元的所述微控制器连接至微控制器和微控制器。通过数字数据总线在壁挂式控制台上进行操作。	1. An improved garage door opener comprising a motor drive unit for opening and closing a garage door, said motor drive unit having a microcontroller and a wall console, said wall console having a microcontroller, said microcontroller of said motor drive unit being connected to the microcontroller of the wall console by means of a digital data bus.

数据来源：智慧芽（PatSnap）全球专利检索数据库（2021 年 4 月 1 日）

3. 行业发展现状

随着现代化经济建设和管理的发展，各种企业、事业单位、政府机关、高级物业管理部门等机构，对门禁系统的需求日益增加，门禁行业在全球呈现蒸蒸日上的态势，其市场规模也逐年攀升。目前，相关门禁产品在功能开发和市场的应用中已经相当成熟，各厂家为了提高门禁系统的附加价值，开始整合门禁系统和其他系统，如访客服务、视频识别等，以便产生更多的功能吸引消费者，如生物识别技术的不断成熟，导致生物识别门禁系统市场不断升温。

门禁系统的核心设备是门禁控制器，随着芯片和通信技术的发展减速，硬件已经达到一个比较高的水平，预计门禁控制器的发展进步将进入一个平缓发展的时期。各门禁厂家对于控制器的研发将有两个发展方向：一个方向是努力降低成本，以增加市场竞争力，但负面影响可以预见，就是产品的质量和性能会打折扣；另一个方向就是提高控制器性能，特别是在防雷保护、抗干扰、耐用性和可靠性方面进行提升，保证用户的设备投资能有一个长期的回报，且维护成本低廉，但代价是因为成本和价格的原因影响市场占有率。这两种产品发展方向也将会是市场长期存在的，但对于品牌和厂家的发展来说，哪种方向更好，只能通过市场来验证。

4. 诉讼过程

（1）16-cv-06097 号案例——关于 US7635966B2 号与 US7224275B2

号专利。

2016 年 6 月 10 日，张伯伦集团公司向美国伊利诺伊州地方法院提起诉讼，指控香港创科实业有限公司、北美创科实业有限公司、同一世界科技有限公司、欧特实业有限公司、亿腾科技（无锡）有限公司共同制造、使用、出售、要约出售或进口 Ryobi 型号 GD200 的超静音车库门开启器侵犯了其两项专利权（US7635966B2、US7224275B2），请求法院发布禁令，禁止这些公司在美国境内制造、使用、提供要约销售、销售、进口以及进口到美国。

2016 年 9 月 20 日，美国伊利诺伊州地方法院批准了张伯伦公司的初步禁令请求。

2016 年 11 月 1 日，被告对初步禁令的批准提起上诉，并动议在上诉期间暂缓执行初步禁令。法院对被告之动议予以驳回。

2016 年 12 月 6 日，被告提交了一份重新设计通知书，声称成功地避开了 US7224275B2 号专利，并尝试将重新设计的车库门开启器进口到美国，在家得宝公司进行销售。原告将两种车库门开启器进行对比后，认为二者并未有本质上的区别。

2017 年 1 月 23 日，法院批准执行初步禁令，要求涉案的家得宝公司召回 2016 年 9 月 27 日之后转运的所有侵权产品，并禁止被告在一定期限内接受与车库门开启器有关的订单。

2017 年 1 月 25 日，上诉法院认为原审法院对原告权利要求中的部分词语的解释出现了偏离，原告无权获得初步禁令，因此，对初步禁令的裁定予以撤销。

2017 年 3 月 22 日，被告以原告采用了不公平行为、滥用专利权以及以"不洁之手"不正当获取专利权为由针对 US7224275B2 号专利与 US7635966B2 号专利侵权进行抗辩。法院认为包括与 US7635966B2 号专利有关的拟议指控、反诉和不公平行为肯定性辩护可以接受，但是驳回了被告关于 US7224275B2 号专利的指控、反诉和肯定性抗辩。

2017 年 4 月 7 日，法院对原被告双方关于 US7224275B2 号、US7635966B2 号专利有争议的 11 个术语作出了解释。

2017年5月22日，被告向法院提交了一份移交动议。

2017年6月28日，该动议被驳回。

2017年8月8日，被告基于缺乏属人管辖权的理由提出驳回上诉的动议，法院根据专利法规定（任何人积极诱导专利侵权，应当作为侵权人承担责任），结合原告所提供的相关证据，驳回了被告的动议。

2017年8月14日，被告继续进行反诉，添加了相关的事实证据、专利侵权的抗辩以及对于原告垄断的诉讼。原告提出了对被告的反诉进行简易判决的动议。法院采纳了原告的动议而驳回了被告的反诉。

2017年8月28日，原告请求直接依据《美国联邦民事诉讼规则》第50条作出判决。

2017年8月29日，被告提交了各种证据，并引用了具体的法条，清晰明确地证明原告所主张的两项专利权中的部分权利要求应当归于无效。同时原告尚未证明也无法证明其有权获得永久禁令、利息、费用、三倍损害赔偿或依照《美国法典》第35章第284条允许的其他损害赔偿。基于此，被告请求无须陪审团评议，直接依照法律作出专利无效的判决。

2018年5月23日，法院驳回被告的动议，批准了原告的永久禁令动议、增加损害赔偿动议、律师费动议等。

2018年8月21日，美国联邦巡回上诉法院受理了被告的上诉，重新审理后撤销了地方法院的判决。

（2）16-cv-06094号案——关于US7161319B2号、US7196611B2号、US7339336B2号专利。

2016年7月5日，张伯伦公司向ITC提出立案申请，指控上述公司在美国出口、进口、销售的部分门禁系统及其零件侵犯了其专利权（US7161319B2号专利、US7196611B2号专利和US7339336B2号专利），请求ITC发布普遍排除令或有限排除令和制止令。

2016年8月3日，ITC投票决定对部分门禁系统及其零件启动"337调查"（调查编号：337-TA-1016），涉案产品为车库门开门器或大门开门器等门禁系统。

2016年8月30日，同一世界科技有限公司基于美国欧特实业被其合并而不再作为一个独立法人存在的理由而提出终止对欧特实业进行"337调查"的动议。

2016年9月23日,张伯伦公司提交补充两家企业——中国香港科创贸易有限公司(Techtronic Trading Limited of Kwai Chung)和美国科创实业工厂直营店(Techtronic Industries Factory Outlets Inc.)(经营名称为"Direct Tools Factory Outlet of Anderson")作为该案被调查方的动议。

2016年9月28日,美国行政法官发布初裁,准许立案申请方的上述修改诉状以及立案公告的动议。

2016年10月17日,美国行政法官发布初裁,准许应诉方提出的终止对欧特实业进行"337调查"的动议。

2016年10月27日,ITC作出"337调查"部分终裁:对该案行政法官作出的准予立案申请方修改起诉状和立案公告的初裁[ID(Order No. 4)]不予复审。

2016年11月7日,ITC发布公告称:对该案行政法官作出的准予终止对欧特实业"337调查"的初裁[ID(Order No. 6)]不予复审。

2017年2月27日,张伯伦公司提交基于US7196611B2号专利第10、19~20和22项权利要求及US7339336B2号专利第7、11~13、15~18和35~36项权利要求的撤销终止相关"337调查"的动议。

2017年3月1日,该案行政法官准予上述动议。

2017年3月15日,ITC发布命令,对于该案行政法官作出的准予终止对中国香港科创贸易有限公司以及美国科创实业工厂直营店调查的动议的初裁[ID(Order No. 15)]不予复审。

2017年3月20日,ITC作出"337调查"部分终裁:对该案行政法官作出的准予基于US7196611B2号专利第10、19~20和22项权利要求及US7339336B2号专利第7、11~13、15~18和35~36项权利要求的撤销终止相关"337调查"动议的初裁[ID(Order No. 18)]不予复审。

2017年3月27日,该案行政法官发布初裁,准许应诉方提出的主张US7161319B2号专利不侵权的简易裁定的动议,该动议源于本案行政法官对专业术语"wall console"的解释,意为"一种安装在墙上的控制单元,包括被动式红外探测器"。

2017年4月28日,张伯伦公司提交终止US7196611B2号专利相关"337调查"的动议。应诉方即时提交了反对上述动议的意见,张伯伦公司随后提交请求准予反诉答辩的动议。

2017年5月1~3日,该案行政法官就US7339336B2号专利的问题举行了证据听证会。

2017年5月3日,该案行政法官批准张伯伦公司提交的准予反诉答辩和终止US7196611B2号专利相关"337调查"的两项动议。同时决定复审第23号令,该令批准了被告关于不侵犯US7161319B2号专利的裁定动议。经审查,委员会决定将"wall console"解释为"壁挂式控制单元",撤销第23号令,并将有关US7161319B2的调查发回该案行政法官处,便于其进一步提起诉讼。

2017年5月31日,ITC作出"337调查"部分终裁:对该案行政法官作出的准予该案立案申请方提出的终止US7196611B2号专利相关"337调查"动议的初裁 [ID (Order No. 28)] 不予复审。

2017年7月12~13日,该案行政法官举行第二次证据听证会,讨论有关US7161319B2号专利的问题。

2017年10月23日,ITC作出对US7161319B2号专利存在侵权和对US7339336B2号专利不存在侵权的初裁(Order No. 36)。

2017年11月6日和14日,申诉方提交复审申请。

2017年12月22日,ITC作出"337调查"部分终裁:对该案行政法官于2017年10月23日作出的对US7161319B2号专利存在侵权和对US7339336B2号专利不存在侵权的初裁(Order No. 36)予以复审;并将终裁发布日期延长至2018年3月2日。

2018年3月23日,ITC作出"337调查"部分终裁:认定存在侵权,发布一项有限排除令;对香港创科实业有限公司、北美创科实业有限公司、同一世界科技有限公司、欧特实业有限公司、亿腾科技(无锡)有限公司发布禁止令;终止本案调查。

2019年12月12日,上述公司向美国联邦巡回上诉法院对ITC作出的最终裁定提起上诉。美国联邦巡回上诉法院经审查后，撤销了 ITC 的最终裁定。

三、处理结果

（一）16-cv-06097 号案例——关于 US7635966B2 号专利与 US7224275B2 号专利

经重新审查，美国联邦巡回上诉法院认为，原告张伯伦集团公司所获得的 US7224275B2 号专利中权利要求 1、5 和 15 针对的是抽象概念，不符合专利资格，所以对地方法院的判决予以撤销；陪审团关于 US7635966B2 号专利的无效裁定存在问题，US7635966B2 号专利应继续有效，因此，撤销地方法院关于增加损害赔偿和律师费的禁令和裁决，并发回地方法院重新考虑增加损害赔偿和律师费。

（二）16-cv-06094 号案例——关于 US7161319B2 号专利、US7196611B2 号专利、US7339336B2 号专利

经审理，美国联邦巡回上诉法院在考虑双方的控辩意见之后，认为张伯伦公司关于 US7161319B2 号专利的论点没有说服力，撤销 ITC 对"墙壁控制台"及其侵权的最终裁定，与此同时，一并撤销 ITC 发布的补救令。

四、案情解析

本案属于系列案件，以下是根据不同的案号，对系列案件进行的案情分析。

（一）16-cv-06097 号案例——关于 US7635966B2 号专利与 US7224275B2 号专利

围绕 US7635966B2 号专利与 US7224275B2 号专利，主要争议焦点有二：第一，专利有效与否；第二，对被告抗辩理由是否采纳。

1. 专利权的存续问题

被告提出动议，指出 US7224275B2 号专利的权利要求针对的是不符合

专利资格的主题。US7224275B2 号专利的部分权利要求见表 1-3-4，被告认为该专利权利要求 1 中规定的"无线传输"只是权利要求中的一个抽象概念，不能体现该专利的创造性。地区法院驳回了被告的动议，然而在 2019 年 8 月 23 日，美国联邦巡回上诉法院支持了被告的观点，指出"无线传输"是张伯伦公司声称的相对于现有技术具有创造性的唯一方面，而在该专利中，它只是权利要求所针对的一个抽象概念。依照《美国专利法》的规定，仅具有抽象概念不能满足获得专利保护的条件，而在美国确定要求保护的标的物是否符合专利资格主要可以分为两步：第一步，着眼于权利要求所表述的技术方案与现有技术相比较，确定该主题是否属于无法获得专利保护的范畴；第二步，具体查看权利要求所增加的内容，确定是否存在满足创造性要求的元素。法院根据以上两步测试检验后，认定 US7224275B2 号专利归于无效，同时撤销地方法院的意见和命令。

2. 被告的抗辩理由是否成立

在本案例中，被告对原告的侵权指控，提起了不公平行为、垄断等抗辩。

针对不公平行为，被告指出张伯伦公司在获取 US7635966B2 号专利的过程中没有对相关现有技术或参考文献进行充分的记载和披露，并且在关于 US7635966B2 号专利的诉讼过程中没有指示审查员使用任何现有技术。地方法院认为被告所提出的质疑与证据不能充分证明张伯伦公司具有欺骗的意图，因此，此抗辩理由未被采纳。

针对垄断行为，被告指出，张伯伦公司隐瞒了从美国专利商标局知悉的重要信息，从而欺诈性地获得了 US7635966B2 号专利，在明知以欺诈方式获取专利的情况下，张伯伦公司继续行使专利权，并试图对被告采取法律措施，以减小在同一市场上的竞争，应当视为一种垄断。法院根据原告的请求，开展了即决判决，认为被告所提供的反垄断专家证词不具有相关性，因此，此项抗辩同样未被采纳。

（二）16-cv-06094 号案例——关于 US7161319B2 号专利、US7196611B2 号专利、US7339336B2 号专利

该案例的争议焦点主要体现在 US7161319B2 号专利，即该发明的整

体描述是否构成对权利要求范围的否认。围绕此争议焦点，各方坚持不同的看法。

创科实业认为相关整体描述构成了对US7161319B2号专利权利要求范围的否认，主要观点如下：(1) ITC错误地推翻了337-TA-1016对权利要求书的解释，否认车库门开启器的墙上安装了无被动红外探测器的控制台；(2) US7161319B2号专利对本发明的描述是一个带有被动式红外探测器的墙壁控制台，这一特征包含在唯一的实施例中，并且该专利贬低了将探测器置放在主机中的现有技术车库开门器，这种对发明整体的描述构成对权利要求范围的否认。

张伯伦公司认为该发明的整体描述并未构成对US7161319B2号专利权利要求范围的否认，主要观点如下：将被动红外探测器定位在墙上的控制台只是该项发明的一个方面，该专利还使用了数字信号技术以及对墙上控制台的微控制器编程方法。虽然该专利将该发明的主要方面描述为车库门操作员提供改进的被动红外探测器，但其说明书披露了该发明的其他方面，因此，专利权人不需要在每项权利要求书中都详细描写说明书中所描述的所有重要特征。这些都说明这些发明还没有达到否定权利要求范围的程度。

ITC也认为该发明的整体描述没有构成对专利权利要求的否认，补充观点如下：权利要求书明确地将被动红外探测器定位在墙壁控制台中，表明专利权人有权要求使用或不使用被动红外探测器的墙壁控制单元，所以US7161319B2也没有上升到否认权利要求范围的程度。

围绕双方的争议，美国联邦巡回上诉法院经过审查，认为该发明的整体描述否认了US7161319B2号专利墙壁控制台缺乏被动红外探测器，并且在其权利要求中，术语墙壁控制台可被正确解释为包括被动红外探测器的墙壁控制单元，主要观点如下：(1) 权利要求书存在的目的是确定实际发明的范围，权利要求术语通常是要被赋予其普通和习惯的含义，这是本领域普通技术人员根据说明书和起诉书所理解的。如果发明人已经明确地对权利要求的一词提出了不同的定义，或者已经表明包含或者不包含某一特定方面，则该意图被视为决定性的，即发明人已经否认了权利要求范围。

若发明人否认了权利要求的范围，必须要明确否认，但不必是直接的字面表述，也可以从说明书或者起诉书中对发明的明确性限制性描述推断出否认意思。发明人也可以通过区分声称的发明与现有技术来否定，而US7161319B2号专利权利要求1的部分描述全部目的在于使探测器能够放在墙壁控制台中，除了给墙壁控制台传输照明命令外，从未讨论对微控制器编程或将数字信号技术用于其他目的。(2) 在实际情况中，必须要根据说明书和起诉历史来解释权利要求。如果起诉历史有矛盾的陈述，则不可能出现异议。在这里起诉历史对墙壁控制台的含义几乎没有说明，也没有任何迹象表明张伯伦公司对墙壁控制台的定义与说明书不同。US7161319B2号专利说明书在其每一节中都公开了一种车库开门器，这种开门器是通过将被动红外探测器从主机单元移动到墙壁控制台而改进的，所以该专利否认了缺乏被动式红外探测器的墙壁控制台的覆盖范围。

五、镜鉴启示

（一）在专利申请过程中要明晰权利要求范围

权利要求书是以专利申请说明书为依据，说明发明或实用新型的技术特征，简要记载专利保护范围的法律文件。其中的技术特征可以是构成发明或实用新型技术方案的组成要素，也可以是要素之间的相互关系。这间接表明通过权利要求书能够限定专利权保护范围、确定专利权的具体边界，在专利侵权纠纷判定中具有极大的作用。本领域普通技术人员是一个虚拟的主体，应当认为其具有某一技术领域属于现有技术范畴的一切知识，且其对这些知识的理解和应用水平处于当时该领域的平均水平。权利要求作为一个法律概念，可以用来解决国家和立法、司法机关如何确定专利授权的标准问题，在专利审查制度中也发挥着重要作用。

本案中，张伯伦公司否认没有进入被动红外探测器控制台的覆盖范围，而这与惯常理解存在很大的差别。在这种情况下，由于张伯伦公司没有明确解释其赋予的特殊含义，致使本领域的普通技术人员根据说明书和起诉书无法认同其在诉讼中提出的含义。因此，企业应从本案中汲取教训，在进行专利申请时，明确界定权利要求的范围，明晰说明书及其权利要求书中各个术语的具体含义，对于与日常生活不同的用法，应当在权利要求书中予以特别说明，避免在专利审查和专利侵权纠纷中产生不必要的理解和解释错误。

（二）利用诉讼程序性规则，化被动为主动

无论在哪个国家或地区，程序法规则都具有极为重要的作用，特别是在以美国为代表的英美法系国家中，程序法规则的运用很多时候能够起到"四两拨千斤"的作用。

美国专利诉讼主要包括诉前警告、提起诉讼请求、调查取证、马克曼听证（权利要求解释听证）、审前动议、审理等主要程序（见图1-3-4）。

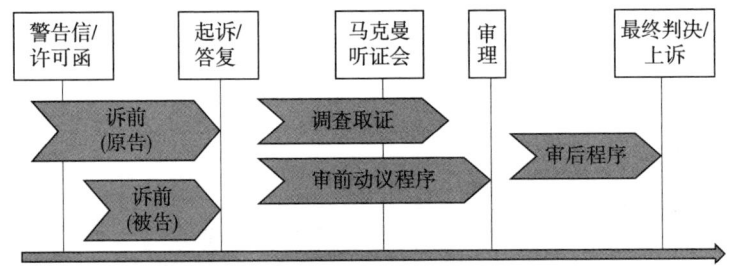

图1-3-4 美国专利诉讼的主要流程

其中，警告信与马克曼听证会尤其值得我国企业重视。在起诉之前，原告可以向被告发出警告信或者许可函。警告信/许可函的本质是一封律师信，主要内容在于提示他人已经侵权，要求停止其侵权行为并作出相应的赔偿。[1] 如果被告在收到警告信之后继续进行相关侵权行为的，主观上可能被认定为恶意，而根据《美国专利法》的规定，恶意侵权行为可被处以正常赔偿金的三倍惩罚性赔偿，因此，在收到此类信函之后，应当尽快与专业律师取得联系，根据其建议，对该警告信/许可函做出必要且适当的回复。[2] 美国专利诉讼过程中还存在一个极为重要的特别程序，即马克

---

[1] 国家知识产权局保护协调司. 美国专利诉讼实务指引［EB/OL］.［2021-03-29］. https://www.worldip.cn/uploadfile/2014/0918/20141208083108699.pdf.

[2] 林艺思，王宁玲，宋嘉瑜. 管理美国专利诉讼风险［J］. 进出口经理人，2009（11）：54-55.

曼听证会，又称权利要求解释听证会。其主要作用在于通过该程序先行界定权利要求的含义和保护范围，考量和解决权利要求解释的分歧，❶为庭审做好准备工作。一般情况下，马克曼听证会的结果对于诉讼的结果有着重要的指导意义，有助于加快整个专利侵权诉讼的步伐。企业应当为马克曼听证会做好充分的准备，例如，对专利的各项权利要求要有清晰的认知、针对他人提出的质疑等均应当做出充分的举证与回复等。

此外，依照《美国专利法》的相关规定，当事人对联邦地区法院或者美国国际贸易委员会对于"337案件"的处理结果不服的，可以上诉至美国联邦巡回上诉法院。换言之，地区法院的裁定并不一定会成为最终的裁决，企业在衡量专利价值和诉讼成本之后，可以通过变更诉讼理由、增加新的证据等方式，向更高级别的美国联邦巡回上诉法院争取更大的权益，本案中，被告创科实业正是通过上诉，挽回了在"337调查"案中的不利裁决。

（三）通过行业协会，促成企业海外知识产权诉讼应对联盟的建设

本案还涉及同一行业多个被告企业进行相互联合，共同应对张伯伦公司的专利侵权诉讼现象。即使是在被判处侵权裁定、发布撤销令的不利情况下，各企业仍"抱团取暖"，联合上诉，通过共享彼此间的信息和资源，分担应诉工作压力，并最终扭转了败局，这对国内企业应对海外专利诉讼有着较为深刻的借鉴意义。海外知识产权应对联盟的组建，一方面，可以整合资源、共享信息、分担应诉工作，一定程度上能够分摊应诉费用，使单个企业的应诉负担降低；另一方面，通过联合应诉，还可以形成合力，共同与原告抗衡，增加海外知识产权诉讼的赢面。以中国彩电骨干企业为主体联合创立的"中彩联"，在应对海外知识产权纠纷方面已积累了成功经验，具体表现在如下方面：第一，通过集体谈判压低知识产权许可费。换言之，以联盟成员集体议价的方式，降低知识产权整体许可费用。例如，汤姆逊、MPEG – LA、索尼、LG等专利权人开出的专利费价格曾高达约41美元/台。经过多轮谈判，"中彩联"把专利费价格压低到了约28美

---

❶ 马辉. 美国专利权利要求解释的简介［J］. 知识产权，2010，20（117）：95 – 96.

元/台。第二，建立数据共享平台，逐条分析全球专利。围绕行业中的前沿技术以及国外重要竞争对手的技术研发动态进行追踪，为联盟成员单位提供专利导航。例如，在前述情况下，"中彩联"建立了专利预警信息平台，对全球近万篇数字电视专利的权利要求保护范围、专利性进行分析，并实施人工标引，对每个专利的稳定性、法律状态、使用程度进行跟踪。第三，建立专利池，从全球范围内收集专利，争取与国外专利池进行抵消和置换。随着"中彩联"经营的专利池覆盖越来越多的全球核心专利，其与国外专利联盟的谈判能力也将越来越强。第四，代表大批被诉企业，应诉海外知识产权侵权案件，并对国外顽固性"知识产权海盗"在华的相关核心专利宣告无效，进行诉讼围堵。

案例四

利纳克有限公司诉常州市凯迪股份有限公司侵害专利权纠纷案

☞入选理由：本案涉及德国专利侵权等同原则以及专利无效宣告分离原则的适用。通过本案，有利于企业熟知德国专利侵权判定以及无效抗辩规则内容及应用，从而进行有效应诉。

一、基本信息

审理法院：德国杜塞尔多夫法院。
原告：利纳克有限公司（LINAK A/S）。
被告：常州市凯迪股份有限公司。
判决时间：2019年2月26日。

二、案情介绍

（一）基本案情

2017年12月29日，原告利纳克公司向德国杜塞尔多夫法院提起专利侵权诉讼，主张被告凯迪公司在德国销售、运输一种电子升降设备，侵犯了其拥有的EP1621055B1号专利的专利权，要求被告停止在德国境内制造、销售和提供相关产品等。原告诉讼请求具体如下：

（1）停止侵权行为，停止在德国境内制造、销售和提供相关产品；
（2）要求公布自2011年3月9日以来有关侵权行为的账目信息；

（3）要求提交在德国境内的所有侵权产品，并请求法院执行销毁；

（4）要求召回所有自 2011 年 3 月 9 日起在德国境内进入市场流通的侵权产品；

（5）请求法院判决三名被告作为共同债务人向原告赔偿侵权所得（从 2011 年 3 月 9 日开始实施侵权行为起计算）；

（6）要求法院判决三名被告作为共同债务人就待承认的诉讼请求向原告提供约 50 万欧元的担保；诉讼费用由三名被告承担。

对于原告的以上诉讼请求，被告凯迪公司要求法院全部驳回原告诉请；或者，在专利法院作出决定之前，中止诉讼。与此同时，凯迪公司于 2018 年 5 月 29 日针对原告 EP1621055B1 号专利向德国联邦专利法院提起专利无效申请，法院于 2019 年 1 月 29 日受理该申请。❶ 2019 年 8 月 26 日，德国杜塞尔多夫州高级法院受理利纳克公司就一审判决提起的上诉申请。

（二）背景介绍

1. 当事人情况

（1）原告方背景概述。

丹麦利纳克有限公司是全球最早的线性驱动行业生产商之一，是专注于电动升降传动系统的百年国际品牌。经过多年的发展，利纳克公司在全球线性驱动行业拥有较高的品牌知名度和领先的技术优势，在全球医疗器械行业对应的线性驱动产品市场占有率名列前茅。为了快速满足地区市场需求，利纳克公司在美国路易斯维尔、斯洛伐克普雷绍夫和中国深圳设立了海外生产工厂，其业务范围涵盖工业、医疗、家庭、办公家具等十余项应用领域。❷

截至 2021 年 3 月，利纳克公司 1855 件专利中 687 件处于失效状态，占比 37.03%；631 件有效专利，占比 34.01%；250 件处于未确认状态，占比 13.48%；181 件 PCT 指定期满，占比 9.76%；99 件处于审查中的状

---

❶ 资本邦. 凯迪股份闯关 IPO 深陷专利诉讼漩涡 [EB/OL]. (2019-10-21) [2021-04-09]. https://www.sohu.com/a/348412161_223785.

❷ LINAK A/S 公司概况 [EB/OL]. [2021-03-18]. https://m.tianyancha.com/.

态，占比5.34%；7件处于PCT指定期内，占比0.38%（见图1-4-1）。利纳克公司的专利布局区域主要分布于美国与中国，在一定程度上反映了该企业产品主要目标市场为美国、中国。

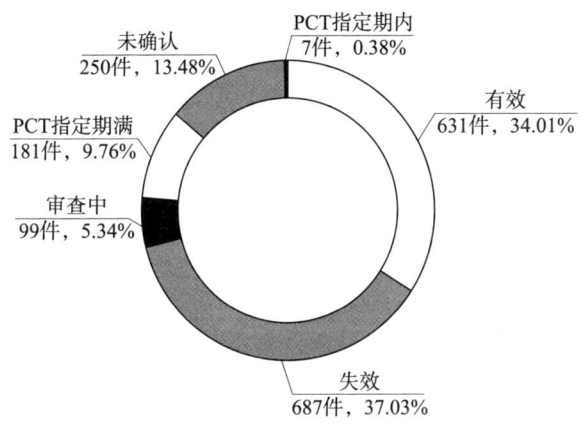

图1-4-1 利纳克公司专利法律状态

数据来源：智慧芽（PatSnap）全球专利检索数据库（2021年3月18日）

（2）被告方背景概述。

凯迪公司是全球沙发线性驱动系统领先企业，作为一种实现智能终端产品运动控制的关键设置，该公司生产的线性驱动产品应用于众多智能终端领域，包括智能家居领域的功能沙发、智慧办公领域的电动升降办公桌、医疗器械行业的医疗床及电动护理床、汽车行业的汽车尾门开启系统等产品。国内线性驱动系统生产企业经过十余年的技术积累，虽然品牌知名度相对落后于国际知名企业，但产品性能、质量已逐步与国际制造商基本持平。以凯迪公司为代表的国内线性驱动生产企业凭借产品性价比优势和快速响应优势，逐步获得国内外大客户的信任，业务范围和市场份额不断扩大。凯迪公司的收入有一半来自境外，产品远销美国、加拿大、越南、马来西亚等国家和地区以及西班牙、芬兰、立陶宛、意大利、波兰等欧盟国家。①

---

① 常州市凯迪电器有限公司概况［EB/OL］.［2021-04-01］. www.czkaidi.cn.

凯迪公司近年来不断加大研发支出,技术成果雄厚。2020 年,公司研发费用就达到 2155.98 万元,占营业收入比重 4.44%。公司技术研发能力逐步提升,积累了雄厚的技术成果。截至 2020 年 9 月 3 日,公司拥有有效的发明专利 18 项、实用新型专利 87 项、外观设计专利 52 项。审中状态的专利一般为新申请专利,通常该占比越大反映该企业近期创新活力越高,审中状态发明专利 27 件。凯迪公司发明专利、实用新型专利及外观设计专利的法律状态如图 1-4-2 所示。

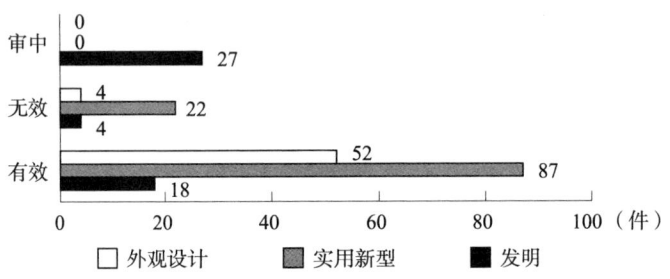

图 1-4-2 凯迪公司专利法律状态

数据来源:企查查(2021 年 9 月 3 日)

目前全球线性驱动市场主要集中于欧美地区,中国尚处于市场成长期。国外跨国公司进入线性驱动行业时间早,通过多年积累已完成行业的专利布局,同时树立了较高的品牌效应和完善的分销渠道。国内线性驱动市场尚处于开拓期,但是发展速度较快。国内企业经过十多年发展,产品性能、质量已经逐渐与国际制造商基本持平,并且凭借较高的性价比优势和快速响应优势在全球扩大市场份额,主要厂商包括捷昌驱动、凯迪公司和力姆泰克,捷昌驱动和凯迪公司在国内保持领先。凯迪公司国外竞争对手主要是利纳克公司,国内竞争对手主要是捷昌驱动,捷昌驱动与凯迪股份的线性驱动产品在下游应用领域存在一定的结构性差异,捷昌驱动在智能办公和医疗康护领域优势明显,而凯迪公司则在智能家居和汽车尾门驱动领域具备优势(见表 1-4-1)。

表1-4-1　线性驱动行业主要厂商

公司名称	所在地	成立时间	主要产品	应用领域
利纳克公司	丹麦	1907	直线推杆、双马达驱动推杆、升降柱、控制盒、控制器	医护、办公、工业家具
凯迪公司	中国	1992	电动推杆、升降框架、升降立柱、控制器、操作器	医疗康护、智能办公、智能家居、汽车行业等终端领域
捷昌驱动	中国	2000	电动推杆、升降框架、升降立柱、控制器、操作器	医疗康护、智能办公、智能家居、汽车

数据来源：常州市凯迪电器有限公司官网，www.keyike.com.cn.（2021年5月1日）

2. 诉争专利情况

本案诉争专利EP1621055B1号专利及涉案相关专利如表1-4-2所示。

表1-4-2　涉案专利基本信息

专利号	专利名称	申请日	法律状态
EP1621055B1	执行器 （an actuator）	2004-05-06	授权
US5497039A	结构产品电动机器 （Structured product dynamoelectric machine）	1994-10-04	未缴年费
US6069422A	降噪电动机的设计和方法 （Noise reduction motor design and method）	1999-03-05	期限届满

数据来源：智慧芽（PatSnap）全球专利检索数据库（2021年5月2日）

本案诉争的EP1621055B1号专利是一项关于"执行器"（An actuator）的专利，是申请人利纳克公司于2004年5月6日申请，并于2011年3月9日获得授权，该专利共有11项权利要求。相关权利要求及专利附图如表1-4-3及图1-4-3所示。

表1-4-3　EP1621055B1号专利权利要求书

权利要求书（中文）	权利要求书（英文）
1. 一种驱动器，包括机壳，布置在机壳中的电动机。所述电动机具有电动机轴，连接到电动机轴的传动装置；所述传动装置有一个输出级，以及一个与传动装置的输出级相连的激活元件；所述启动元件旨在引起其中结合有驱动器的结构中的可调节元件的运动，其特征在于，电动机安装在泡沫塑料块紧密配合的凹槽中，泡沫塑料块固定排布在机壳中。	1. An actuator comprising a cabinet, an electric motor arranged in the cabinet, said motor having a motor shaft, a transmission connected to the motor shaft, said transmission having an output stage, an activation element connected to the output stage of the transmission, said activation element being intended to cause movement of an adjustable element in the structure in which the actuator is to be incorporated, characterized in that at least the electric motor is mounted in a tightly fitting recess in a block of foam plastics arranged and secured in the cabinet.
2. 根据权利要求1所述的驱动器，其特征在于至少一部分传动装置与马达构建在一起，并且传动装置的该部分同样容纳在泡沫塑料块的凹部中。	2. An actuator according to claim 1, characterized in that at least a part of the transmission is built together with the motor, and that this part of the transmission is likewise accommodated in the recess in the foam plastics block.
3. 根据权利要求1或2所述的驱动器，其特征在于，泡沫塑料块完全或基本上完全填充机柜的内部。	3. An actuator according to claim 1 or 2, characterized in that the foam plastics block fills the interior of the cabinet entirely or substantially entirely.
4. 根据权利要求1、2或3所述的驱动器，其特征在于，所述泡沫塑料块由两个部分组成，所述两个部分在所述马达的纵向平面中具有组装面。	4. An actuator according to claim 1, 2 or 3, characterized in that the foam plastics block is composed of two parts with an assembling face in the longitudinal plane of the motor.
5. 根据权利要求1、2或3所述的驱动器，其特征在于，所述泡沫塑料块是一个整体，并且所述凹槽具有延伸到所述塑料块的外侧的开口，用于插入所述马达。	5. An actuator according to claim 1, 2 or 3, characterized in that the foam plastics block is one entity, and that the recess has an opening extending out to the outer side of the block for insertion of at least the motor.
6. 根据权利要求1或2所述的驱动器，其特征在于，爪形连接器布置在变速器中或变速器和执行器的驱动元件之间。	6. An actuator according to claim 1 or 2, characterized in that a claw coupling is arranged in the transmission or between the transmission and the activation element of the actuator.
7. 根据权利要求6所述的驱动器，其特征在于，橡胶垫圈设置在爪形连接器的各个爪之间。	7. An actuator according to claim 6, characterized in that a gasket of rubber is provided between the individual claws of the claw coupling.

续表

权利要求书（中文）	权利要求书（英文）
8. 根据权利要求 6 或 7 所述的驱动器，其特征在于，所述爪形连接器的两个部分各具有三个轴向延伸的爪，并且所述垫圈具有六个从中心环壁或实心环突出的翼片。	8. An actuator according to claim 6 or 7, characterized in that the two parts of the claw coupling have three axially extending claws each, and that the gasket has six protruding flaps from a central ring wall or solid core.
9. 根据权利要求 1 以及 6、7 或 8 所述的驱动器，其特征在于，它包括主轴部件，并且爪形连接器的一端固定到主轴的端部。	9. An actuator according to claim 1 as well as 6, 7 or 8, characterized in that it comprises a spindle part, and that one end of the claw coupling is secured to the end of the spindle.
10. 根据权利要求 1 以及 6、7 或 8 所述的驱动器，其特征在于，该驱动器包括具有用于主轴旋转的驱动管的主轴部件，并且爪形连接器固定到驱动管的一端。	10. An actuator according to claim 1 as well as 6, 7 or 8, characterized in that it comprises a spindle part with a drive pipe for rotation of a spindle, and that the claw coupling is secured to one end of the drive pipe.
11. 根据权利要求 9 或 10 所述的驱动器，其特征在于，所述心轴部分通过牢固地拧在所述箱体底部的板件固定到所述箱体上。	11. An actuator according to claim 9 or 10, characterized in that the spindle part is secured to the cabinet by means of a plate member screwed firmly on to the bottom of the cabinet.

数据来源：智慧芽（PatSnap）全球专利检索数据库（2021 年 5 月 2 日）

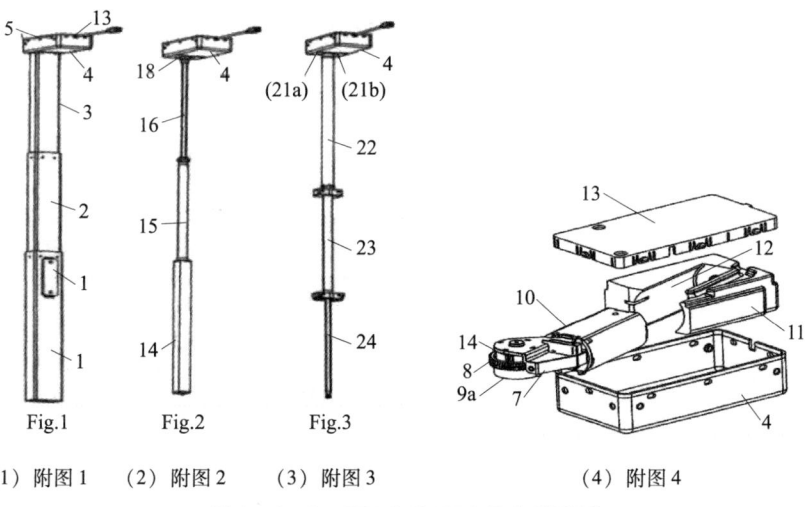

（1）附图 1　　（2）附图 2　　（3）附图 3　　　　（4）附图 4

图 1－4－3　EP1621055B1 号专利附图

67

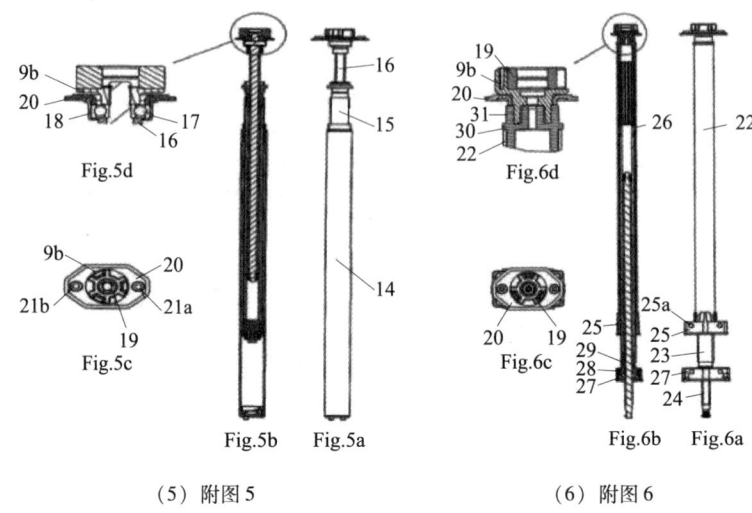

（5）附图5　　　　　　　　（6）附图6

图1-4-3　EP1621055B1号专利附图（续）

数据来源：智慧芽（PatSnap）全球专利检索数据库（2021年5月2日）

US5497039A号专利是一项关于"结构产品电动机器"（Structured product dynamoelectric machine）的专利，是通用电器公司（General Electric Company）于1994年10月4日申请，并于1996年3月5日获得授权的，该专利共有4项权利要求。相关权利要求及专利附图如表1-4-4及图1-4-4所示。

表1-4-4　US5497039A号专利权利要求书

权利要求书（中文）	权利要求书（英文）
1.一种用于电动机的轴向减振系统，该电动机具有安装在框架中的磁体装置、具有安装在轴上的叠片铁芯的电枢和相对于轴可操作地定位的两个轴承装置，该轴向减振系统包括：弹性装置，可操作地定位在靠近每个轴承装置的轴上，用于阻止电枢相对于框架的运动，电枢定位在框架中，使得叠片铁芯不相对于磁体装置轴向居中，由此在最靠近叠片铁芯的端部的弹性装置上产生力，该端部最靠近磁体装置的轴向中心。	1. An axial vibration reduction system for an electric motor having magnet means mounted in a frame, an armature having a lamination core mounted on a shaft and two bearing means operatively positioned relative to the shaft, the axial vibration reduction system comprising: resilient means, operatively positioned on the shaft proximate each bearing means, for resisting movement of the armature relative to the frame, the armature being positioned in the frame such that the lamination core is not axially centered relative to the magnet means whereby a force is generated on the resilient means most proximate an end of the lamination core closest an axial center of the magnet means.

续表

权利要求书（中文）	权利要求书（英文）
2. 根据权利要求 1 所述的轴向减振系统，其中所述弹性装置还包括：至少一个弹性垫圈和至少一个尼龙塑料垫圈，该尼龙塑料垫圈与轴承装置接触。	2. The axial vibration reduction system of claim 1 wherein the resilient means further comprises: at least one elastomeric washer and at least one NYLATRON plastic washer, the NYLATRON plastic washer being in contact with the bearing means.
3. 根据前述权利要求 2 所述的轴向减振系统，其中，所述轴承装置包括斜面，所述斜面接触所述尼龙垫圈并具有施加在其上的力。	3. The axial vibration reduction system of the previous claim 2 wherein the bearing means includes a beveled surface contacting the NYLATRON washer and having the force applied thereto.
4. 如权利要求 3 所述的轴向减振系统，其特征在于，收缩尼龙塑料垫圈的轴承装置表面倾斜四度。	4. The axial vibration reduction system of claim 3 wherein the bearing means surface contracting the NYLATRON plastic washer is beveled at four degrees.

数据来源：智慧芽（PatSnap）全球专利检索数据库（2021 年 5 月 2 日）

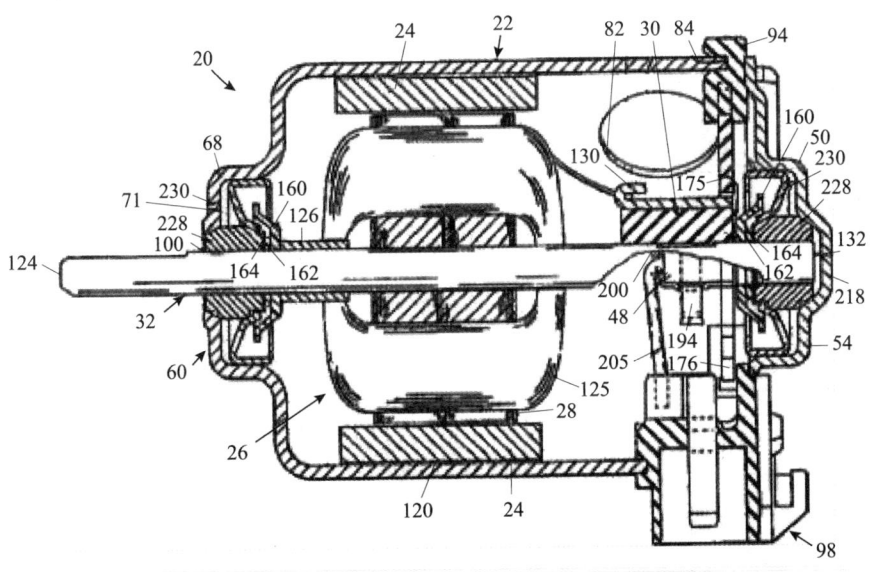

图 1-4-4　US5497039A 号专利附图

数据来源：智慧芽（PatSnap）全球专利检索数据库（2021 年 5 月 2 日）

US6069422A 号专利是一项关于"降噪电动机的设计和方法"（Noise reduction motor design and method）的专利，是发斯科实业公司（Fasco Industries，Inc.）于 1999 年 3 月 5 日申请，并于 2000 年 5 月 30 日获得授

权的,该专利共有1项权利要求。相关权利要求及附图如表1-4-5及图1-4-5所示。

表1-4-5 US6069422A号专利权利要求书

权利要求书(中文)	权利要求书(英文)
1. 一种降低由电动机转子振动引起的噪声/振动的方法,包括以下步骤:提供具有轴向长度的定子;提供轴向长度比所述定子的所述轴向长度短1/8~2/8英寸的转子向所述电动机施加电流,该电流在所述电动机内产生磁通量,以使所述转子随着定子磁场旋转。	1. A method of reducing noise/vibration caused by oscillation of an electric motor rotor including steps of: providing a stator having an axial length; providing a rotor having an axial length which is about between 1/8 to 2/8 inches shorter than said axial length of said stator; applying an electric current to said electric motor which generates a magnetic flux within said electric motor to cause said rotor to rotate with a stator field.

数据来源:智慧芽(PatSnap)全球专利检索数据库(2021年5月2日)

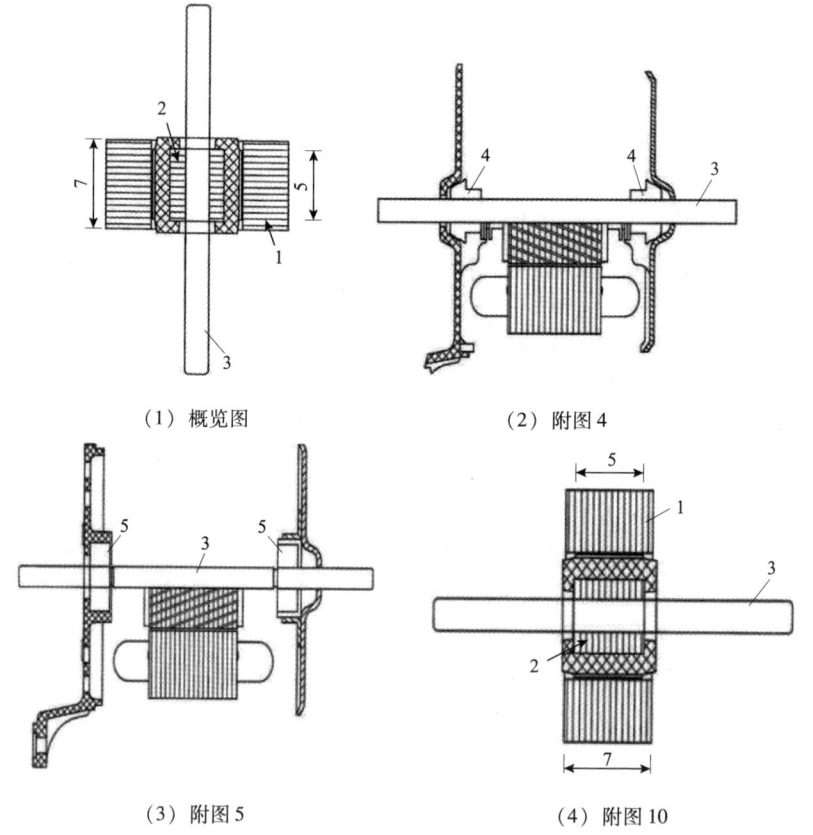

(1)概览图　　　　(2)附图4

(3)附图5　　　　(4)附图10

图1-4-5 US6069422A号专利附图

数据来源:智慧芽(PatSnap)全球专利检索数据库(2021年5月2日)

三、处理结果

2019 年 2 月 26 日,德国杜塞尔多夫法院就该专利侵权案件作出一审判决,认定凯迪公司产品与诉争专利技术不一致,未侵犯原告的 EP1621055B1 号专利权,故驳回原告诉讼请求,诉讼费用由原告承担。

四、案情解析

根据以上案情,本案的争议焦点主要在于原告利纳克公司 EP1621055B1 号专利的执行器专利是否有效以及凯迪公司的产品与诉争专利技术是否一致而得出以上结论,主要涉及对权利要求中"块""将可调部件集成在结构中"等专业术语的解释。

根据德国通行的分离原则,专利法律状态纠纷和专利侵权分别通过不同的法律途径由不同的主管机关处理。专利侵权程序属于常规的民事诉讼程序,专利权法律状态纠纷则为德国专利局和德国联邦专利法院(在法院层面)的管辖事项,而针对联邦专利法院做出的无效判决,当事人可以在联邦最高法院提出上诉。可见,在德国,联邦最高法院扮演着一个非常特殊的角色,在专利侵权程序和法律状态程序中都是最终的救济主体。德国联邦最高法院一方面进行法律审查(在侵权程序中),另一方面可以在法律或事实层面做出权利撤销的决定(在无效判决上诉程序中)。

(一)原告的执行器专利是否无效

在无效诉讼中,被告以原告的执行器专利缺乏发明所需的创造性高度为由进行抗辩,利纳克公司认为凯迪公司没有任何依据能证明其专利无效。利纳克公司执行器专利主要用于家具,如床、椅子或桌子。在家用家具业务中,由于执行器装置配件价格是消费者购买的决定性因素,因此,家用家具中配置的执行器装置的发展趋向于更简单的结构,但在医院病床等家具方面,要求噪声源能够尽量降低,而噪声源于传输、运动元件的存储和振动,现有技术使用润滑剂、塑料套管和橡胶/塑料吊架以及通过改变转子的位置来解决噪声问题。利纳克公司引用 US5497039A 号和 US6069422A 号两项专利作为例子,说明其执行器专利在蜗杆和蜗轮之间采取了措施，以消除变速箱引起的噪声，解决了重大的技术难题，以证明其专利是区别于已知技术的先进技术。

原告利纳克公司发明专利的技术方案是通过提供"块"来区分现有技术的降噪用泡沫塑料。因此，对于等效设计，它必须同时用于隔音和该发明所应用的装置。凯迪公司认为对于诉争专利设计中三种泡沫塑料元件具有消减噪音作用，原告应承担举证责任，但其并未提出相应的证据予以证明。

（二）凯迪公司的产品与诉争专利技术是否一致

通过对权利要求的解释，利纳克公司的专利不需要通过该"块"连接电机，凯迪公司也不构成对原告专利所具有的"将可调部件集成在结构中"技术特征等同侵权。德国专利法规定专利的保护范围以权利要求书为准，解释时参考专利说明书和附图的内容。

双方有权仅就"将可调部件集成在结构中"这一特性的实现提出争议，双方均认为，专利申请中权利要求的德文译文不准确。在对"block"进行权利要求术语的解释时，应根据一般解释来确定"块"这一术语的含义。根据权利要求书的上下文中，此"块"由两个相对的部分和装配侧组成，这种设计不同于将一个"块"作为一个单元的设计。对于本领域技术人员来说，特别是在考虑到技术功能解释的情况下，认为"块"各个部分没有彼此分离和布置，而是始终在壳体中彼此结合，因为泡沫块是用来容纳声音和振动的发动机。德国的权利要求解释中功能解释的要求同样也完全适用于那些在权利要求书的不同位置被使用的同一术语。它们不一定在每一处的意思都是一样的，而有可能根据具体语境下的不同技术功能，具有不同的含义，但也不能仅注重功能，从而造成对于技术特征的解释与该技术特征所拥有的空间实体形态不相一致的结果。

某些设备或方法，虽然依照字面含义没有与技术方案相一致，但在等同原则的视角下，有可能仍然处在专利的保护范围之内。要满足等同原则侵权，必须同时满足三个要件：（1）为被控侵权方案所采用的替代手段，必须首先在效用上等同于权利要求中的技术方式；（2）这种等效性不仅只涉及某一项或多项技术特征，而且须同时将专利设备作为一个整体加以考虑；（3）判断等效性的决定性因素，不是某一存疑特征孤立带来的技术效果，而应当是相关技术特征在与发明创造的整体联系中所能实现的功用。因此，尽管诉争技术方案采用了与专利要求的字面含义略有差异的变体，实际上都同样产生了专利技术方案整体上所欲达到的效果；尤其是实现了其所替换的技术手段所产生的特别效果，专利所追求的技术效果应该完整地得到实现，就构成等同侵权。

但对于具体的单个技术效果而言，只要其在"大体上"，即相当程度上得到实现即可。在满足下述条件时，因缺乏等效性而不构成等同侵权：被控实施方案并未使用替代手段来实施某一项专利技术，该技术特征及其功效在被控方案中是完全缺失的。这种情况下没有构成对专利保护权利的侵犯，而是一种所谓的下级使用或部分使用。本案中，被控技术方案中出现了专利技术方案所欲避免的一项或多项技术缺陷。专利及其解决方案技术特征追求的是一个高层次的作用效果，而被控技术方案仅实现了较低的作用效果，可视为缺乏等效性，不构成等同侵权。

五、镜鉴启示

（一）充分利用专利检索分析，从源头降低专利纠纷的发生率

专利纠纷一旦进入诉讼阶段，无论结果如何，都可能会给应诉企业带来较大影响。单纯从经济角度考虑，各项费用的叠加就是一笔不小的数目，如据统计，单起"337调查"案件的应诉成本就可达到200万~400万美元。❶除了应诉的经费投入，还有一些其他无形损失，对于企业而言，通常也难以承担。如本案中，虽然法院最终以驳回原告的诉讼请求而告终，但是为了寻找专利无效的证据，凯迪公司花费大量技术力量作为支持，与此同时，应诉在一定程度还影响了企业既定的相关产品技术的持续发展和新产品的研发规划。专利是技术和法律信息的有效载体，通过对相关技术领域的专利文献进行分析研究，能比较客观地反映出技术的发展态势、技术路

---

❶ 面对知识产权调查诉讼企业要从容——以337调查为例［EB/OL］.（2020-07-20）［2022-03-25］. http://cacs.mofcom.gov.cn/article/flfwpt/zscqjbl/threezn/202007/165240.html.

线的选择、竞争对手的研发动向及其专利保护策略等,可将其转化为具有总揽全局和预测功能的竞争情报,这对于我国企业在海外市场的经营将起到指导作用,可以降低企业技术创新和生产经营活动的专利侵权风险。因此,"走出去"企业应充分利用专利分析规避专利侵权风险,而非等诉讼发生之后再采取措施应对。

(二)合理利用"等同原则"规则,进行不侵犯专利权抗辩

本案中,凯迪公司巧妙地利用德国专利等同侵权规则,避免了不利的诉讼结果,这给我国其他应诉企业合理利用实体规则,化解诉讼风险带来启示。专利等同原则是指在专利权利要求的语义之外追求专利技术思想的实质保护,以打击对权利要求进行非实质改动行为的法则。德国联邦最高法院通过多个判例,确立了专利等同原则规则。德国专利等同原则的适用标准包含积极判断标准和消极判断标准。❶ 专利等同原则适用的积极判断标准具体包含以下三个构成要件:同一效果性、联想容易性、基于发明技术思想的实质含义的等同解决手段。"同一效果性"是基于权利要求中特定技术特征的效果与被控侵权物中相应替代手段(相应替代的技术特征)的效果之比较,如果两者的效果相同或实质相同,那么具有相同或实质相同效果的替代手段的被控侵权物就包含于专利的保护范围之内;"联想容易性"是对本领域普通技术人员而言,其等同替代手段是容易被联想到的,且被控侵权物中的等同替代手段与其他特征结合的效果与专利发明达成的效果的同一性也是容易被认识的;"基于发明技术思想的实质含义的等同解决手段"是指具有"同一效果性"和"联想容易性"的替代手段应当是本领域普通技术人员基于对权利要求所保护的技术思想的实质含义的思考而容易被认为是与该实质含义相对应的等价解决方式。实践中,德国法院会认定在解决实际技术问题上,专利权利要求所保护的技术思想的实质含义是什么,然后再看被控侵权物中的替代手段可否被认定为就是该实质含义的等价解决手段。如果被控侵权物中的替代手段虽然具备"同一效果性"和"联想容易性",但与发明技术思想的实质含义相抵触,那么

---

❶ 王翀. 论实施等同原则的体系性制度需求 [J]. 政治与法律,2015(5):105-116.

最终也不能认定专利等同成立。

对于应诉企业而言，其可通过以下方式，防止被德国法院认定为等同侵权：（1）针对同一效果性，企业可以将其被控侵权物中替代手段与专利技术中相应技术手段的功能进行对比，证明等同的替代手段与权利要求中记载的相应手段相比不具有相同的技术功能，达到了不同的技术效果。（2）企业可以通过说明普通技术人员无法通过对所解释的权利要求的思考而联想到被控侵权物中的具有与诉争专利同等效果的解决手段，以此证明企业所有技术不具备等同原则适用的联想容易性要件。（3）企业可证明其被控侵权物中的替代手段与发明技术思想的实质含义相抵触。❶

（三）适时利用专利无效制度，化解被控侵权危机

在不能确保产品完全不侵犯专利权的状况下，对权利人专利提起专利无效，是可供选择的策略之一。当然，权利人专利能否被无效还要看具体专利的具体情况，要对其专利进行稳定性的分析。专利无效程序中，无效申请人还可以通过对一些策略的运用，加大专利无效申请的成功率：在口头审理程序中，合议组对专利权人和无效宣告请求人在口头陈述内容的范围方面，要求是不一致的。无效宣告案件的申请人要充分利用这些要求，在恰当的时机增加新的理由、证据，而可以利用的时机就是专利权人对权利要求书的修改或澄清，以及专利权人对区别点第一次进行主张之后；通过合并审理的方式，可能会起到压缩对方对某份证据或理由的反应时间的效果；通过大量无效理由和证据隐藏真正的理由和证据，以分散专利权人对真正的无效理由和证据的注意力；通过提出修改超范围或说明书公开不充分等无效理由，利用专利权人的辩论内容反击其创造性。本案中，凯迪公司就向德国联邦专利法院提起针对原告 EP1621055B1 号专利的专利无效申请，对原告专利的创新性提出质疑，通过专利产品演示、外观设计产品的功能信息等进行说理论证，最终使德国杜塞尔多夫法院认定凯迪公司未侵犯原告的专利，驳回原告诉讼请求，切实维护了自己的合法权益。

---

❶ 杨志敏. 德国法院对专利等同原则的适用及其启示 [J]. 法商研究，2011（4）：127-134.

案例五

波士顿科学公司诉南微医学科技股份有限公司侵害专利权民事纠纷案

☞ **入选理由**：本案涉及美国专利侵权诉讼的管辖规则以及侵权诉讼损失与风险的缓解措施。通过本案，有利于企业明晰海外知识产权风险预警的价值，有效开展"自由实施"（FTO）尽职调查与采用规避式设计减少败诉损失。

一、基本信息

审理法院：美国特拉华州地区法院。

原告：波士顿科学公司、波士顿科学医疗有限公司。

被告：美国微科技内窥镜有限公司（南微医学子公司）、南微医学科技股份有限公司、亨利施恩股份有限公司。

判决时间：2020年1月15日。

二、案情介绍

（一）基本案情

2018年11月26日，美国波士顿科学公司（以下简称"波士顿科学"）以南微医学科技股份有限公司（以下简称"南微医学"）侵犯其在美国与止血钳产品相关的3件专利权（US9980725号、US7094245号、US8974371号）为由，将南微医学及其子公司美国微科技内窥镜有限公司（以下简称"MTU 公司")、亨利施恩股份有限公司（以下简称"亨利施恩"）作为共同被告向美国特拉华州地区法院提起专利权侵权诉讼。原告波士顿科学指控三位共同被告通过制造、使用、销售、提供销售渠道，将涉案产品进口到美国后，以销售的方式侵犯了其 3 项专利权，同时原告还声称，被告诱导涉案产品的消费者和用户，利用了属于专利权范围内的使用方法。对此，被告提出 2 项抗辩理由：一是属人管辖权，即美国仅有权对具有本国国籍的人或物进行管辖，主张受诉法院受理原告的起诉没有管辖基础；二是原告的专利侵权指控并没有达到充分且合理的程度，应当予以驳回。

（二）背景介绍

1. 当事人情况

（1）原告方背景概述。

原告之一波士顿科学公司，创立于 1979 年，总部位于美国马萨诸塞州纳提克市。波士顿科学公司是一家专注于微创伤介入医疗器械的研发、生产和销售的跨国公司，在全球约有 2.3 万名员工，拥有超过 1.3 万种产品，在全球范围内获得了超过 1.6 万项授权专利，是全球领先的医疗科技公司。2013 年，波士顿科学的研发投入达到 8.61 亿美元，是全球研发投入最大的医疗器械公司之一。2020 年 2 月 5 日，波士顿科学（BSX. US）销售额受美国经济强劲增长的推动，同比增长从 13.4 亿美元上升至 29.05 亿美元。2020 年 5 月 13 日，波士顿科学名列福布斯全球企业 2000 强榜第 378 名。波士顿科学通过对涉及众多医学领域的产品创新、技术和服务上的广泛而深入的研究投入而推动了微创伤事业的发展，公司产品在帮助医生和医药专家在提高病人生活质量方面，提供了一种有别于外科手术而非常有效、新的治疗方式。❶

原告之二波士顿科学医疗有限公司，是波士顿科学的关联公司。

波士顿科学的专利布局情况如下：

---

❶ 波士顿科学公司概况 [EB/OL]. [2021-04-02]. https://baike.baidu.com/item/波士顿科学/13979737? fr = aladdin.

波士顿科学在2002～2006年维持了较高的年均专利申请量,均值超过260件,2005年高达318件。2007～2009年,波士顿科学的年度申请量呈下降趋势,从279件跌至22件。2009～2020年,波士顿科学的年度专利申请量均保持在30件以下(见图1-5-1)。

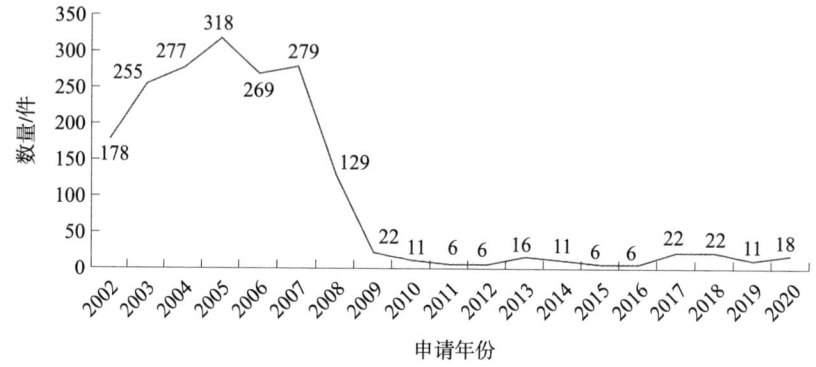

图1-5-1 波士顿科学公司全球专利申请趋势
数据来源:智慧芽(PatSnap)全球专利检索数据库(2021年4月2日)

波士顿科学拥有较为完善的知识产权布局,其在日本、欧洲专利局、美国、世界知识产权组织、加拿大等国家和组织均进行了专利申请。其中,波士顿科学在日本的专利申请最多,为798件;其次为欧洲专利局,为585件;第三名和第四名分别为德国和美国,分别为409件和232件(见图1-5-2)。

波士顿科学共有2625件同族专利,其中发明专利最多,为2614件,外观设计专利9件,实用新型专利2件。

(2)被告方背景概述。

被告之一南微医学科技股份有限公司,其成立于2000年,注册资本为13334万元人民币,公司经营范围包括:医疗器械的研发、生产与销售(凭许可证所列事项生产经营);与本企业业务相关的产品及技术的进出口业务(不涉及国营贸易管理商品,涉及配额、许可证管理商品的,按国家有关规定办理申请);消毒灭菌服务;企业管理咨询服务;自有房屋及设

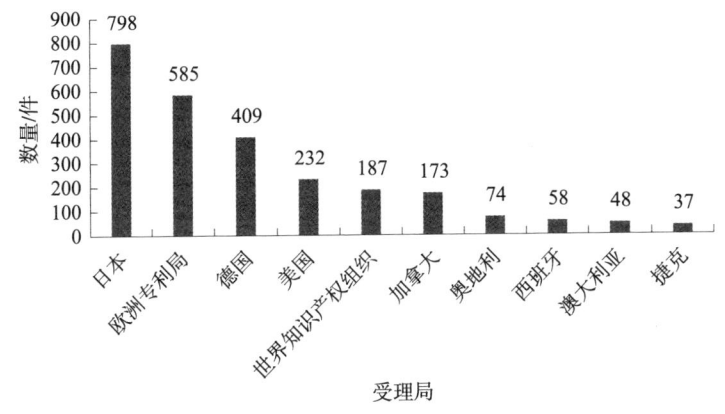

图1-5-2 波士顿科学公司全球专利布局情况

数据来源：智慧芽（PatSnap）全球专利检索数据库（2021年4月2日）

备租赁；网上销售医疗器械等。❶

南微医学主营产品包括内镜下微创诊疗器械、肿瘤消融设备两大系列。此外，新研发的内镜式光学相干断层扫描系统（EOCT）已经获得美国药监局（FDA）批准，国内也已经进入创新医疗器械审批绿色通道。具体来看，内镜下微创诊疗器械分为消化道和呼吸道疾病的临床诊疗，一共包含六大子系列产品（止血及闭合类、活检类、扩张类、ERCP类、EMR/ESD类、EUS/EBUS类）；肿瘤消融设备则通过对肿瘤进行精准微波消融，主要应用于肝癌的治疗；EOCT则主要与内镜配合使用，可用于早癌筛查和手术规划。

根据波士顿科学的预测数据，2017年全球内镜诊疗器械的市场规模为50亿美元，2017~2020年的复合增长率为5%。同样的，根据大视野研究有限公司（Grand View Research）的统计数据，2017年全球肿瘤消融设备及耗材的市场规模为9.34亿美元，预计2025年市场规模将会达到21.71亿美元，年复合增速11.12%。南微医学的主要竞争对手包括海外的波士顿科学、库克、奥林巴斯以及国内的常州久虹医疗、安瑞医疗等企业。

---

❶ 南微医学科技股份有限公司概况［EB/OL］.［2021-04-02］. https://baike.baidu.com/item/南微医学科技股份有限公司/24545072?fr=aladdin.

2020年1月9日，胡润研究院发布《2019胡润中国500强民营企业》，南微医学以市值210亿元位列第352位。2020年7月，南京微创医学科技股份有限公司入选"2019江苏百强创新企业榜单"。❶

被告之二美国微科技内窥镜有限公司和被告之三亨利施恩股份有限公司，是南微医学在美国的子公司，这两家公司负责在美国国内分销南微医学的设备。

南微医学的专利布局情况如下。

南微医学2003~2013年的年均专利申请量波动不大，均在10件以下。2014~2018年的年均专利申请量呈波动上涨趋势，整体较前10年有较大增长幅度，保持在15~30件。2018~2020年，年均专利申请量呈逐年增长趋势，2020年达到历史最高，为51件（见图1-5-3）。

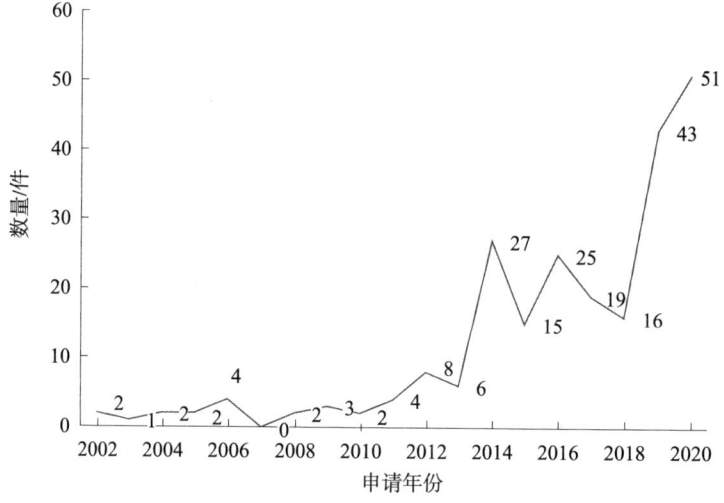

图1-5-3 南微医学科技股份有限公司全球专利申请趋势
数据来源：智慧芽（PatSnap）全球专利检索数据库（2021年4月2日）

南微医学在国内外均进行了相应知识产权布局，主要布局国家及组

---

❶ 财联社. 科创板特供：南微医学深度研究［EB/OL］.（2019-06-26）［2021-04-02］. https://baijiahao.baidu.com/s?id=1637328823430253089&wfr=spider&for=pc.

织为中国、世界知识产权组织、美国、欧洲、澳大利亚等。南微医学排名前三的专利申请受理国家及组织分别为中国、世界知识产权组织和美国，其中在中国的专利申请量为 192 件，其他国家和组织均在 30 件以下（见图 1-5-4）。

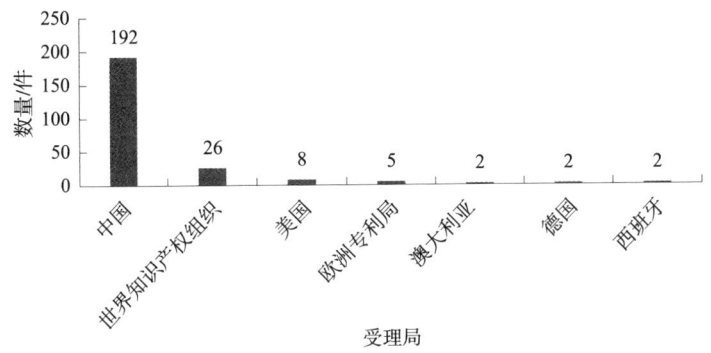

图 1-5-4　南微医学科技股份有限公司全球专利布局情况

数据来源：智慧芽（PatSnap）全球专利检索数据库（2021 年 4 月 2 日）

南微医学股份有限公司共有 237 组同族专利（全球共 442 件），其中实用新型最多，为 133 件，占比 56%；发明专利排第二，为 91 件，占比 38%；外观设计专利共 13 件，占比 6%（见图 1-5-5）。

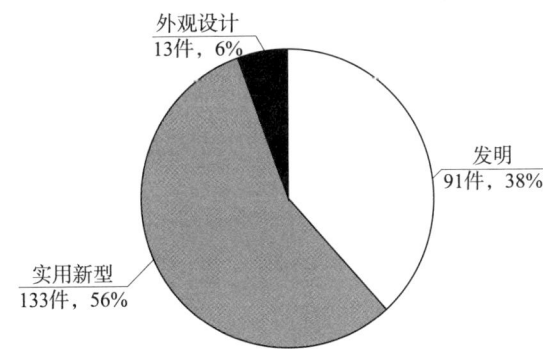

图 1-5-5　南微医学科技股份有限公司专利类型

数据来源：智慧芽（PatSnap）全球专利检索数据库（2021 年 4 月 2 日）

2. 诉争专利情况

本案主要涉及对波士顿科学的 US9980725 号专利（见表 1-5-1、表 1-5-2）的讨论。

表 1-5-1　涉案专利基本信息

专利号	专利名称	申请日	法律状态
US9980725	通过范围张紧构件释放夹 （Through the scope tension member release clip）	2016 年 5 月 19 日	有效

数据来源：智慧芽（PatSnap）全球专利检索数据库（2021 年 4 月 2 日）

表 1-5-2　US9980725 号专利权利要求书摘要

权利要求书摘要（中文）	权利要求书摘要（英文）
1. 一种用于将夹子施加到组织上的装置，包括：从近端延伸的柔性护套，该近端在操作构造中延伸到活体中的待夹持组织的目标部分；胶囊，其包括近端和远端；夹持组件，其设置在胶囊中，并被构造成可在闭合构型和扩张构型之间可操作地移动，在闭合构型中，夹持组件的第一臂和第二臂被朝向彼此拉动，在扩张构型中，第一臂和第二臂彼此分开以接收在第一臂和第二臂中间的目标组织；以及控制构件，其远端通过可分离的轭部可释放地连接到所述夹持组件，以将施加到其上的力传递到所述夹持组件，从而使夹持组件在闭合构型和扩张构型之间移动；其中所述可分离轭包括在所述夹持组件的相对侧上从所述控制构件向远侧延伸的第一和第二轭臂，所述夹持组件包括在所述第一和第二轭臂之间延伸的连接构件，第一轭臂和第二轭臂被构造成当受到控制构件的预定力时与连接构件分离，以使控制构件与夹持组件脱开。	1. An apparatus for applying clips to tissue, comprising: a flexible sheath extending from a proximal end which, in an operative configuration, extends into a living body to a target portion of tissue to be clipped; a capsule comprising a proximal end and a distal end; a clip assembly provided in the capsule and configured to be operably movable between a closed configuration in which first and second arms of the clip assembly are drawn toward one another and an expanded configuration in which the first and second arms are separated from one another to receive target tissue therebetween; and a control member a distal end of which is releasably coupled to the clip assembly via a separable yoke to transmit to the clip assembly forces applied thereto to move the clip assembly between the closed and expanded configurations; wherein the separable yoke includes first and second yoke arms extending distally from the control member on opposite sides of the clip assembly and the clip assembly includes a connecting member extending between the first and second yoke arms coupling the yoke to the clip assembly, the first and second yoke arms being configured to be separated from the connecting member when subjected to a predetermined force by the control member to uncouple the control member from the clip assembly.

续表

权利要求书摘要（中文）	权利要求书摘要（英文）
2. 根据权利要求 1 所述的装置，还包括一个连接在柔性护套和胶囊之间的套管，套管可释放地连接到胶囊的近端，并固定到柔性护套的远端。	2. The apparatus of claim 1, further comprising a bushing coupled between the flexible sheath and the capsule, the bushing being releasably coupled to the proximal end of the capsule and being fixed to the distal end of the flexible sheath.
3. 根据权利要求 2 所述的装置，其中所述柔性护套形成线圈，所述衬套是从所述线圈向远侧延伸的基本圆柱形构件，所述衬套的远侧部分被容纳在所述胶囊内。	3. The apparatus of claim 2, wherein the flexible sheath is formed as a wire coil and the bushing is a substantially cylindrical member extending distally therefrom with a distal portion of the bushing being received within the capsule.
4. 根据权利要求 1 所述的装置，其中所述控制构件包括位于其远端的直径增大部分，所述直径增大部分连接到所述可分离轭。	4. The apparatus of claim 1, wherein the control member includes an increased diameter portion at a distal end thereof, the increased diameter portion being coupled to the separable yoke.
5. 根据权利要求 4 所述的装置，其中控制线远端的直径增大部分固定在控制线向其近侧延伸的部分上。	5. The apparatus of claim 4, wherein the increased diameter portion at the distal end of the control wire is immovably fixed to a portion of the control wire extending proximally therefrom.
6. 根据权利要求 1 所述的装置，其中第一和第二轭臂向远端延伸超过夹持组件的第一和第二臂的近端。	6. The apparatus of claim 1, wherein the first and second yoke arms extend distally past proximal ends of the first and second arms of the clip assembly.
7. 根据权利要求 6 所述的装置，其中，第一和第二轭臂的每一个远端包括一部分，该部分钩住连接构件的远端部分，以将连接构件连接到控制构件。	7. The apparatus of claim 6, wherein the distal ends of each of the first and second yoke arms include a portion that hooks around a distal portion of the connecting member to connect the connecting member to the control member.
8. 根据权利要求 1 所述的装置，所述夹持组件的第一臂的近端包括突起，所述突起被定位成当所述夹持组件被展开以将所述夹持组件锁定在所述闭合构型中时与所述胶囊的锁定特征机械地锁定。	8. The apparatus of claim 1, wherein a proximal end of the first arm of the clip assembly includes a projection positioned to mechanically lock with a locking feature of the capsule when the clip assembly is deployed to lock the clip assembly in the closed configuration.
9. 根据权利要求 8 所述的装置，其中夹持组件第一臂近端的突出部分形成一个钩子，该钩子与胶囊的锁定特征机械地相互作用，以防止夹持组件相对于胶囊向远端移动。	9. The apparatus of claim 8, wherein the projection at the proximal end of the first arm of the clip assembly is formed as a hook that mechanically interacts with the locking feature of the capsule to prevent the clip assembly from moving distally relative to the capsule.

续表

权利要求书摘要（中文）	权利要求书摘要（英文）
10. 根据权利要求 8 所述的装置，其中所述夹持组件的所述第二臂的近端包括一个突起，当所述夹持组件被展开以将所述夹持组件的所述第一臂和所述第二臂锁定在所述闭合构型中时，所述突起被定位成机械地锁定所述胶囊的锁定特征。	10. The apparatus of claim 8, wherein a proximal end of the second arm of the clip assembly includes a projection positioned to mechanically lock with a locking feature of the capsule when the clip assembly is deployed to lock the first and second arms of the clip assembly in the closed configuration.
11. 根据权利要求 1 所述的装置，其中所述夹持组件的配置使得，当夹持组件相对于所述胶囊向远端移动时，当夹持组件的第一臂和第二臂从胶囊进一步向远端伸出时，夹持组件的第一臂和第二臂被移动到扩张构型，并且当夹持组件向近端缩回胶囊时，夹持组件的第一臂和第二臂被拉入闭合构型。	11. The apparatus of claim 1, wherein the clip assembly is configured so that, as the clip assembly is moved distally relative to the capsule, the first and second arms of the clip assembly are moved to the expanded configuration as the first and second arms of the clip assembly project further distally from the capsule and the first and second arms of the clip assembly are drawn into the closed configuration as the clip assembly is withdrawn proximally into the capsule.
12. 一种用于将夹子施加到组织上的装置，包括：胶囊，限定其中的内腔，并且包括在其近端和远端的开口；在胶囊内腔中接收夹持组件，用于在闭合构型和扩张构型之间运动，在闭合构型中夹持组件的第一和第二臂被朝向彼此拉动，在扩张构型中第一和第二臂被彼此分开以容纳目标物之间的组织；控制构件，其远端可释放地连接到夹持组件，以将施加到控制构件近端的力传递到夹持组件，从而通过移动夹持组件的第一和第二臂使夹持组件在闭合构型和扩张构型之间移动。所述夹子组件在远侧离开所述胶囊和在近侧进入所述胶囊；以及将控制部件连接到夹持组件的可分离轭，第一和第二轭臂在夹持组件的相对侧上从胶囊内的控制构件向远侧延伸，夹持组件包括在第一和第二轭臂之间延伸的连接构件，第一和第二轭臂被构造成当受到控制构件的预定力时与连接构件分离，以使控制构件与夹持组件脱开。	12. An apparatus for applying clips to tissue, comprising: a capsule defining a lumen therein and including openings in proximal and distal ends thereof; a clip assembly received within the lumen of the capsule for movement between a closed configuration in which first and second arms of the clip assembly are drawn toward one another and an expanded configuration in which the first and second arms are separated from one another to receive target tissue therebetween; a control member a distal end of which is releasably coupled to the clip assembly to transmit to the clip assembly forces applied to a proximal end of the control member to move the clip assembly between the closed and expanded configurations by moving the first and second arms of the clip assembly distally out of and proximally into the capsule; and a separable yoke connecting the control member to the clip assembly, the yoke including first and second yoke arms extending distally from the control member within the capsule on opposite sides of the clip assembly, the clip assembly including a connecting member extending between the first and second yoke arms coupling the yoke to the clip assembly, the first and second yoke arms being configured to be separated from the connecting member when subjected to a predetermined force by the control member to uncouple the control member from the clip assembly.

续表

权利要求书摘要（中文）	权利要求书摘要（英文）
13. 根据权利要求 12 所述的装置，还包括一个从近端部分延伸到与胶囊连接的远端的柔性护套，该柔性护套将控制构件包裹在其中。	13. The apparatus of claim 12, further comprising a flexible sheath extending from a proximal portion to a distal end coupled to the capsule, the flexible sheath enclosing the control member therein.
14. 根据权利要求 13 所述的装置，还包括一个套管，该套管连接在所述柔性护套的远端和胶囊的近端之间，所述套管可释放地连接到所述胶囊并固定到所述柔性护套。	14. The apparatus of claim 13, further comprising a bushing coupled between a distal end of the flexible sheath and a proximal end of the capsule, the bushing being releasably coupled to the capsule and fixed to the flexible sheath.

数据来源：智慧芽（PatSnap）全球专利检索数据库（2021 年 4 月 2 日）

涉案专利 US9980725 号专利的同族专利有 44 件，涉及澳大利亚、欧洲专利局、日本等国和组织，相关授权专利号分别为 AU2004277994A1、AU2004277994B2、EP2380509A2、EP1670365A2、JP20075073074 等。

三、处理结果

经审理，美国特拉华州地区法院对被告的两项抗辩理由均未采纳，判决被告构成专利侵权，判决理由如下：（1）法院驳回了被告关于属人管辖权的抗辩理由。法院经过讨论后认为，本案满足美国长臂管辖法令的规定。根据长臂管辖法令的规定，在满足以下条件时允许法院对被告行使属人管辖权：第一，原告的主张符合法律规定；第二，被告不受任何州法院的一般管辖权管辖；第三，管辖权的行使符合程序规定。（2）法院驳回了被告关于原告专利侵权指控不充分合理的主张。法院在判决书中指出，虽然无法从原告提供的图片中准确分辨出是否存在争议产品的特定相关物理部分，但是法院仅需要分析侵权产品实际上是否包含具有权利要求中所述产品构件特征的元件，而侵权产品中明显已包含此种元件，因此，原告的专利侵权指控已经达到充分合理的程度。此外，被告质疑原告没有明确哪个被告具体实施了侵权。法院审理认为，根据原告所提供的证据，已有充足的理由认为每个被告都至少进行了一种侵权行为，因此，此项免责争议无法得到支持。

四、案情解析

法院的审理主要围绕被告提出的两项抗辩理由展开：第一，本院是否对本案具有属人管辖权；第二，被告是否侵犯原告的专利权。

(一) 本案的当事人及事实背景

1. 本案的当事人背景

原告开发并生产医疗设备，包括用于治疗消化系统疾病的内窥镜产品，在原告开发并销售的这些医疗产品中包括 Resolution TM 和 Resolution 360TM 止血夹，该止血夹主要用于胃肠道止血。被告同样从事生产和销售止血夹，并通过销售涉嫌侵权的 SureClip TM、SureClip MINI 和 SureClip PLUS 止血夹与原告竞争。

2. 本案的相关事实背景

原告于 2018 年 11 月 26 日提出诉讼，MTU 公司和亨利施恩参与了诉讼程序，但南微医学于 2018 年 12 月 14 日放弃诉讼。原告在其诉状中声称，被告侵犯其 3 项专利：US9980725 号专利、US7094245 号专利和 US8974371 号专利（以下统称"涉案专利"），其中 US9980725 号专利和 US8974371 号专利涵盖一种能够将止血夹安装到设备上的装置，US7094245 号专利涵盖一种能够通过内窥镜给血管止血的装置，同时涵盖如何使用这种装置的方法。原告指控被告通过制造、使用、销售、提供销售和/或将其进口到美国后进行销售涉案产品的方式侵犯了其 3 项专利权。除此之外，原告还声称，被告还诱导涉案产品的消费者和用户侵犯 US7094245 号专利涵盖的使用方法。

被告于 2019 年 3 月 13 日作出回复，该回复在 2019 年 4 月 3 日才被完全提到。2019 年 7 月 30 日，该案转交法院审理，并解决包括专家发现事项在内的审前事项。此后，法院召开了案件审理会议，并发布了调度命令。

在法院对诉求作出裁决之前，原告在 2019 年 9 月 23 日提交了一项动议，认为《美国联邦民事诉讼规则》第 4 条第（k）款第（2）项亦可应用于本案。被告认为原告本可在 2019 年 3 月提出，但未提出，因而反对原告的此项请求。法院认为根据先前判例，即使原告之前已经明确提出不同的属人管辖权基础，也可以继续考虑援引《美国联邦民事诉讼规则》第4条第（k）款第（2）项。最后，法院批准了原告的此项请求，并接受了原告的简短补充，同时为双方当事人制定补充回答和答复摘要制定了时间表，此次补充已于2019年10月18日完成。

（二）法院的两项讨论

1. 受理法院是否具有管辖权

第一，法院是否符合属人管辖权的法律标准。根据《美国联邦民事诉讼规则》第12条第（b）款第（2）项，该条要求法院驳回任何缺乏属人管辖权的案件：当被告提出管辖权异议以驳回原告诉讼请求时，原告应当承担管辖权的举证责任，在这种情况下，没有举行任何证据听证，原告只能通过"表面证据"证明属人管辖权的存在。为了进一步证明表面证据所证事实，原告必须建立被告与法院所在地之间明确合理的联系。在回复因缺乏属人管辖权而要求撤诉的请求时，法院可以考虑诉答程序、宣誓书、申报和所示证据，并必须对所有争议事实加以解释，以求有利于原告。

美国联邦最高法院将属人管辖权分为两类：一般管辖权和特殊管辖权。最高法院在国际鞋业公司诉华盛顿案[1]中提出的意见仍然是属人管辖权领域的规范意见。特殊管辖权包含原告以被告和法庭之间的联系为诉由。一般管辖权包括由被告在国内明显的交易行为而引起的控告。法院只有在国外（他州或外国）公司与法庭的联系既紧密又系统，甚至可以将其视作在法院所在国内时，才可以对其适用一般管辖权。

为了使属人管辖权合理，原告必须提供可以满足两项要求的事实，这两项要求分别是法定要求和宪法要求。在对法定要求的典型分析中，法院判定管辖权的行使与法定诉讼程序所赋予被告的权利相适应。如果法院发现了在非当地被告和法院所在州之间存在最低限度联系的存在，法定诉讼程序即可适用，以保障诉讼不会与公平竞争和实质正义的传统观念相悖。

关于属人管辖权的争议实质是能否适用法定的长臂管辖法令的争议。

---

[1] International shoe Co. v. Washington, 326 U.S. 310, 66 S. Ct. 154, 90 L. Ed. 95（1945）.

《美国联邦民事诉讼规则》第 4 条第（k）款第（2）项规定允许法院在以下情况下对被告行使属人管辖权：（1）原告的主张符合法律规定；（2）被告不受任何州法院的一般管辖权管辖；（3）管辖权的行使符合程序规定。在此项规定下的第三点要求——法定诉讼程序分析——注重被告与整个美国的联系，而并非其与地方法院所在州的联系。此项规定是在 1993 年由《美国联邦条例》修正案制定的，目的是填补漏洞，即当外国被告与美国这个国家有足够的联系时，则有正当理由行使管辖权，但同时因为该外国被告与任何一个联邦州均缺乏足够联系，则又难以满足长臂管辖条例或《美国宪法第十四修正案》中的正当程序限制的规定。因此，这项规定的目的是允许地方法院对外国被告行使属人管辖权，但外国被告必须与美国有联系而并非与法院所在联邦州有联系，以实现程序正义。

在评估专利案件中的属人管辖权问题时，以美国联邦巡回上诉法院的权力为准。关于分析法定条款的典型方式（通过查看联邦州的长臂法令），联邦巡回法院遵从相关州法院和联邦法院的法律；此后，在评估宪法法规时联邦巡回法院遵循自己的法律。如果《美国联邦民事诉讼规则》第 4 条第（k）款第（2）项可以适用的话，联邦巡回法院将其自身的法律应用于分析中。

第二，结合法律和相关事实，该院是否具有属人管辖权。原告主张其拥有表面证据来证明属人管辖权，并指出其通过四种直接方法来进行：（1）以特拉华州的长臂法令基于双重管辖的概念而得以适用为基础，为特定属人管辖权的行使提供了基础；（2）为在特拉华州长臂法令的条件下行使一般属人管辖权提供了基础；（3）为针对南微医学行使特定属人管辖权提供了基础，通过其代理 MTU 公司；（4）已充分证明适用《美国联邦民事诉讼规则》第 4 条第（k）款第（2）项所需的要求。法院只需要解决原告关于《美国联邦民事诉讼规则》第 4 条第（k）款第（2）项的争论，并将据此建议否认关于属人管辖权的问题。

由于在《美国联邦民事诉讼规则》第二节 A 部分中已阐明，在第 4 条第（k）款第（2）项有三项法律规定。在原告主张专利侵权的诉讼中，双方当事人不能对第一项规定是否满足进行质疑（该项规定要求原告的诉讼请求必须基于美国联邦法律)。但是双方当事人对于第二项和第三项规定是否满足可以进行质疑,接下来法院将会就此进行讨论。

针对第二项规定,南微医学是否基于一般管辖权受任何美国联邦州法院的管辖?

关于分析《美国联邦民事诉讼规则》第4条第(k)款第(2)项第二分项规定"南微医学是否基于一般管辖权而受任何联邦法院的管辖",原告主张该记录能够为其关于管辖权的观点提供支撑。作为补充,原告在案件管理会议期间回复被告律师的主张:"我们并不认为此种诉讼在美国的任何地方都能够行使管辖权。此处的销售行为均发生在中国,而且在美国的进口者和分销者是美国微技术公司的实体。"

在补充情况介绍中,被告对律师在案件管理会议中的声明表示反对,该声明基于销售被控产品,仅仅证实了在美国境内对南微医学行使特殊属人管辖权是没有基础的。被告继续指出,这里提出的事实也不能支持南微医学应当受任何联邦州一般管辖权管辖的理论,因为南微医学并不是在美国注册成立的,也不会在美国生产、销售、供货或者进口产品到美国。

因此,该记录足以使法院裁定,关于《美国联邦民事诉讼规则》第4条第(k)款第(2)项第二分项规定的分析是有利于原告的。关于此项规定,美国联邦巡回法院采用了责任转移机制,即如果(国外)被告声称其不能被该法院起诉并拒绝指出其他合适的法院,那么联邦法院有权适用《美国联邦民事诉讼规则》第4条第(k)款第(2)项的规定。在这里,南微医学没有承担此项责任,因此,这项规定被满足。

针对第三项规定,管辖权的行使是否满足法定诉讼程序?

接下来,法院转向关于《美国联邦民事诉讼规则》第4条第(k)款第(2)项第三分项规定的分析,其最大限度地分析了国外被告和美国的联系,同时包括管辖权的行使是否符合法定诉讼程序。在这里,双方当事人都聚焦于分析特定管辖权的类型:(1)被告是否针对美国居民进行目的性活动;(2)诉讼是否由被告与美国的活动引起或与其有关;(3)关于属人管辖权的主张是否公平合理。基于这三要素的考量,法院可以主张特殊管辖权,即使被告的交往是孤立且分散的,只要诉讼的起因是这些交往,事实上，即使只要存在一个单一行为引起的和法院之间的确实的联系，就能够支撑管辖权的存在。出于以下原因，法院认同原告的证据能够基于第三项规定得到支撑。

（1）存在证据表明南微医学针对美国居民进行目的性活动，原告在其诉状中表示，南微医学所生产的产品包括侵权产品，是为了在美国出售。原告同时提出证据证明南微医学存在以下行为：①故意针对美国客户提供大量国外产品（南微医学的网页显示其已经通过直销或者OEM/ODM的方式向美国出售产品，并且美国是其供应产品最多的国家，其发货产品总量的23.2%都发往美国）；②通过MTU公司的开办，使其进入美国市场的目标在2015年得以实现，使南微医学的胃镜一次性产品分散在美国，其中包括止血夹；③2014～2019年，在美国的不同城市多次参加展销会，以此推销其产品。[在关于特定管辖权的分析中部分是针对《美国联邦民事诉讼规则》第4条第（k）款第（2）项的三项规定，即原告充分证明了被告针对美国居民进行了目的性活动，依其申诉，在这里被告的员工购买了被告的侵权产品，用于在加州的一场展销会中进行被告的国际销售工作。根据《美国联邦民事诉讼规则》第4条第（k）款第（2）项的第三分项规定，发现外国被告建立了最小限度的联系，因其在世界范围内广告出售侵权产品，并且在美国市场尤盛。由此可见，被告与美国市场的关系十分紧密且稳固。]

（2）原告充分地解释了为什么专利侵权的诉讼请求是由南微医学与美国的活动引起的或与之相关的。原告的侵权诉求是以侵权产品在美国境内的进口和销售为前提的——侵权产品是指南微医学在海外制造，通过网络分销（包括其他两名被告）最终使其在美国进行销售的产品。

（3）被告没有充分证明针对其行使属人管辖权的主张是不公正合理的。法院在做出这项决定时考量了5个法定诉讼程序因素：①被告的负担；②法庭裁定争议的利益；③原告获得便利和有效救济的利益；④州际司法体系获得最高效的解决争端的利益；⑤各州在推动基础的实质性社会政策方面的共同利益。原告在针对《美国联邦民事诉讼规则》第4条第（k）款第（2）项相关争议的补充回答中并没有针对合理性和公平性的分析，法院在此也没有看见关于属人管辖权的行使是如何不合理或不公正的。

至于法定诉讼程序因素一，尽管责任对于像南微医学这样的外国被告而言，在美国诉讼中可能会显得突兀。至于正当程序因素一，尽管像南微医学这样的外国被告在美国提起诉讼的负担有时可能是"重大的"，但被告并未试图在这里具体说明任何此类负担的性质。这可能是因为南微医学的同案被告和全资子公司 MTU 公司是特拉华州的一家公司，也可能是因为通信和运输方面的便利减轻了被告在外国法庭上为诉讼辩护的负担。此外，关于正当程序因素二、三，原告在获得有效和方便的救济方面的利益，以及美国在执行联邦专利法方面的"实质利益"，似乎会超过任何此类诉讼负担。至于因素四和因素五，被告尚未阐明原因，如果南微医学被要求在这里面临诉讼的话，会造成在竞争力之间实质社会政策冲突的可能，或者导致低效解决此项争端。

基于以上原因，法院判定驳回被告认为其对南微医学没有属人管辖权的抗辩。

2. 被告是否侵犯原告的专利权

（1）讨论被告是否侵犯原告的专利权所涉及的法律标准。《美国联邦民事诉讼规则》第 12 条第（b）款第（6）项规定，被告对侵权指控的充分性提出质疑的诉讼请求，法院进行了两步分析：第一，法院将声明中的事实因素和法律因素分开，接受所有关于事实的描述为真，但无视任何法律性总结；第二，法院裁定所述事实是否足以支撑原告的貌似合理的救济要求。貌似合理的要求不仅指获得救济的权利，还必须证明此项权利具有事实依据。因此，请求人的责任是提供其观点的事实依据，而不是下定义和做结论，而且对于案件诉由的要素进行公式化的套用也不会有任何益处。法院在评估请求的合理性时必须以最有利于原告的方式对诉求进行分析，并且在原告合理理解诉求后决定其是否有权获得救济。

关于直接专利侵权的指控，原告必须据实陈述，才能充分表达其主张，其陈述的事实应当合理地指出被告的侵权产品具备相关权利要求的各项特征。毕竟，如果法院在审视原告诉讼请求后不能得出被控侵权产品有理由地具备了涉案专利权利要求各项特征的结论，那么便无法当然认定被控侵权人实际上侵犯了专利权。

（2）结合法律和相关事实，对被告是否侵犯原告的专利权进行如下讨论。

第一，被告断言关于其侵权的主张存在瑕疵，因为该侵权主张无法合理地证明被控侵权产品具有可分离的轭、轭臂或连接构件，即要证明某产品直接侵犯 US9980725 号专利的权利要求 1 所必须具备的所有元素。该权利要求具体为："一种用于将夹子施加到组织上的装置，包括：从近端延伸的柔性护套，该近端在操作构造中延伸到活体中的待夹持组织的目标部分；胶囊，其包括近端和远端；夹持组件，其设置在胶囊中，并被构造成可在闭合构型和扩张构型之间可操作地移动，在闭合构型中，夹持组件的第一臂和第二臂被朝向彼此拉动，在扩张构型中，第一臂和第二臂彼此分开以接收在第一臂和第二臂中间的目标组织；以及控制构件，其远端通过可分离的轭部可释放地连接到所述夹持组件，以将施加到其上的力传递到所述夹持组件，从而使夹持组件在闭合构型和扩张构型之间移动；其中所述可分离轭包括在所述夹持组件的相对侧上从所述控制构件向远侧延伸的第一和第二轭臂，所述夹持组件包括在所述第一和第二轭臂之间延伸的连接构件，第一轭臂和第二轭臂被构造成当受到控制构件的预定力时与连接构件分离，以使控制构件与夹持组件脱开。"

法院认为，该诉讼请求足以证明被告产品具备这三个因素是具有合理性。至于可分离的轭和轭臂因素，诉讼请求第 29 段是这样表述的："SureClipTM 止血夹产品包含一对'J'形钩，从控制线的远端向终端延伸。'J'形钩可释放地连接到夹持组件，使得施加足够的预定力即可从夹持组件释放'J'形钩，从而释放控制线。"

显然，原告在这里指控一对"J"形钩就是权利要求中所述的轭臂，而这些"J"形钩共同构成一个可分离的轭。至于连接构件的存在，在起诉书第 29 段中，原告附上了被告产品的代表性图片，声称这些图片表明当足够的预定力施加到控制部件上时，可分离的轭臂从夹持组件的链接部件上松开（见图 1-5-6）。

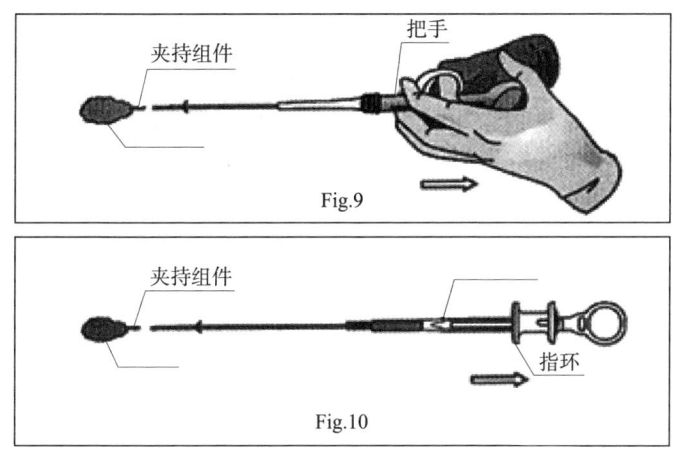

图 1-5-6 原告提交的涉案产品 SureClipTM 止血夹的图片

法院提到,其无法从图片中准确分辨出这些图片的最左侧部分所描绘的夹持组件功能中的哪一部分来构成该连接构件。原告亦没有对这些图片进行例如加亮显示或其他注释,从而更好地识别在争议的夹持组件的特定相关物理部分。但是,法院的分析仅是夹持组件实际上是否包含具有权利要求中所述的连接构件特征的元件是否至少合理。(结论是,在涉及相对简单技术的案件中,当起诉书以名称标识被告产品并附上被告产品的相关图片作为证据时,原告已承担了其要求的举证责任,因为复审法院可以确定侵权指控的合理性。) 在法院看来这似乎是具有一定合理性的。简而言之,原告只是看似合理地提出侵权产品具有被侵权产品中可分离的"轭""轭臂"或者"连接杆",但并未直接侵犯其 US9980725 号专利的权利要求 1 中的所有因素,即夹持组件。换言之,涉案产品并不符合全面覆盖原则。法院在判决书中指出,虽然无法从原告提供的图片中准确分辨出是否存在争议产品的特定相关物理部分,但是法院仅需要分析侵权产品实际上是否包含具有权利要求中所述产品构件特征的元件,而侵权产品中明显已包含此种元件,因此,原告的专利侵权指控已经达到充分合理的程度。

第二,被告指出,起诉书中提及的侵权产品包括但不限于 SureClip 止血夹产品,其辩称,原告为了证明侵权而试图指控其他止血夹产品的主张是有瑕疵的。但是在原告的简短回复中,其明确指出,SureClip 止血夹产品是其唯一要指控的产品,所以关于这一论点的撤销毫无意义。

第三,被告辩称,起诉书将其侵权指控直接指向全体被告,也因此无法确定各个被告的具体侵权行为。也就是说,被告质疑原告从来没有具体指出哪个被告被控侵权,即在美国制造、使用、出售、供货和/或进口到美国。

然而,正如原告在答复中指出的,在诉讼中有足够的理由合理地主张每个被告都至少进行了一种侵权行为。据其主张,南微医学制造侵权产品是为了在美国进行出售,并且在起诉书中有其他主张和所附证物佐证,因此,在美国境内出售这些产品至少是具有一定合理性的,并且 MTU 和亨利施恩都被控是侵权产品的分销商,原告在起诉书中也附录了相关的补强证据。因此,各个被告都应当担负起侵权责任是具有一定合理性的。基于上述原因,法院不能支持被告的此项抗辩理由。

综上所述,法院判定支持原告的两项诉讼请求,并驳回被告的全部抗辩理由。

五、镜鉴启示

(一)加强对医疗器械及相关产品的海外知识产权风险预警

随着全球新冠肺炎疫情防控形势日趋严峻,国际市场对医疗器械及相关产品的需求将大增。面对这一新形势,可以预见,未来将有越来越多的国内医疗器械制造企业及产品走向海外。随着我国医疗器械制造企业"走出去"程度的加深、领域的拓展,一方面,意味着以上企业将分享更多国际贸易的市场红利;另一方面,预示着相关企业也将接受"国际标准"的知识产权合规性审查和校验。国外对医疗器械产品需求的爆发式增长,并不意味着对知识产权保护标准的任何降低。因此,相关医疗器械及相关产品制造企业应进一步提升知识产权风险意识,加强知识产权风险防控举措,提升知识产权风险防范能力。

(二)进入海外市场前,做好"自由实施"(FTO)尽职调查

"自由实施"(FTO)尽职调查是指对实施该技术是否可能侵犯他人专利权和违反其他法律法规的规定而进行的调查和研究。实施 FTO 尽职调查

是规避知识产权侵权所带来负面影响的重要途径。我国部分企业在进入海外市场之前，忽略了针对所拥有的知识产权资产进行市场尽职调查与分析，并没有把知识产权风险控制在前端，通常等到被诉侵权了，才考虑如何减少与控制知识产权侵权诉讼所带来的损害，但是往往此时已为时过晚。因此，企业在进入海外市场前就应做好 FTO 尽职调查，由专利代理师或专利律师对海外专利申请或专利进行检索，仔细将其与欲实施的技术进行对比，作出相应的分析结论，并针对不同的分析结论分别采取相应的预警措施，在市场布局前期，就控制好知识产权风险。

(三) 及时采用规避式设计减少败诉损失

本案是波士顿科学近期围绕止血夹系列产品，针对南微医学及其子公司，在全球发动专利权侵权诉讼的第二起判决。在此之前，2020 年 1 月，波士顿科学在德国对南微医学全资子公司 MTE 的系列产品提起专利权侵权诉讼，该案以南微医学子公司的败诉而告终。南微医学在应对这两起涉外知识产权诉讼时，除采取了非常积极的应对措施外，为减少判决结果可能对企业发展带来的影响，在作出判决之前，其提前推出升级替代产品，以替代现有涉案产品。即使此案败诉，也能用相应换代产品规避专利权人的权利范围，尽可能减少败诉带来的产品销售损失。

需要注意的是，随着经济全球化的发展，跨国公司在全球范围提交的专利申请越来越多，导致电子信息、医药、新能源等领域的国内企业，被国际巨头的专利层层包围，未来发展空间愈发受限。对于国内企业来说，要想在此种困境中突围，可以考虑采取专利规避策略。所谓专利规避，就是在面对竞争对手的专利壁垒时，找出其在保护地域、保护内容等方面的漏洞，实现不侵权的技术"借用"。例如，企业可以绕开专利保护的地域布局以及时间限制来开拓相关市场，亦可注重对专利技术的累积式、应用性开发，如至少减少一个相关专利权利要求中的"必要技术特征"或至少替换一个相关专利权利要求中的"必要技术特征"，从而避开专利权的保护范围，以此减少专利侵权风险及其损失。当然，企业也要防止其替换行为被认定为"等同替换"，而被判定构成等同侵权行为。

案例六

美国 RK Solutions 有限公司等诉苏州维卓生物技术有限公司等侵害专利权民事纠纷案

☞ 入选理由：本案涉及美国司法实践中专利间接侵权的构成要件。通过本案，有助于企业在美未来的业务拓展中有效规避专利间接侵权，降低被诉风险以及在应诉中有针对性提出抗辩意见，维护自身合法权益。

一、基本信息

审理法院：美国加利福尼亚州中部地区地方法院。
原告：RK Solutions 有限公司、VND Butrayte 有限公司。
被告：维卓（美国）有限公司、苏州维卓生物技术有限公司。
判决时间：2018 年 11 月 26 日。

二、案情介绍

（一）基本案情

原告 VND Butrayte 有限公司（以下简称"VND 公司"）是"减肥药和方法"专利的专利权人，美国专利号为 US6613356B1 号，RK Solutions 有限公司（以下简称"RK 公司"）是该专利的独占被许可人。US6613356B1 号专利的权利要求书描述了一种或多种通过口服丁酸或列举的具有医药效果的丁酸可吸收盐或衍生物来减轻体重或避免体重增加的药物和方法。被告维卓（美国）有限公司（以下简称"美国维卓"）是一家位于加利福尼亚的公司，是本案另一被告苏州维卓生物技术有限公司的全资子公司。原告称，被告在加利福尼亚州和美国其他地方，已经并且正在直接侵犯、诱使他人侵犯或共同侵犯 US6613356B1 号专利的一项或多项权利要求，具体包括权利要求 1、权利要求 14 和权利要求 17。原告认为被告在美国进口、制造、使用、销售或许诺销售 US6613356B1 号专利中披露和要求保护的某些方法或系统，包括但不限于 β-羟基丁酸钠、β-羟基丁酸钙、β-羟基丁酸钾以及 β-羟基丁酸镁产品（BHB 产品）。例如，原告声称美国维卓的代理兼销售和营销副总裁凯西·克兰（Casey Crane）向原告的客户销售 BHB 产品，向这些客户提供用于减肥或避免体重增加的片剂、胶囊和软胶囊。故此，原告认为，被告将 BHB 产品用于减肥或避免体重增加，并将其 BHB 产品制成片剂、胶囊和软胶囊。原告还指控，被告通过网络社交媒体平台［包括领英（Linkedin）］向美国客户宣传和推销"BHB 盐类"。

针对原告的指控，被告辩称，原告未能举出其存在专利直接、间接或共同侵权行为的证据，理由如下：（1）原告没有提出有关事实，足以合理证明被告侵犯了 US6613356B1 号专利的至少一项权利要求；（2）原告未能充分证明第三方已经侵犯至少一项 US6613356B1 号专利权利要求的任意一项内容；（3）原告的指控没有充足事实证明美国维卓故意导致第三方侵犯 US6613356B1 号专利，或者美国维卓知道 BHB 产品是专门为减肥或防止体重增加而制造。

（二）背景介绍

1. 当事人情况

（1）原告方背景概述。

VND 公司于 2013 年在美国得克萨斯州休斯敦成立，主要从事商业物理和生物研究活动，年营业收入在 50 万美元以下，员工 5 人左右。RK 公司成立于 2007 年，地址位于美国弗吉尼亚州里士满，以管理咨询服务为主要经营业务，年营业收入在 100 万~500 万美元。

（2）被告方背景概述。

苏州维卓生物技术有限公司成立于 2005 年 5 月 12 日，注册资本 500

万元人民币,地址位于苏州工业园区汀兰巷。该公司经营范围主要是医药保健品原料的生产与出口。❶ 该公司在美国和法国均设有分公司和仓库,并且多年来一直是美国拉斯维加斯保健食品与原料西部展的主要赞助商之一。❷ 截至2021年3月29日,尚未检索到苏州维卓拥有任何专利的信息。

2. 诉争专利情况

诉争专利的基本信息如表1-6-1所示。

表1-6-1 诉争专利基本信息

专利号	专利名称	申请日	法律状态
US6613356B1	减肥药和方法 (Weight loss medication and method)	2000-10-10	有效（案发）

数据来源：智慧芽（PatSnap）全球专利检索数据库（2021年3月29日）

US6613356B1号专利是一项关于"减肥药和方法"(Weight loss medication and method)的专利,是原申请人美国VND公司于2000年10月10日申请,并于2003年9月2日获得授权。该专利共有19项权利要求,相关权利要求及专利附图如表1-6-2及图1-6-1所示。

表1-6-2 US6613356B1号专利权利要求书摘要

权利要求书（中文）	权利要求书（英文）
1. 一种用于哺乳动物使其体重减轻或避免体重增加,包括口服给药过程中,所述选自/丁酸组成的组中丁酸或一种或多种药学上有效的和可接受的盐或丁酸的衍生物,包括丁酸、丁酸钠、丁酸钙、丁酸钾、丁酸镁、α-羟基丁酸、α-羟基丁酸钠、α-羟基丁酸镁、α-羟基丁酸钾、α-羟基丁酸钙、β-羟基丁酸、β-羟基丁酸钠、β-羟基丁酸镁、β-羟基丁酸钾、β羟基丁酸钙、异丁酸、异丁酸钠、异丁酸镁、异丁酸钾、异丁酸钙。	1. A process for causing weight loss, or avoidance of weight gain, in mammals, comprising oral administration to said mammals of butyric acid or one or more pharmaceutically effective and acceptable salts or derivatives of butyric acid selected from the group consisting of butyric acid, sodium butyrate, calcium butyrate, potassium butyrate, magnesium butyrate, alphahydroxybutyric acid, sodium alpha-hydroxybutyrate, calcium alphahydroxybutyrate, potassium alphahydroxybutyrate, magnesium alpha-hydroxybutyrate, betahydroxybutyric acid, sodium betahydroxybutyrate, calcium betahydroxybutyrate, potassium betahydroxybutyrate, magnesium beta-hydroxybutyrate, isobutyric acid, sodium isobutyrate, calcium isobutyrate, potassium isobutyrate, and magnesium isobutyrate.

---

❶ 苏州维卓生物技术有限公司背景概述中的相关数据和信息来源于企查查。
❷ 苏州维卓生物技术有限公司概况［EB/OL］.［2021-03-29］. http://www.vitajoy.biotech.com/about/.

续表

权利要求书（中文）	权利要求书（英文）
14. 一种物质组合物，包括能够在哺乳动物的胃中溶解的胶囊，其中所述胶囊含有以有效成分使哺乳动物体重减轻或避免体重增加，其成分由一个或多个选自下组的化合物组成：丁酸钠、丁酸钙、丁酸镁、α-羟基丁酸钠、α-羟基丁酸钾、α-羟基丁酸镁、β-羟基丁酸、β-羟基丁酸钠、β-羟基丁酸钙、β-羟基丁酸钾、β-羟基丁酸镁、异丁酸、异丁酸钠、异丁酸钙、异丁钾和异丁酸镁。	14. A composition of matter comprising a capsule capable of dissolving in the stomach of a mammal, wherein said capsule contains, in an amount effective for weight loss or avoidance of weight gain in said mammal, one or more of the compounds selected from the group consisting of/butyric acid, sodium butyrate, calcium butyrate, potassium butyrate, magnesium butyrate, alphahydroxybutyric acid, sodium alphahydroxybutyrate, calcium alphahydroxybutyrate, potassium alphahydroxybutyrate, magnesium alphahydroxybutyrate, betahydroxybutyric acid, sodium betahydroxybutyrate, calcium betahydroxybutyrate, potassium betahydroxybutyrate, magnesium betahydroxybutyrate, isobutyric acid, sodium isobutryate, calcium isobutyrate, potassium isobutyrate, and magnesium isobutyrate.
17. 一种物质组合物，包括能够在哺乳动物中的胃中溶解的片剂，其中所述片剂含有有效用于哺乳动物使其体重减轻或避免体重增加的成分，该成分选自下组中的一种或多种化合物的组合：丁酸、丁酸钠、丁酸钙、丁酸镁、α-羟基丁酸钠、α-羟基丁酸钾、α-羟基丁酸镁、β-羟基丁酸、β-羟基丁酸钠、β-羟基丁酸钙、β-羟基丁酸钾、β-羟基丁酸镁、异丁酸、异丁酸钠、异丁酸钙、异丁酸钾和异丁酸镁。	17. A composition of matter comprising a tablet capable of dissolving in the stomach of a mammal, wherein said tablet contains, in an amount effective for weight loss or avoidance of weight gain in said mammal, one or more of the compounds selected from the group consisting of/butyric acid, sodium butyrate, calcium butyrate, potassium butyrate, magnesium butyrate, alphahydroxybutyric acid, sodium alphahydroxybutyrate, calcium alphahydrokybutyrate, potassium alphahydroxybutyrate, magnesium alphahydroxybutyrate, betahydroxybutyric acid, sodium betahydroxybutyrate, calcium betahydroxybutyrate, potassium betahydroxybutyrate, magnesium betahydroxybutyrate, isobutyric acid, sodium isobutryate, calcium isobutyrate, potassium isobutyrate, and magnesium isobutyrate.

数据来源：智慧芽（PatSnap）全球专利检索数据库（2021年3月29日）

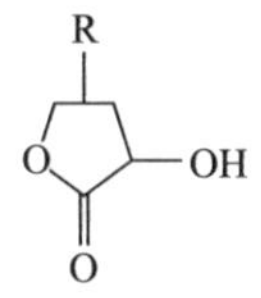

图 1-6-1　US6613356B1 号专利附图

数据来源：智慧芽（PatSnap）全球专利检索数据库（2021 年 3 月 29 日）

三、处理结果

法院在听取原被告双方发表的陈述和答辩意见后，判决被告行为构成对原告专利权利要求 1 的间接侵权，驳回原告关于被告间接侵犯权利要求 14、权利要求 17，并承担侵权责任的诉讼请求。

四、案情解析

本案中，原告在反对被告要求驳回诉讼请求的答复中，特别关注被告对 US6613356B1 号专利权利要求 1 构成间接侵权的诉请，在口头辩论中，原告明确表示，他们没有证据支持他们对被告侵犯 US6613356B1 号专利的权利要求 14 和权利要求 17 的指控，如果此后发现了有关证据，他们计划在后续进程中提出专利侵权赔偿请求。根据《美国联邦民事诉讼规则》第 12 条第（b）款第（6）项提出的动议要求，原告起诉中所主张的权利要求需要具有法律充分性。根据这一规则，美国第九巡回上诉法院确定了"如果存在缺乏可审理的法律理由或缺乏可审理的法律理论所声称的充分事实，地区法院将适当驳回起诉"的规则。当起诉受到此规则约束时，根据第 12 条第（b）款第（6）项，驳回动议不需要详细的事实依据。原告提供其"救济权理由的义务需要的不仅仅是观点和结论或者对诉因要素的公式化叙述"，事实上的指控必须足以将救济权提高到推测水平之上。法院在审议根据第 12 条第（b）款第（6）项提出的动议时，必须接受起诉中的所有实质性指控以及从中得出的所有合理推论。申诉必须以最有利于非动议方的角度来看待。然而，考虑驳回动议的法院可以选择首先确定答辩状，因为这些答辩状只不过是结论，无法假定真相。虽然法律结论可以提供起诉的框架，但它们必须得到事实指控的支持。为了使起诉在被驳回后继续有效，非结论性的"事实内容"以及从该内容中得出的合理推论必须合理地暗示原告有权获得救济的主张。最终，决定一项起诉是否提出合理的救济要求将是一项特定于具体情况的任务，要求审理法院借鉴其司法经验和常识。除非法院将第 12 条第（b）款第（6）项规定的动议转为即决判决动议，否则法院不能考虑申诉以外的材料（如案情摘要、宣誓书或证据开示材料中提出的事实）。但是，法院可以考虑与诉状一起提交或在诉状中指控的证物，以及根据《美国联邦证据规则》"规则 201"可能引起司法注意的事项。故此，法院将本案审理重点放在原告对权利要求 1 间接侵权的主张上，驳回了原告的其余主张。

《美国专利法》对积极诱使他人侵犯专利权的人规定了相应的法律责任。《美国法典》第 35 章第 271 条第（b）款规定，对于诱导侵权的指控，若要在驳回动议后继续有效，起诉必须以合理的事实为依据，证明被告侵权人"有明确意图使另一方侵犯专利，并知道另一方的行为构成侵权"。

法院认为，原告合理地指控了美国维卓诱使其客户和其他最终用户侵犯 US6613356B1 号专利的权利要求 1。该权利要求包含三个要素：（1）减轻哺乳动物体重或避免体重增加的方法；（2）包括对所述哺乳动物进行口服给药；（3）丁酸或从丁酸组成的化合物中选择的一种或多种有效且可接受的丁酸盐或衍生物，包括丁酸钠、丁酸钙、丁酸钾、丁酸镁、α-羟基丁酸、α-羟基丁酸钠、α-羟基丁酸钙、α-羟基丁酸钾、α-羟基丁酸镁、β-羟基丁酸、β-羟基丁酸钠、β-羟基丁酸钙、β-羟基丁酸钾、异丁酸、异丁酸、异丁酸钠、异丁酸钙、异丁酸钾和异丁酸镁。原告称，美国维卓向美国的经营者宣传、营销和销售 BHB 产品，这些经营者将 BHB 产品制成片剂、胶囊和软胶囊，以减轻体重或避免体重增加。原告还声称，被告打算让其产品由最终用户口服，以减轻体重或避免体重增加。因此，法院认为，原告起诉充分指控了被告通过口服含有权利要求 1 第三要素中所列至少一种成分的产品的方式，诱使其最终用户直接侵犯 US6613356B1 号专利的权利要求 1，以减轻体重或避免体重增加。

关于侵权意图，法院认为，原告充分证明了美国维卓在涉嫌侵权行为之前就知道该专利。原告声称，美国维卓至少从 2017 年 7 月 27 日起就知道 US6613356B1 号专利，当时原告 RK 公司就美国维卓涉嫌侵犯 US6613356B1 号专利一事致函其母公司苏州维卓生物技术有限公司。尽管美国维卓对原告指控的合理性提出异议，在此情况下，法院需承认原告的指控是真实的，并认定苏州维卓生物技术有限公司对 US6613356B1 号专利是了解的。原告还充分陈述，美国维卓打算通过向其他经营者提供 BHB 产品，以及如何使用的说明，使其客户和其他最终用户以销售或使用含有 BHB 成分的减肥产品的方式侵犯 US6613356B1 号专利。

本案在法律适用方面主要涉及美国专利法对专利间接侵权的规定。《美国法典》第 271 条规定：

（a）除本法另有规定外，在专利期限内，任何人未经授权在美国境内制造、使用、许诺销售或销售任何已授予专利的发明产品或向美国进口任何已授予专利的发明产品，即构成专利侵权。

（b）积极教唆他人侵犯专利权的人，应构成专利侵权。

（c）任何人在美国境内许诺销售或销售，或向美国进口已授予专利的机器的零件、制造物、组合物或化合物的成分，或实施方法专利所使用的材料或装置，且这些构成该发明的重要部分，且明知该特别制作或特别适合是用于侵犯该专利权的，而这些情形并非作为主要或非实质侵权作用的商业物品时，即应负帮助侵权人的责任。

（d）在发生侵犯专利权或帮助侵犯专利权中有权寻求救济的专利权人，不得因有下列各款情形之一而否定其行使救济的权利或被视为专利权的滥用或不法专利权扩张：（1）因他人实施未经专利权人同意的帮助侵权行为而使专利权人获得利益的；（2）许可或授权他人行使权利，而其行使的行为是未经专利权人同意而构成帮助侵权的行为时；（3）为制止专利侵权行为或帮助侵权行为而寻求实施其专利权的；（4）拒绝许可他人实施或使用其专利权的；（5）附加许可专利权的条件或需购买其他专利以销售其专利产品，或需购买不同产品以销售专利产品的，但专利所有权人在该相关产品市场具有相当销售能力的，不在此限。

（f）（1）任何人未经授权在美国或从美国供应或构成供应已授予专利

的发明的部件的全部或实质部分,而该部件是尚未组合成一体或部分的情况,以可在美国境外组装成此等部件的组合,其方式乃是若此组合发生在美国境内即会侵犯专利权的,则应负一侵权人之责任。(2)任何人未经许可在美国境内或从美国境内供应或构成供应已授予专利的发明的任何部件,其尤其是制成或特别适于该发明使用而又不是一主件或适于实质上作不侵权使用的商业性商品,其中此等部件是未组合成一体或成部分者,并知道此等部件是如此制成或适于或企图将此等部件在美国境外予以组合成会侵犯专利权的,而其方式乃是若此组合发生在美国境内即会侵犯专利权的,则应负一侵权人之责任。

基于以上立法,结合本案案情,美国对于专利间接侵权认定,需要客观要件、客体要件以及主观要件等三个要件的成就。

(一) 客观要件:间接侵权行为与直接侵权行为之间的关系

在美国,司法实践中对于间接侵权行为与直接侵权行为之间关系具体如何一直争论不休。在美国的司法实践中更倾向于采纳"独立说",即不以直接侵权为前提,间接侵权可独立完整地构成法律禁止的侵权行为,从而更充分地保护专利权人合法权益,激发创新活力。法院在本案的说理部分并未涉及对被告行为是否构成直接侵权的判断,而是基于其向客户和终端消费者营销、宣传和提供涉案专利产品的重要成分,符合美国专利法关于间接侵权行为的规定判决原告胜诉,印证了美国司法审判中倾向于独立认定间接侵权的现象。

(二) 客体要件:与专利实质性特征有关的非专利产品

根据《美国法典》第271条第(b)、第(c)款的规定,间接侵权分为两种行为类型:第一种类型是辅助侵权。行为人许诺销售、销售或进口专利产品的零部件、组成成分,或用于实施专利方法的原材料和设备,而这些零部件、组成成分、原材料和设备构成发明的重要部分,且行为人知道这些物品是为了专利侵权使用而专门制造或改造的,同时这些物品不是普通物品或适于实质性非侵权之用的普通商品。第二种类型是引诱侵权。行为人积极引诱侵权和教唆他人侵犯专利权。引诱侵权不以某种具体产品为侵权对象,而是指向积极引诱和故意唆使他人侵权,客体是否包含与发明专利有关的实质性特征不是《美国法典》第271条第（c）款规定的必备要件。因此，行为人引诱和教唆行为是构成引诱侵权的核心要素，若存在上述行为，仅仅提供普通商品或者常用物品都可能构成引诱侵权。引诱侵权和辅助侵权的差异在于提供的物品需超出普通产品或常用物品的界限，属于专利产品的重要组件或者专利方法的关键设备、配方和原料方可构成辅助侵权。相较于引诱侵权宽泛、笼统的客体要件，辅助侵权行为模式对非专利产品的定义非常明晰具体，构成辅助侵权的情形仅限于此类客体被侵权行为实际利用。《美国法典》第271条第（c）款对于辅助侵权指称的"非专利产品"，主要分为以下两类：一是发明专利产品（如机器、设备、合成物）的零部件或组成部分；二是为实施专利方法而使用的原材料或装置。这两类物品还需具备两方面的共同特征，即构成发明的重要部分的性质特征和以专利侵权为目的而专门制造或改造的目的特征，并且这些产品不是普通的商业物品或非实质侵权之用的常见物品。《美国法典》第271条第（c）款将物品的功能作为重点描述非专利产品的性质特征：构成发明的重要部分，在发明的整个体系中发挥主要功效；从反面阐述此种产品离开他人的专利发明则不具有实质性用途。分析相关判例可知，美国专利法对辅助侵权规定的"实质性"应当作出延伸理解：第一，非侵权用途应当满足将成本控制在合理范围内，即与本行业普通生产经营行为模式基本保持平衡并尽可能扩大收益的经济效益原则。若与常见的生产经营相比，非侵权用途的成本过高，则不符合经济效益原则，则可能是被告为脱责而编造的。第二，必须具备可实施性，该用途能够在产业上得到实际应用，是切实可行的方案，甚至必须是可进行大规模批量化生产的方可证明非侵权用途的可行性，而不能是为逃避责任事后任意编造的，这明显与经济效益原则背道而驰。

（三）主观要件：行为人具有诱导、帮助的主观故意

《美国专利法》关于专利直接侵权的规定，并未以主观故意作为成立要件。该法第271条第（a）款规定："除本法另有规定外，在专利期限内，任何人未经授权在美国境内制造、使用、许诺销售或销售任何已授予专利的发明产品或向美国进口任何已授予专利的发明产品，即构成专利侵

权。"间接侵权判定要件则与之不同。引诱侵权，顾名思义其行为模式的重点在于"引"和"诱"，故包括实际引起、鼓励、怂恿他人侵犯专利权的行为。因此，上述几种行为模式就是引诱故意的体现途径。具体而言，主要包括违反法律规定或未经权利人授权许可向市场投放专利零部件或组成部分的广告、销售此类产品或者提供使用说明给用户等表现形式。是否属于引诱侵权的客体并不限"实质性侵权用途"的产品，行为人是否具有引导或诱使他人直接侵犯专利权才是判断行为成立的侧重点。第271条第（c）款规定构成辅助侵权行为的主观要件是行为人"知道"（knowing）其所许诺销售、销售、进口的产品是专门为侵犯专利权而制造或适合侵犯专利权的。相关司法判例对"知道"做出了如下解释："事实上知道"和"可推定知道"都应当被涵盖在这里"知道"的范围内。例如，辅助侵权人收到专利权人的侵权警告函，被告知权利人要求其停止侵权，那么无论侵权行为人是否实际获知，都应当视为"知道"。本案中法院认为美国维卓知道其许诺销售、销售、进口的产品是侵犯专利权的正是运用的可推定知道标准。因为原告曾因被告的行为涉嫌侵犯专利权为由致函其位于苏州的母公司即苏州维卓生物技术有限公司，在此种情况下不论被告是否实际知道，视为其应当知道。既然辅助侵权人"知道"其所提供的物品专门用于专利侵权，那么其辅助他人直接侵权的"意图和希望"则昭然若揭。

五、镜鉴启示

（一）准确把握间接侵权认定标准，有效防范间接侵权

《美国专利法》第271条第（a）款规定了直接侵权的行为类型，但并未明确指出直接侵权的判定标准。美国法院在司法实践中，通过判例，确立了两种直接侵权的认定规则，即字面侵权和等同侵权。字面侵权是指被控侵权的产品或方法与某一专利的权利要求相比，被控侵权产品或方法具备权利要求中的每一个技术特征；或者说权利要求里的每一个限定或要素都可以在被控侵权产品或方法中找到，则被控侵权产品或方法构成对该专利的字面侵权。等同侵权是相对于字面侵权而言，是指被控侵权的产品或方法与某一专利的权利要求相比，被控侵权产品或方法中的一个或几个要素虽然与

权利要求中的限定或要素不同，但二者只有非实质性的区别；或者说，被控侵权产品或方法中的一个或几个要素等同于权利要求中的某一个或某几个限定或要素，则被控侵权产品或方法构成对该专利的等同侵权。

间接侵权与直接侵权的差异主要体现在前者认定标准更严格：第一，间接侵权行为成立需具备的客体要件与直接侵权行为不同。辅助侵权要求被控侵权人提供的是与专利实质性特征有关的非专利产品，包括发明专利产品的零部件或组成部分和实现方法专利所使用的原材料或装置两类。引诱侵权的客体要件则较为宽泛，若有诱使他人侵犯专利的意图，提供普通商品也可能构成引诱侵权。上述两种间接侵权的客体要件都与直接侵权的客体，即被控侵权的特定产品整体有所不同。第二，主观要件是判定间接侵权行为的标准之一，直接侵权则不需要。根据《美国专利法》第271条第（b）、第（c）、第（f）款的表述，间接侵权人是"主动引诱""知道""希望"侵权行为的发生，质言之，其对间接侵权行为持有故意或过失的主观心理状态。直接侵权则不考虑被控侵权人的主观心态，其行为只要符合专利法的规定，就可判定直接侵权行为成立。

由此可见，企业若想防范专利间接侵权指控，就需对其构成要件给予充分的了解，首先，在客体要件方面，与专利实质性特征有关的非专利产品须同时具备构成专利重要部分的性质特征和针对专利侵权进行改造或制造的目的特征。企业在遭遇辅助侵权诉讼时，可以以上述两项特征为立足点证明自身生产、销售的产品不属于与专利实质性特征有关的非专利产品，即脱离他人发明或方法专利仍然具备实质性用途，例如以商品形式投入市场并被消费者购买，以及将其作为非侵权用途所获得经济利益是高于侵权用途的。其次，对于主观要件而言，企业反驳引诱侵权指控的重点是自身并未实际引起、鼓励、怂恿他人侵犯专利权的行为。具体可以从以下三方面入手：第一，己方向市场投放的营销专利零部件或组成部分的广告没有违反法律规定；第二，企业不具备销售此类产品的渠道；第三，用户并未收到企业提供的使用说明。

（二）灵活运用专利间接侵权抗辩规则

间接侵权因其保护力度强、覆盖范围广、构成要件趋于独立的特点，成为美国专利权人提起指控的主要诉因。随着我国企业在"走出去"过程中，海外市场版图不断扩大，与美国企业发生专利纠纷在所难免。抗辩制度作为诉讼中的重要环节，不仅给予被告陈述申辩的权利，避免判决受到偏见的腐蚀，还是其辩驳原告指控，遏制恶意诉讼，维护合法权益的重要途径。然而，由于很多企业未充分了解美国间接侵权制度，不仅导致提出的抗辩不具有针对性和有效性，还白白浪费了宝贵的申辩机会。因此，若企业受到美国间接侵权的指控，可以考虑利用如下的常见抗辩理由，从而切实维护自身合法权益。

（1）专利权滥用抗辩。专利权滥用是指专利权人为谋求法律未许可的市场垄断利益，如垄断价格、垄断优势地位或市场份额，而行使其所享有的专利权。专利权滥用的表现行为之一是专利搭售，即专利权人为获得更高额利润或销量等目的，利用其享有专利权的优势地位，将非专利产品在购买者购买专利产品时强行向其搭售。而间接侵权原则恰恰是专利法对相关非专利产品的保护，专利权滥用抗辩可以成为对专利间接侵权最有效和直接的抗辩理由。根据美国相关判例，以下两种产品一般是专利权人设置搭售协议所指向的对象：①与专利产品的专利技术相关的零部件或设备；②与专利产品的专利技术无直接关系的产品，如专利印刷机使用的油墨、纸张等耗材，或专利冻品运送装置所需的制冷剂等。《美国专利法》第271条（c）款描述间接侵权对象的方式与此种以产品性质为依据的区分方法一致。因此，我国企业在美国开展业务活动，被他人指控为间接侵犯专利权时，可在应诉的过程中重点关注专利权人进行专利产品搭售的配套产品是否在法律允许的范围之内；若超出法定范围，则可将专利权人滥用作为答辩要点，以此对原告的诉求进行有力回击，维护自身合法利益。

（2）默示许可抗辩。应诉企业还可以将默示许可作为反驳间接侵权指控的关键性抗辩主张。所谓默示许可，是指在这样一种情形下存在对专利使用的许可：在专利权人或者被许可人销售的产品是专利产品的组成部件而非专利产品；或者专利权人或被许可人将用于实施专利方法的专用原材料、设备进行销售时，上述几类产品即组成部件、专用原材料或设备的销售依照具体情况蕴含了专利权人对制造、使用、销售专利产品或者使用专利方法的许可。若被控侵权人给出的抗辩能够证明其与专利权人或被许可人之间存在默示许可，那么其对于非专利产品的制造或使用基于合法的授权许可，具备合法性和正当性。

（三）加快专利研发和布局进程，培育海外专利核心竞争力

作为医药企业，要想在市场中力争上游，创新是不可或缺的要素。医药企业一方面需要依靠敏锐的嗅觉发现具有成长潜力的蓝海市场，并进行相应的技术开发，另一方面企业要保护来之不易的创新成果，让其在海外为自身积累专利核心竞争力，就须及时提出海外专利申请。否则，技术成果一旦被海外竞争对手使用或注册，将导致其无法受到专利权保护，阻碍海外市场拓展。具体而言，医药企业可以通过以下举措，加强专利申请和管理工作，提高自身专利竞争力。

（1）在新型药物专利研发中，医药企业应注意对现有专利文献进行细致的检索和分析。这既可以了解医药领域的研究开发、专利申请状况，又有利于节省冗余成本，避免与他人的专利申请主题相冲突。（2）对于企业已研制出的新药，则需要及时申请专利，保护企业的创新利益。当然，医药企业在经营活动中，包括新药的研究开发，不但要着力保护企业自身的专利权，还要注意防止对他人已有专利权造成损害。医药企业欲增强专利竞争力，须充分重视自身的技术创新，同时把握市场和研发热点，提前做好专利申请规划，加大科研资金投入，同时用好、用活、用足国家鼓励医药卫生科技创新的政策，在人才引进、财政补贴、融资和税收减免等方面争取国家支持，力争开发出独有的核心药品专利，切实做好国内外专利申请和风险预警管理工作。作为全球医药巨头的诺华制药，就是专利研发与布局的典范。截至 2020 年年底，诺华制药有限公司在美国、日本、澳大利亚及欧洲等国家和地区注册专利，全球累计获得授权同族专利 15504 组，共 111784 件，其 2020 年申请专利数量 218 件，在辉瑞、拜耳、默沙东等国际大型制药公司中处于前列，其 2019 年研发费用 94 亿美元，与 2018 年相比增长 13%；2019 年总收入为 474.5 亿美元，研发占收入的 19.8%。我国医药企业可参考诺华制药的专利申请战略，培育专利核心竞争力，避免海外专利纠纷，做到"产品未动，专利先行"，使迈向海外市场的脚步更加坚实有力。

案例七

美国 Evolv 公司诉卓尔悦（常州）电子科技有限公司等侵害专利权民事纠纷案

☞ **入选理由**：本案涉及美国专利侵权诉讼中法院对于当事人发布初步禁令请求的审核。通过本案，有助于企业利用"不可弥补损害测试"，化解临时禁令危机，并有效运用初步禁令，遏制侵权损失扩大。

一、基本信息

审理法院：美国加利福尼亚州中部地区地方法院南部分庭。

原告：美国 Evolv 有限责任公司。

被告：美国卓尔悦（Joyetech）有限公司、卓尔悦（常州）电子科技有限公司、维斯曼克（Wismec）工业有限公司。

判决时间：2016 年 5 月 3 日。

二、案情介绍

（一）基本案情

原告 Evolv 有限责任公司（以下简称"Evolv 公司"）是 US8820330B2 号专利的权利人。原告唯一美国被许可人 Dimension 公司（以下简称"D 公司"）向设备制造商销售 DNA® 200 电路板，这些设备制造商将电路板作为设备汽化器的一个组成部分，然后，制造商再将电路板出售给分销商和用户。被告维斯曼克工业有限公司（以下简称"维斯曼克公司"）是自

2015年8月以来一直购买DNA® 200电路板的汽化器制造商之一，其与本案另一被告美国卓尔悦（Joyetech，以下简称"卓尔悦公司"）制造某些含有DNA® 200电路板的汽化器，该汽化器被称为"Reuleaux DNA 200"和"长方体"。维斯曼克公司在其产品营销中大力宣传该电路板。

原告声称"长方体"和Reuleux RX 200汽化器侵犯了其US8820330B2号专利权。根据《美国法典》第271节（a）款规定，原告针对卓尔悦公司行为，向法院提出判定其构成直接和间接侵权的诉请；针对卓尔悦（常州）电子科技有限公司（以下简称"卓尔悦中国"）和维斯曼克公司的行为，请求判定构成间接侵权，并赔偿损失。原告还声称维斯曼克公司和卓尔悦公司存在对它们侵权行为的明知故意。基于此，2016年3月16日，原告申请了一项临时禁令，旨在禁止卓尔悦公司（不包括卓尔悦中国和维斯曼克公司）进口、制造、提供销售、销售和/或使用"长方体"和Reuleaux RX 200汽化器、诱导其他人侵权，以及许诺销售RX 200电路板。卓尔悦公司则要求法院驳回原告诉请，认为原告无法证明其遭受了不可弥补损害，因为双方并不存在直接竞争关系。

（二）背景介绍

1. 当事人情况

（1）原告方背景概述。

Evolv公司由布兰登·沃登（Brandon Ward）和约翰·贝林杰（John Bellinger）于2010年成立，公司位于加利福尼亚州，主要从事电子烟及其相关设备的技术研发和产品销售。其被业内公认为电子烟技术的领军企业，主要产品线包括Reflex电子烟、DNA系列电子烟汽化装置电路板和设备模块。❶

截至2021年3月29日，原告共拥有专利20件，均为发明专利，其中有效6件，审查中7件，PCT指定期满5件以及PCT指定期内、失效各1件。此外，原告全球专利区域布局情况为美国10件，世界知识产权组织6件，欧洲和中国香港各2件。

---

❶ Evolv公司概况［EB/OL］.［2021-03-29］. https：//www.evolvapor.com.

Evolv 公司在 2015 年出现了明显的专利申请波峰,其公司网站信息显示,由于其于 2015 年推出 DNA® 200 电路板,因此该年度企业专利申请数量达到高峰,目的是保护产品的相关技术(见图 1-7-1)。

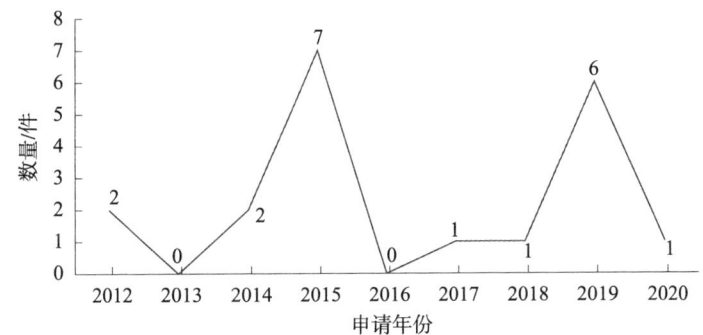

图 1-7-1　Evolv 公司全球专利申请趋势

数据来源:智慧芽(PatSnap)全球专利检索数据库(2021 年 3 月 29 日)

(2)被告方背景概述。

被告之一的卓尔悦中国是香港卓尔悦控股(Joyetech Holding Limited)独资的大陆子公司,公司主要从事电子雾化器及其零部件的研发、制造,及其他电子产品的研发和销售。卓尔悦中国是全球领先的微电子研发、制造企业,为全球 30 多个国家和地区提供电子烟的研发应用以及 OEM 加工服务,目前年生产能力达到 200 万套以上,公司拥有国内和国际专利共计 110 余项。公司旗下的"Ovale"(欧凡尔)已经成为业内的领先品牌,产品销往全球 30 多个国家和地区。❶

截至 2021 年 3 月 29 日,卓尔悦中国拥有国内和国际专利共计 119 件,其中发明专利 94 件、实用新型 5 件、外观设计 20 件。该公司在 2015 年全球专利申请数量达到峰值,2017 年后申请量较大幅度下降(见图 1-7-2)。

---

❶ 卓尔悦(常州)电子科技有限公司背景概述中的相关数据和信息来源于企查查。

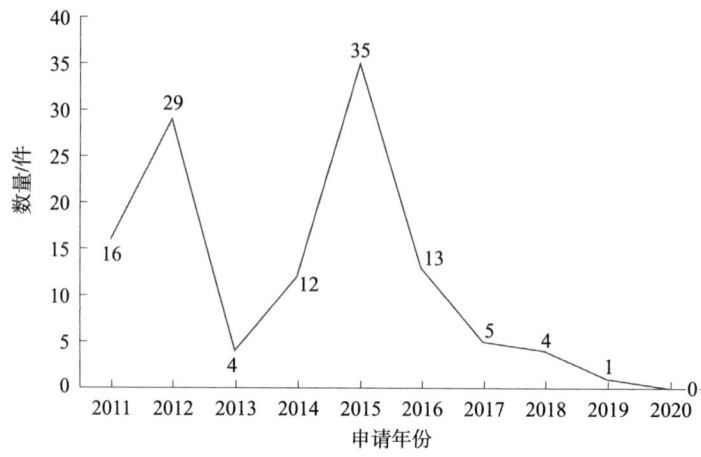

图1-7-2 卓尔悦中国全球专利申请趋势

数据来源：智慧芽（PatSnap）全球专利检索数据库（2021年3月29日）

卓尔悦中国全球专利布局主要集中在欧洲、中国、美国和世界知识产权组织，欧洲占比最高，为37件，说明该公司将欧洲作为专利布局和业务开展的重心，中国、美国和世界知识产权组织占比大致相同，都在20件左右（见图1-7-3）。

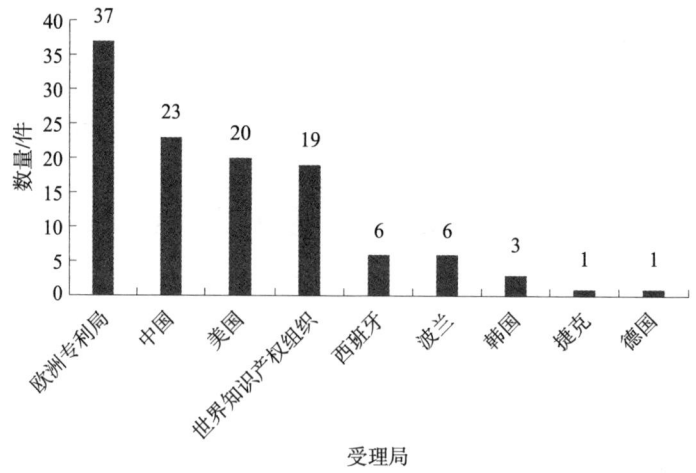

图1-7-3 卓尔悦中国全球专利布局情况

数据来源：智慧芽（PatSnap）全球专利检索数据库（2021年3月29日）

在卓尔悦中国拥有的119件专利中,有效51件,占比43%;失效26件,占比22%;PCT指定期满19件,占比16%;审中14件,占比11.8%(见图1-7-4)。

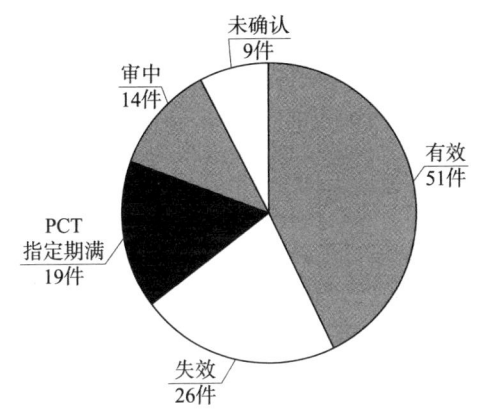

图1-7-4 卓尔悦中国专利法律状态

数据来源:智慧芽(PatSnap)全球专利检索数据库(2021年3月29日)

2. 诉争专利情况

诉争专利基本信息如表1-7-1所示。

表1-7-1 诉争专利基本信息

专利号	专利名称	申请日	法律状态
US8820330B2	通过功率控制模拟吸烟的电子蒸发器(Electronic vaporizer that simulates smoking with power control)	2012-10-26	有效

数据来源:智慧芽(PatSnap)全球专利检索数据库(2021年3月29日)

US8820330B2号专利是一项"通过功率控制模拟吸烟的电子蒸发器"的专利,由原申请人Evolv公司于2012年10月26日提交申请,2014年9月2日公告授予其专利权。该专利共有23项权利要求,相关权利要求及专利附图如表1-7-2及图1-7-5所示。

表1-7-2　US8820330B2号专利权利要求书

权利要求书（中文）	权利要求书（英文）
1. 一种用于模拟吸烟的电子蒸发器装置，包括：用户输入装置，被配置为允许用户从多个瓦数设置中选择特定瓦数设置，其中瓦数设置对应于要输出到模拟吸烟期间蒸发材料的加热元件的功率水平；电源，被配置为产生要输送到加热元件的功率水平；电源管理器，可操作地连接到用户输入装置和电源，并且被配置为在电子蒸发器装置的激活期间将输送到加热元件的功率水平调节到基本瓦数设置，无论加热元件参数和状态如何，始终如一地控制电子蒸发器装置产生的蒸汽的数量和质量。	1. An electronic vaporizer device used to simulate smoking, comprising: a user input device configured to allow a user to select a wattage setting from a plurality of wattage settings, wherein the wattage setting corresponds to a power level in watts to be delivered to a heating element for vaporizing a material during a simulated smoking session; a power source configured to generate the power level to be delivered to the heating element; and a power manager operatively connected to the user input device and the power source and configured to regulate the power level delivered to the heating element to substantially the wattage setting during activation of the electronic vaporizer device, regardless of heating element parameters and a state of the power source, to consistently control a quantity and a quality of vapor produced by the electronic vaporizer device.
2. 根据权利要求1所述的电子蒸发器装置，其进一步包括触发器组件，所述触发器组件可操作地连接到所述电源管理器且经配置以经由所述电源管理器激活所述电子蒸发器装置。	2. The electronic vaporizer device of claim 1, further comprising a trigger component operatively connected to the power manager and configured to activate the electronic vaporizer device via the power manager.
3. 根据权利要求2所述的电子蒸发器装置，其中所述触发组件包括来自用户的输入、按钮输入、语音命令、触摸屏输入、运动检测、压力开关、压力传感器、流量传感器或接近传感器输入。	3. The electronic vaporizer device of claim 2, wherein the trigger component includes at least one of an input from a user, a button input, a voice command, a touch screen input, a motion detection, a pressure switch, a pressure sensor, a flow sensor, or a proximity sensor input.
4. 根据权利要求1所述的电子蒸发器装置，其中所述电源管理器被配置为向所述电源提供输入信号，以调整所述电源提供的电流或电压中的至少一个，从而在所述电子汽化器装置的激活期间，将输送至所述加热元件的功率调节为基本瓦数设置。	4. The electronic vaporizer device of claim 1, wherein the power manager is configured to provide an input signal to the power source to adjust at least one of a current or avoltage provided by the power source to regulate the power level delivered to the heating element to substantially the wattage setting during activation of the electronic vaporizer device.

续表

权利要求书（中文）	权利要求书（英文）
5. 根据权利要求 1 所述的电子蒸发器装置，其中所述电源管理器被配置为调整电源输出的电流或电压中的至少一个，以在所述电子蒸发器装置的激活期间将输送至所述加热元件的功率电平调节至基本瓦数设置。	5. The electronic vaporizer device of claim 1, wherein the power manager is configured to adjust at least one of a current or a voltage output by the power source to regulate the power level delivered to the heating element to substantially the wattage setting during activation of the electronic vaporizer device.
6. 根据权利要求 1 所述的电子蒸发器装置，其中所述功率管理器经配置以感测实时施加到所述加热元件的电流或电压中的至少一个。	6. The electronic vaporizer device of claim 1, wherein the power manager is configured to sense at least one of a current or a voltage applied to the heating element in real time.
7. 根据权利要求 1 所述的电子蒸发器装置，其中所述功率管理器配置成实时确定所述加热元件的电阻。	7. The electronic vaporizer device of claim 1, wherein the power manager is configured to determine a resistance of the heating element in real time.
8. 根据权利要求 1 所述的电子蒸发器装置，还包括显示组件，所述显示组件可操作地连接到所述电源管理器并且被配置为至少实时显示所述瓦数设置，瓦特输出，施加到所述加热元件的电阻，施加到加热元件的电压，或施加到加热元件的电流中的一个。	8. The electronic vaporizer device of claim 1, further comprising a display component operatively connected to the power manager and configured to display at least one of the wattage setting, a real time watt output, a resistance of the heating element in real time, a voltage applied to the heating element in real time, or a current applied to the heating element in real time.
9. 根据权利要求 1 所述的电子蒸发器装置，其中电源管理器配置为至少同时测量或感测加热元件的电阻、加热元件的输出电压和加热元件的输出电流中的两个，作为调节输送至加热元件的功率水平的一部分。	9. The electronic vaporizer device of claim 1, wherein the power manager is configured to simultaneously measure or sense at least two of a resistance of the heating element, an output voltage of the heating element, and an output current of the heating element as part of regulating the power level delivered to the heating element.
10. 根据权利要求 1 所述的电子蒸发器装置，其中电源管理器被配置为在控制加热元件的一个电阻、加热元件的输出电压和加热元件的输出电流的同时，测量加热元件的另一个电阻、加热元件的输出电压、以及加热元件的输出电流，作为调节输送至加热元件的功率水平的一部分。	10. The electronic vaporizer device of claim 1, wherein the power manager is configured to simultaneously control one of a resistance of the heating element, an output voltage of the heating element, and an output current of the heating element while measuring another of the resistance of the heating element, the output voltage of the heating element, and the output current of the heating element as part of regulating the power level delivered to the heating element.

续表

权利要求书（中文）	权利要求书（英文）
11. 一种用于模拟吸烟的电子蒸发系统，其构成为：一种包含产生供用户吸入蒸汽的加热元件筒；一种可操作地连接到所述筒体的电子蒸发器装置，其中所述电子蒸发器装置被配置为：允许用户从多个瓦特设置中选择特定瓦特设置，其中所述瓦特设置对应于在模拟吸烟期间输送到加热元件以汽化所述材料的功率水平（以瓦特为单位），并产生输送至加热元件的功率，在电子汽化器装置激活期间将功率水平调节至约等于瓦数设置，即使加热元件发生变化，也可在模拟吸烟过程中提供一致的蒸汽。	11. An electronic vaporizing system used to simulate smoking, comprising: a cartridge containing a heating element for vaporizing a material for inhaling; an electronic vaporizer device operatively connected to the cartridge, wherein the electronic vaporizer device isconfigured to: allow a user to select a wattage setting from a plurality of wattage settings, wherein the wattage setting corresponds to a power level in watts to be delivered to the heating element for vaporizing the material during a simulated smoking session, generate the power level to be delivered to the heating element, and regulate the power level to about the wattage setting during activation of the electronic vaporizer device, even when the heating element changes, to provide a consistent vapor during the simulated smoking session.
12. 根据权利要求 11 所述的电子蒸发系统，其中所述电子汽化器装置被配置为至少实时显示所述瓦数设置，所述加热元件的电阻，施加到所述加热元件的电压，或者施加到加热元件电流中的一个。	12. The electronic vaporizing system of claim 11, wherein the electronic vaporizer device is configured to display at least one of the wattage setting, a resistance of the heating element in real time, a voltage applied to the heating element in real time, or a current applied to the heating element in real time.
13. 根据权利要求 11 所述的电子汽化系统，其中所述电子汽化器装置被配置为允许用户激活所述电子汽化器装置以开始将所述电力水平传递到所述加热元件。	13. The electronic vaporizing system of claim 11, wherein the electronic vaporizer device is configured to allow a user to activate the electronic vaporizer device to initiate delivery of the power level to the heating element.
14. 根据权利要求 11 所述的电子汽化系统，其中所述盒被配置为允许用户吸入在所述盒内产生的汽化材料。	14. The electronic vaporizing system of claim 11, wherein the cartridge is configured to allow a user to inhale a vaporized material produced inside the cartridge.
15. 根据权利要求 11 所述的电子汽化系统，其中所述电子汽化器装置被配置为便携式电子手持装置。	15. The electronic vaporizing system of claim 11, wherein the electronic vaporizer device is configured as a portable electronic hand-held device.

续表

权利要求书（中文）	权利要求书（英文）
16. 根据权利要求 11 所述的电子汽化系统，其中所述盒被配置为连接到所述电子蒸发器装置和从所述电子蒸发器装置断开。	16. The electronic vaporizing system of claim 11, wherein the cartridge is configured to be connected to and disconnected from the electronic vaporizer device.
17. 根据权利要求 11 所述的电子汽化系统，其中所述电子汽化器装置被配置为连接到具有不同电阻的加热元件的盒并与其一起操作。	17. The electronic vaporizing system of claim 11, wherein the electronic vaporizer device is configured to connect to and operate with cartridges having heating elements of different resistances.
18. 根据权利要求 11 所述的电子汽化系统，其中所述电子汽化器装置被配置为即使是所述加热元件电阻发生变化，也可在所述电子汽化器装置的激活期间实时地将输送到所述加热元件的功率水平调节到大约等于瓦特数设置。	18. The electronic vaporizing system of claim 11, wherein the electronic vaporizer device is configured to regulate, in real time, the power level delivered to the heating element to about the wattage setting during activation of the electronic vaporizer device, even as the resistance of the heating element changes.
19. 一种用电子蒸发器装置和盒模拟吸烟的方法，包括：调节输送到连接到电子蒸发器装置的盒的加热元件的功率水平，用于在模拟吸烟期间蒸发盒内的材料，在激活电子蒸发器装置期间，基本上达到用户选择的瓦数设置，以在模拟吸烟过程中提供一致的数量和质量的蒸汽。	19. A method to simulate smoking with an electronic vaporizer device and a cartridge, comprising: regulating a power level delivered to a heating element of a cartridge connected to an electronic vaporizer device, for vaporizinga material within the cartridge during a simulated smoking session, substantially to a user – selected wattage setting during activation of the electronic vaporizer device to provide a consistent quantity and quality of vapor during the simulated smoking session.
20. 根据权利要求 19 所述的方法，无论盒内的加热元件的电阻如何，都会实时将输送至加热元件的功率水平调节到用户选择的功率设置。	20. The method of claim 19, wherein the regulating of the power level, delivered to the heating element, substantially to the user – selected wattage setting is performed in real time regardless of a resistance of the heating element of the cartridge.
21. 根据权利要求 19 所述的方法，其中，在模拟吸烟过程中，无论盒内加热元件的电阻是否发生变化，都会实时将输送至加热元件的功率水平调节到用户选择的瓦数设置。	21. The method of claim 19, wherein the regulating of the power level, delivered to the heating element, substantially to the user – selected wattage setting is performed in real time regardless of a change in a resistance of the heating element of the cartridge during the simulated smoking session.

续表

权利要求书（中文）	权利要求书（英文）
22. 如权利要求 19 所述的方法，还包括显示瓦数设置，加热元件的电阻，施加到加热元件的电压或施加到加热元件的电流中的至少一个。	22. The method of claim 19, further comprising displaying at least one of the wattage setting, a resistance of the heating element, a voltage applied to the heating element, or a current applied to the heating element.
23. 一种用于模拟吸烟的电子汽化器装置，包括：一个电源，其被配置为产生一个功率，该功率级是一个预先设置的瓦数级别，该功率将被输送到一个加热元件，用于在模拟吸烟过程中汽化一种材料；以及电源管理器，该电源管理器可操作地连接到所述电源，并且被配置成在所述电子汽化器装置的激活期间将输送到所述加热元件的功率水平调节到基本上等于预先设置的瓦数水平，而不管所述加热元件参数和所述电源的状态，持续控制电子汽化器装置产生的蒸汽的数量和质量。	23. An electronic vaporizer device used to simulate smoking, comprising: a power source configured to generate a power level being a pre-programmed wattage level to be delivered to a heating element for vaporizing a material during a simulated smoking session; and a power manager operatively connected to the power source and configured to regulate the power level delivered to the heating element to substantially the pre-programmed wattage level during activation of the electronic vaporizer device, regardless of heating element parameters and a state of the power source, to consistently control a quantity and a quality of vapor produced by the electronic vaporizer device.

数据来源：智慧芽（PatSnap）全球专利检索数据库（2021 年 3 月 29 日）

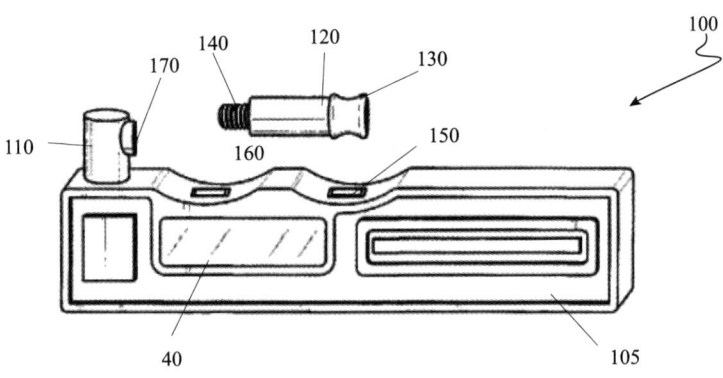

（1）附图 1

图 1-7-5 US8820330B2 号专利附图

第一部分 专利侵权案件

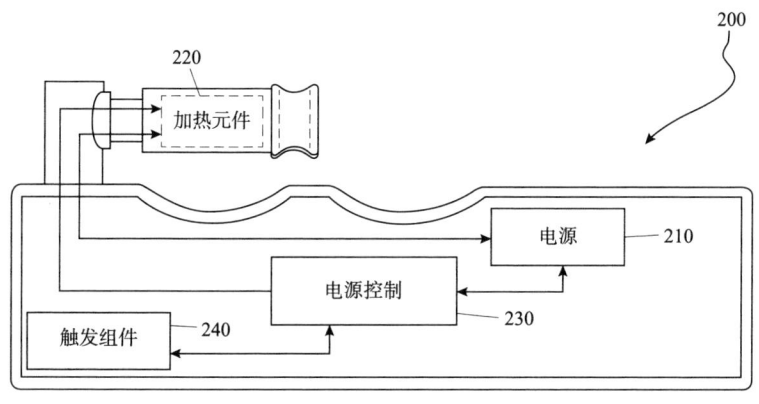

（2）附图2

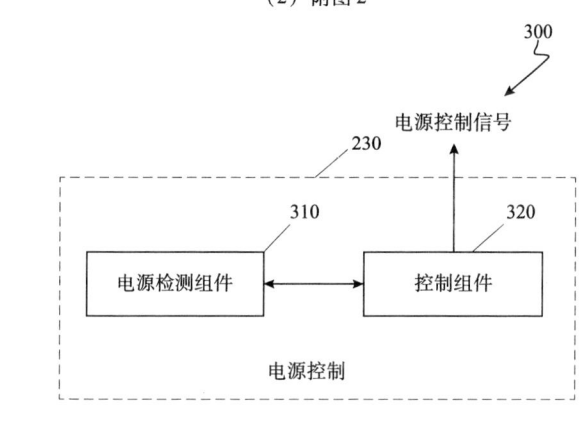

（3）附图3

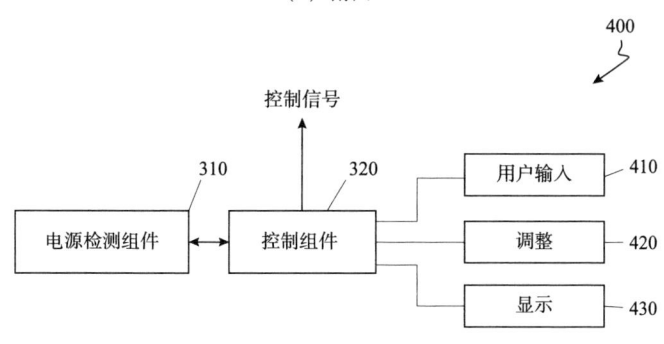

（4）附图4

图1-7-5 US8820330B2号专利附图（续）

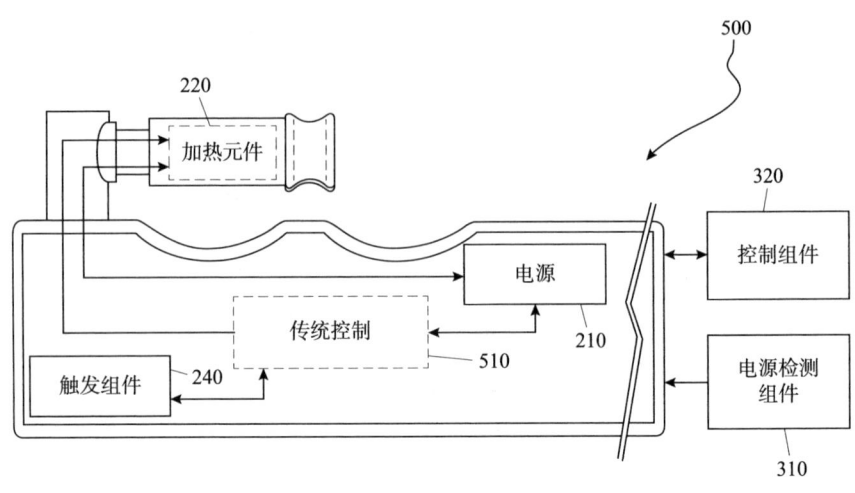

（5）附图 5

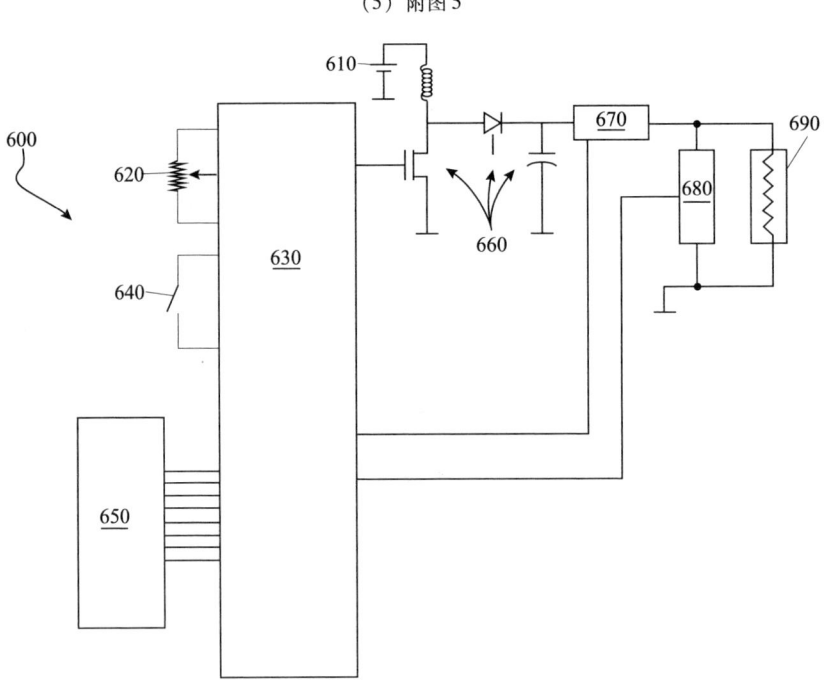

（6）附图 6

图 1-7-5　US8820330B2 号专利附图（续）

第一部分　专利侵权案件

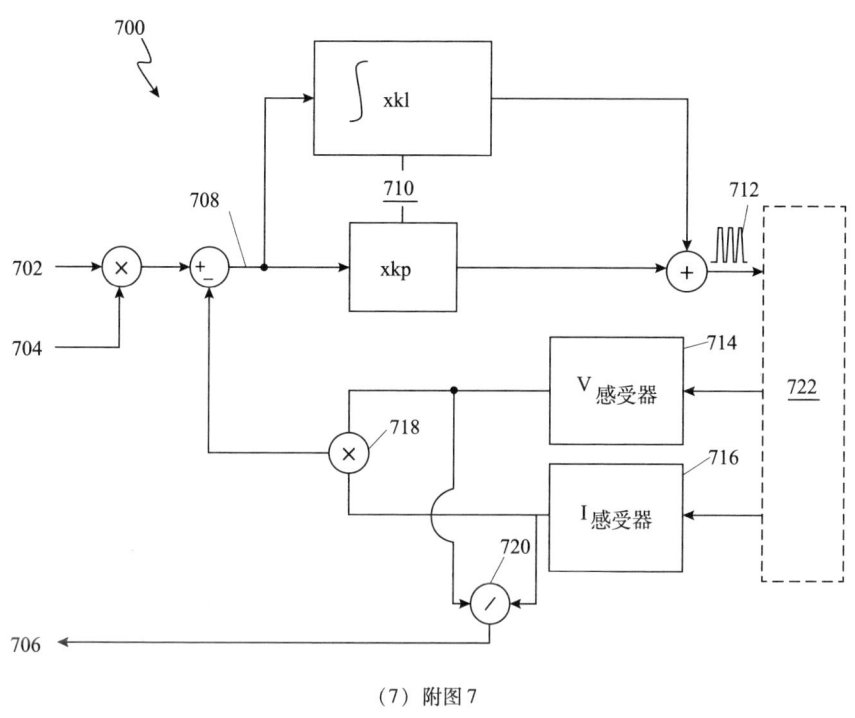

（7）附图7

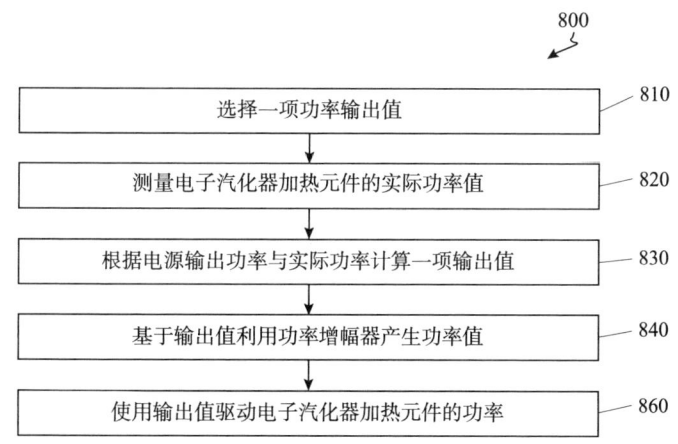

（8）附图8

图1-7-5　US8820330B2号专利附图（续）

数据来源：智慧芽（PatSnap）全球专利检索数据库（2021年3月29日）

三、处理结果

法院经审理认为，原告提出的初步禁令动议未能通过"四因素测试"中的第二个因素——可能遭受不可弥补的损害，因此，原告申请初步禁令的诉请不符合《美国法典》的相关规定，缺乏相应法律依据，且没有必要解决所有当事方的争议，故驳回其起诉。

四、案情解析

本案中，案件的争议焦点主要集中于原告是否遭受不可弥补损害以及是否应当发布初步禁令。根据《美国法典》第35章第283条规定，地区法院"可以根据公平原则，按照法院认为合理的条款，授予禁令，以防止侵犯专利权所担保的任何权利"。希望获得初步禁令的专利权人必须完成传统的"四因素测试"：第一，有可能胜诉；第二，在没有初步救济的情况下其有可能遭受不可弥补的损害；第三，考虑申请人与被申请人双方利益得失比较下，禁令救济是有正当理由的；第四，禁令的发布符合公众利益。其中，可能遭受不可弥补的损害是核心测试要素。

关于是否遭受了不可弥补损害，原告声称，如果卓尔悦公司被允许销售廉价的 Reuleaux RX 200 和"长方体"设备，D 公司将失去其在汽化器电路板市场的全部份额，原告也将相应地失去其 US8820330B2 号专利的全部许可费收入。但卓尔悦公司表示，即使侵权，原告从其专利中收取的所有费用都是 D 公司销售的合理许可费，这意味着金钱救济是足够的，原告无法证明获得禁令救济所需的不可弥补损害。

关于双方争论原告是否充分证明了不可弥补损害的可能性，原告辩称，它将遭受不可弥补的损害表现为：（1）价格下跌；（2）销售损失；（3）损害其客户信誉和关系。此外，原告担忧卓尔悦公司在美国拥有可供执行的资产很少，而向总部位于中国的卓尔悦中国和维斯曼克公司（原告尚未为其提供服务）收取损害赔偿金存在不切实际性。

卓尔悦公司对此作出了回应：首先，它声称其和原告公司根本没有直接的竞争，因为原告实际上并不销售，而是被许可人销售它的电路板，原告只是收取许可费。因此，卓尔悦公司表示，仅此一点就意味着金钱就足够弥补其损失，不可能造成不可弥补损害。与此同时，卓尔悦公司还指出，原告提供了 US8820330B2 号专利的许可证，目前正在向 D 公司许可该专利技术。其次，卓尔悦公司还坚持认为，它可以从美国的大量资产中支付任何对其不利的判决，如可将公司销售收入存入美国银行账户。最后，卓尔悦公司辩称，原告没有实际证明价格侵蚀，或者至少没有证明可归因于所称侵权的价格侵蚀，或者其财务生存能力实际上受到威胁。

最终，法院认为原告提出的初步禁令动议未能通过"四因素测试"中的第二个因素，即不可弥补损害的可能性。因此，没有必要发布初步禁令救济。

值得注意的是，在美国，寻求禁令救济的一方必须清楚地表明自己有遭受不可弥补损害的风险，这就意味着有可能造成实质性的、立即的不可弥补的损害。在确定专利权人是否已证明其可能遭受不可弥补损害时，应考虑许多因素，这些考量因素是由法院的先前判例所确立的。具体包括以下 11 个因素：

（1）价格侵蚀、持续客户关系损害、客户商誉损失和商业机会损失；

（2）市场份额损失；

（3）在特定市场中除当事方外没有其他竞争者；

（4）当事双方是否直接竞争；

（5）专利权人曾授予许可的证据以及其被告作为被许可人的追诉；

（6）双方是否都使用有争议的技术；

（7）专利技术是否是原告业务的核心；

（8）被告履行判决所需要的财力；

（9）专利权人是否遭受了直接金钱损失或更严重的损害；

（10）专利权人是否遭受了直接损失或仅仅是间接损失；

（11）专利作为赋予所有人排除权利的财产权的基本性质。

与衡平法中授予的所有禁令救济一样，不可弥补损害分析是针对具体案例的，取决于提出的证据和相关方的关系。传统的衡平法原则排除了"广义分类"或"绝对规则"的适用，这意味着禁令救济不能在"大范围案件"中发布。相反,法院应根据传统的公平原则行使其自由裁量权。

如上文所述,希望获得初步禁令的专利权人必须完成传统的"四因素测试",本案中原告提出申请初步禁令的诉讼请求,其是否遭到不可弥补损害是法院颁布禁令的关键。法院在说理中列举了诸多考虑因素,结合原被告的诉辩意见和案件具体情况,立足于衡平法要求法院依据公平原则行使自由裁量权,发布禁令救济的法律原则,地区法院分庭从上述十余个考量因素中选择与案件联系最紧密的四个法律规则分析是否存在不可弥补损害。

(一)双方的竞争地位

原告本身不生产或销售任何电路板,只是授予 D 公司相关许可,让其可以制造、销售本诉讼中争议的电路板,并向原告支付相应许可费。虽然 D 公司在俄亥俄州工厂的一些设备是由原告提供,并且原告显然支付了 D 公司员工的一些工资,原告还与 D 公司合作设计、制造、营销和销售电路板,尽管原告没有具体说明这到底意味着什么,但双方均认可原告并不实际生产或销售电路板,D 公司(尽管可能与原告相关)向原告支付许可费用,以便其自行生产或销售电路板。

法院认为,原告所称其与 D 公司之间的关系是不准确的。原告在简报中称 D 公司为"一个共同发明者拥有的姐妹公司",并说明了它在生产和分销电路板方面的作用。原告的动议声称,"Evolv 公司的销售额锐减了一半","销售收入是 Evolv 公司的命脉",这种主张最可信的解读是原告销售商品,而自从卓尔悦公司开始销售 Reuleaux RX 200 和"长方体"以来,原告销售的商品就更少了。然而,通过其他证据表明,原告描述的这些现象具有误导性。法官了解到,D 公司根据许可证制造和销售原告的电路板以及卓尔悦公司将其标记为非执业实体之后,原告仅在其电路板上标识以"要约出售"的方式实施专利。换言之,原告从未明确宣称它制造、分销或销售诉争的电路板。因此,原告实际主要依赖 D 公司的 DNA200 许可销售收入维持运作。

相比之下,卓尔悦公司"从制造商处批发购买电子烟和汽化设备,然后进行转售,主要是转售给美国的零售商,但有时直接转售给个人消费者"。它声称它不生产用于汽化装置的电路板,也不打算购买或出售用于汽化装置的电路板。原告对后一种说法提出异议,其联合创始人布兰登·沃德(Brandon Ward)提交了声明,声称原告至少有一位客户通知他卓尔悦公司已提出向该客户出售电路板。然而,存在一个确定的事实,即卓尔悦公司销售商品,而原告不销售。因此,这两家公司不直接在任何相关的市场竞争。

虽然原告认为它与卓尔悦公司存在竞争,因为它和被告都"提供销售"电路板,因为通过"要约出售"的电路板也是 US8820330B2 号专利的主要组成部分,原告通过这一方式实施该专利,但其并没有解释它如何"提供"销售实际上并不销售的电路板。原告也没有试图描述一个由提供销售商品的实体组成的连贯性市场,而无论它们是否真的销售商品。据此,法院得出结论,原告和卓尔悦公司并非直接竞争对手。

在 ActiveVideo Networks, Inc. v. Verizon Comms., Inc. 案中,美国联邦巡回法院遇到了这样一种情况,即专利权人仅通过被许可人间接地受到被控侵权行为的损害。在该案中,原告 ActiveVideo 公司已将其描述交互式电视技术的部分专利授权给 Cablevision 公司,后者拥有部分视频按需随选(ondemand) 市场。被告 Verizon 公司也参与了视频点播市场,并被指控侵犯了原告的专利。陪审团裁定原告胜诉,地方法院裁定永久禁令。它发现原告遭受了不可弥补损害,因为被告的侵权行为"毫无疑问地阻碍了 Cablevision 公司可能拥有的部分市场份额",而且"毫无疑问,当 Cablevision 公司因被告的侵权行为而遭受直接损失时,原告遭受了间接损失"。据此,地区法院推断,如果不是被告侵权,Cablevision 公司可能会抢占更大的市场份额,从而为原告带来"更多的收入和更广泛的认可"。

美国联邦巡回法院推翻了该永久禁令的批准,认为裁定该案的地方法院"显然错误地依赖 Cablevision 公司所遭受的市场份额损失",因为"被告和原告不存在竞争"。联邦巡回法院承认,每当被告从 Cablevision 公司带走一位客户时,原告都会损失一笔费用。但它认定"这样的损失肯定不是不可弥补的",因为原告无论是从 Cablevision 公司还是被告收取费用,都将得到"充分补偿"。联邦巡回法院认为,这种"直接的金钱损害"并不是不可弥补伤害，毕竟原告并没有失去市场份额，只是失去了一笔容易量化的费用。

本案也出现了类似的情况。尽管原告试图将自己描述为与卓尔悦公司处于同一市场，但受到市场份额损失威胁的只是原告的被许可方。可以肯定的是，原告受到了损失的间接伤害，但这仅仅是因为它获得的许可费较少。而根据美国联邦巡回法院在 *ActiveVideo* 案中确立的法律规则，这样的损失显然不属于不可弥补损害。

（二）价格侵蚀、销售损失和客户信誉

价格侵蚀、商誉损失、声誉损害和商业机会损失都是证实存在不可弥补损害的有效理由。原告提供的证据表明，自从推出 Reuleaux RX200 和"长方体"汽化器以来，DNA® 200 电路板的销量显著下降，至少有一位客户取消了未来的电路板订单。

双方还认同被告的设备成本低于含有 DNA® 200 电路板的产品。卓尔悦公司承认其 Reuleaux RX 200 的售价通常低于其 Reuleaux DNA 200 的售价。原告认为，如果卓尔悦公司被允许继续销售涉嫌侵权的设备，它在汽化器电路板市场上的强势地位将不复存在，也将永远失去坚实稳定的客户关系。

然而，该论点的关键是由于上述原因，没有任何一个已确认的危害直接使原告受损。它们直接落在 D 公司身上，后者实际销售电路板，间接落在原告身上，其从 D 公司销售收入中获得许可费。原告不会在不参与的市场上失去市场份额，也不能有说服力地断言，当原告从其专利中定期收取的全部是货币许可费时，为了防止不可弥补损害，有必要采取禁令救济，而不是提供未来的货币补偿。尽管原告提供的有关价格侵蚀和销售损失的证据通常有利于授予初步禁令，但法院认为，由于原告间接遭受这些损害，根据上文所述判断不可弥补损害的标准，此类证据不足以证明禁令救济。

（三）卓尔悦公司的支付能力

在考虑专利权人是否受到不可弥补损害的威胁时，被告的支付能力是一个重要考量因素。原告认为，卓尔悦公司在美国拥有"最低限度的可供执行资产",原告不太可能从任何一家中国公司那里获得赔偿。对此,卓尔悦公司则提供了一份声明,声称其在美国银行账户中拥有充足的资产。

原告担心这些资金可能会被迅速转移到中国,指出从中国籍被告处获赔"相对困难且不确定"。但这仅仅是猜测,不是证据,也不能支持发现不可弥补损害。毕竟原告的指控是它因为卓尔悦公司正在吞噬有利可图的市场份额而遭遇困境。这一论点并不完全符合原告的坚持,即卓尔悦公司的财务状况是未知的因素。

(四)许可

尽管美国联邦最高法院已经警告说"原告愿意许可其专利"并不能单独成为拒绝禁令救济的理由,但联邦巡回上诉法院在 694 F. 3d 号 *ActiveVideo* 案中提到原告"过去的专利许可、技术及其对被告作为被许可方的追诉可能会对授予禁令产生不利影响"。这种可能性真实存在,因为原告试图许可一项专利换取专利权使用费,然后转而辩称它不可能得到专利权使用费的补偿,而是需要禁令救济,这显然是前后矛盾的。

原告在这方面的许可工作并不广泛,尽管它之前与 D 公司协商过许可证,但仅通知过卓尔悦公司两次,告知其需要许可证才能制造和销售仿制电路板。在卓尔悦公司开始销售涉嫌侵权产品后,原告改变主意,拒绝尝试协商许可证。尽管如此,原告最初愿意将其专利授权给一家它知道正计划销售涉嫌侵权产品的公司,这确实让人对它目前的坚持产生一些怀疑,即只有禁令救济而不是未来的金钱赔偿才能使它免受不可弥补的损害。因此,法院的结论是,这一因素不利于发布禁令。

以上述四项标准对本案进行具体说理分析后,法院判决意见如下。毫无疑问,原告的许可费收入受到卓尔悦公司销售涉嫌侵权汽化器的不利影响,但是法院并不认为原告已经履行了它的举证责任,即证明如果没有发布初步禁令,它很可能遭受不可弥补损害:第一,原告并不直接与卓尔悦公司竞争,它之所以受到损害,仅仅是因为它的非排他性被许可方显然正在失去市场份额,因此向原告支付的许可费更少。美国联邦巡回法院对 *ActiveVideo* 案的类似情况持批评态度,认为专利权人遭受的"直接的金钱损害",如被许可人失去市场份额,不是"不可弥补损害"。第二,原告选择将专利授权给 D 公司，特别是其最初将专利授权给卓尔悦公司的事实，与其主张的无法通过金钱补偿得到救济的观点也是相冲突的。尽管原告提供了一些证据，证明卓尔悦公司的竞争价格正在改变汽化器电路板市场的动态，但原告并未直接参与该市场的竞争，因此其关于价格侵蚀和商誉损失的论点是无效的。第三，法院相信就本动议而言，卓尔悦公司拥有足够的美国资产以履行未来可能的损害赔偿裁决。综上所述，法院最终驳回原告申请初步禁令的动议。

五、镜鉴启示

（一）灵活运用"不可弥补损害测试"，化解禁令危机

不可弥补损害应该是衡量中间禁令发布的关键性要件，如果原告不会遭受不可弥补损害就没有中间禁令；如果原告所遭受的不可弥补损害可以被预防，同时又不会过于损害被告的利益，就可以发出中间禁令。❶ 此种不可弥补损害是迫在眉睫的，即损害必须是实际正在发生或者即将发生，而不能是无法确定的推测性损害。具体而言，民事纠纷中的不可弥补损害通常是指以下 4 种：

（1）经济赔偿无法救济的损害。这种损害包括金钱赔偿无法救济的情形，也包括虽可以金钱赔偿救济无法兑现的情形，还包括无法合理计算所受损失的情形等。

（2）导致申请人丧失竞争力的损害。这种损害包括导致申请人破产的损害、丧失出售核心产品和产品生产线权利的损害、丧失经营控制权的损害、丧失市场份额的损害、丧失信用或商誉的损害、陷入竞争（presence of competition）或缺乏竞争（absence of competition）而造成的损害等。

（3）导致申请人丧失健康保险的损害以及遭受某些严重的健康和医疗损害。例如，某种违禁药物对申请人能够产生更好的治疗效果，若不禁止将其列为违禁药品的规定，申请人则会遭受不可弥补损害。

---

❶ 李曼. 行为保全制度的标准构建——以美国法中间禁令制度的衡量标准为参考［J］. 烟台大学学报（哲学社会科学版），2016，29（5）：26 – 36.

（4）对环境造成的危害。环境损害基本是永久性的或者长时间持续的，且难以在短时间内修复甚至不可逆转。这一本质决定其无法通过经济赔偿而获得充分救济，因而对环境造成的危害通常被视为"不可弥补损害"。❶

在美国专利侵权诉讼中，法院判断专利权人因侵权所受损害是否"不可弥补"时，通常将当事双方的竞争地位、被告的支付能力和价格侵蚀、销售损失和客户信誉等作为主要判定标准。而"不可弥补损害"是临时禁令最核心的判断要素，故我国企业应重视"不可弥补损害测试"的运用，从根源上降低禁令发布的可能性，为自身争取合法的程序及实际利益。具体而言，我国企业在应诉中，若对方当事人请求法院发布初步禁令，则可结合对方的诉由和相关法律规则，精准地提出答辩意见，避免禁令的发布以减少诉讼成本。以当事双方竞争关系为例，目前美国的专利权人通过许可的方式从被许可人的收入中收取许可费用的现象较为常见。如果此种类型的原告提出颁发初步禁令的动议，首先，应诉企业可同本案中的卓尔悦公司一样灵活运用初步禁令相关法律规则，主张对方所遭受的损害均是以被许可人为间接损害，双方并不存在任何的直接竞争且间接损害是可以量化的，可以通过经济赔偿得到充分救济。其次，价格侵蚀、销售损失和客户信誉由于当事双方没有直接竞争关系，即使原告遭受了此种损害也是间接的，所以不构成不可弥补损害。最后，若对方认为被告企业对判决结果不具备充分的支付能力，则可通过开示企业银行账户资金、经营现金流等证据向法院证明己方拥有可信的财务能力履行侵权判决要求的损害赔偿。

（二）适时利用初步禁令制度，遏制侵权损失扩大

《美国联邦民事诉讼程序规则》第 65 条规定，临时禁令制度包含临时限制令（Temporary Restraining Order，TRO）和初步禁令（Preliminary Injunction）。在本案中原告提出动议申请的是初步禁令，则以其为重点进行分析。

初步禁令是指由法官基于避免发生不可弥补损害的目的，在开庭审查

---

❶ 毕潇潇，房绍坤. 美国法上临时禁令的适用及借鉴 [J]. 苏州大学学报（哲学社会科学版），2017，38（2）：86-95.

之前或者审查过程中，最终判决达成前发布的禁令。其效力仅限于禁令颁发时至诉讼结束时这一阶段内，作为一项行为保全制度，在美国诉讼领域具有十分重要的地位。美国的专利侵权案件中，因为关系到相关专业技术，法院通常会遇到审理难度大、期限长、及时认定难等问题，导致专利侵权案件可能要持续几个月甚至几年，出现权利人即使官司胜诉，却仍然丢失市场、利益受损的现象。初步禁令的出现，可以很好地填补这个缺陷，完善对专利权的实际保护。初步禁令具有及时制止侵权行为、有效防止不可弥补损害产生的优点。临时限制令也可转化为初步禁令，因为前者有效期限很短，在其即将丧失效力之时，申请人欲继续限制被申请人的行为，便可进一步提交初步禁令请求。

1. 初步禁令的特征

初步禁令具有强制执行、及时发布、措施有效等禁令的普遍特点，但与同属禁令之一的永久禁令相比，其也有自身的特征。

（1）初步禁令的颁发早于判决最终产生，其效力通常会延续到判决正式产生。初步禁令最早可在提起诉讼之前经原告向法院申请颁发。永久禁令则是审理结束后随判决做出，是构成判决内容的主要因素之一。但永久禁令通常不会像其字面表述一样无期限约束当事人的权利，会结合案件的具体状况附带指定的有效期限。

（2）初步禁令提供的仅是临时性救济，不能将其作为解决双方矛盾的措施。初步禁令旨在最终判决产生之前维持已有现状，限制当事人改变现状，以免造成不可弥补的损害。而永久禁令可作为解决争端的终局措施。

（3）颁发初步禁令所需的条件相当严苛。虽然初步禁令的适用在实践中普遍存在，但初步禁令充其量只能提供临时非正常救济，其目的是保护原告权利在权利确定、争议解决前免受侵害，是在其余救济手段不能充分补偿损害或者紧急情况下实施的，具有适用顺序的限制。所以，若其他方式能够充分救济原告所受损失，那么就不能采取初步禁令。

（4）初步禁令的颁布是法官行使自由裁量权的结果。由于初步禁令不是在案件最终审判结果基础上发布的，其依据仅是原告单方面出示的事实证据和法官个人角度的判断,因此法官发布初步禁令的自由裁量权空间较大。

2. 初步禁令的适用程序

(1) 听证。

根据《美国联邦民事诉讼程序规则》,听证是颁布禁令的重要程序。法院通常会提早安排听证会对初步禁令进行审查,核实双方当事人提交的证据并结合其发表的申辩意见作出决定。

听证程序中应当给予双方当事人针对自己的主张进行辩论的机会和权利。由于初步禁令是即时发布且具备强制执行力,设立听证程序可以赋予被申请人进行充分陈述、申辩和反驳的权利,从而有助于法院及时发现、纠正、撤销错误的裁决,以此保障双方当事人的合法正当权利不受伤害,限制法官行使自由裁量权的恣意性。

须举行听证的程序包括以下三个方面:

① 推定损害不可弥补的情况。无论是根据法律规定还是案件的类型,在可以适用"推定损害不可弥补"标准的情况下,应当举行听证,以便使被申请人有机会反驳损害不可弥补的推定。

② 案件的重要事实处于争议状态。如果重要事实处于争议状态,则宣誓书无法被充分信任,需要交叉质证才能够揭露真相。

③ 成文法的明确规定。如法律明确规定审查临时禁令的申请时需要听证,则应依法律规定组织听证。例如,《诺里斯—拉瓜迪亚法案》(Norris - La Guardia Act) 要求,法院必须要进行听证才可以签发有关该法规定的劳动争议的临时禁令。

(2) 听证与庭审的合并。

听证与庭审合并进行有利于减少重复审查工作,删繁就简。具体而言,法院可以根据实际情况,将诉讼案件的实体审查提前与初步禁令的听证同时举行,无须考虑听证前是否颁发了临时限制令。不管审查程序或者最终的裁定与实体诉讼审判的决定是否合并,法官颁发初步禁令所依据的证据及其核查结果都可以直接记录在侵权诉讼纠纷的实体审查材料中,不需要再对其进行重复调查工作。但法院应当告知双方当事人其将听证和庭审合并的意见。

(3) 提供担保。

《美国联邦民事诉讼规则》第 65 条第 3 款规定：除非申请人提供担保，否则不得签发临时限制令或临时禁制令。提供的担保金额应是法院认为适当的，用于支付被错误地禁止或限制的当事人可能遭受的损失或损害。

随着我国企业技术水平快速赶超国际领先企业，在走出国门迈向海外的过程中，自身专利权也可能受到国外企业的侵害。若我国企业为维权方，且竞争企业的侵权行为已使销售产品出现市场价格明显下跌、销售收入大幅减少，从而可能造成企业核心竞争力丧失、市场份额遭受严重侵蚀、商业信誉或者客户关系遭到损害等法律规定的"不可弥补损害"的情形，遏制侵权损害的紧迫性达到一定高度时，可以考虑申请初步禁令。需要注意的是，虽然初步禁令在司法实践中被广泛应用，但是美国法院并不会轻易颁发，原告须承担相应的证明责任并提供担保。故我国企业在作出是否请求法院颁布初步禁令的诉求时，应当事先参考上文提到的多个法律标准，充分衡量诉讼请求的可行性，即衡量法院采纳起诉请求与驳回诉请的概率高低，从而避免败诉，降低维权的时间和经济成本。

案例八

Ultra-Mek 公司诉江苏钰龙智能科技有限公司等侵害专利权民事纠纷案

☞入选理由：本案涉及美国司法实践中专利权利要求范围的认定以及"马克曼听证"程序的适用。通过本案，有助于企业在海外专利申请中界清权利要求以及了解"马克曼听证"程序的重要意义以及应用场景。

一、基本信息

审理法院：美国北卡罗来纳州中区地方法院。

原告：Ultra-Mek 有限责任公司。

被告：联合家具工业有限公司、OISEYS 国际有限公司、敏华控股有限公司、江苏钰龙智能科技有限公司、锐迈机械科技（吴江）有限公司、泰州晨光车业有限公司。

判决时间：2019年9月26日。

二、案情介绍

（一）基本案情

原告 Ultra-Mek 公司作为 US8016348B2、US8297693B2 号专利，涉及往复式躺椅专利的受让人和所有者，起诉被告联合家具工业有限公司、OISEYS 国际有限公司、敏华控股有限公司、江苏钰龙智能科技有限公司、锐迈机械科技有限公司、泰州晨光车业有限公司等侵犯了其专利权。US8297693B2

号专利是 US8016348B2 号专利的延续，是其技术方案的升级。原告作出的具体指控如下：第一，被告在未经原告许可的情况下，生产、销售侵犯相关专利的座椅单元；第二，尽管被告知道该专利的存在，但仍未停止侵权行为，并且某些被告公司在视频网站 YouTube 上还发布了如何使用涉案专利技术建造椅子的演示视频；第三，某些被告公司违反了先前案件中发出的永久禁令、进口和出售禁令所涵盖的躺椅，并违反了和解协议。对此，被告否认其产品侵犯了原告专利权，并对原告提起反诉：第一，请求宣告其产品不侵犯涉案专利；第二，主张涉案专利权无效。原告请求对涉案专利中的某些有争议的条款进行解释，双方提交了一份关于权利要求解释或马克曼听证会的动议。

（二）背景介绍

1. 当事人情况

（1）原告方背景概述。

Ultra－Mek 公司为各种形式的运动家具提供复杂机械机制的设计，如滑翔机、摇椅、高度调节桌和病人治疗椅等高质量和高端设计产品，并采用全工程家具机械装置，改变人们斜倚、睡眠和坐的方式，其产品主要在美国北卡罗来纳州设计与制造。❶

（2）被告方背景概述。

江苏钰龙智能科技有限公司是由"中国 500 强"敏华控股有限公司控股的一家公司，位于泰州市九龙新能源产业基地，经营范围为智能家居设计、研发，智能沙发配件、智能椅配件、智能床配件、金属工艺品、电机、电子元器件生产、销售，道路货运，自营和代理各类商品及技术的进出口。该公司主导产品为多功能沙发铁架，目前已形成自主设计、开发、生产、销售及强大的售后服务网络一条龙体系，公司年产功能铁架 800 万套并已打入国际市场，赢得了外商的赞誉。市场覆盖全球，主要销往美国、日本、马来西亚、澳大利亚、巴西、意大利、英国等地。据检索，该

---

❶ Ultra－Mek 公司概况［EB/OL］.［2021－04－09］. https://ultramek.com/.

公司在国内外均还没有进行专利布局。❶

敏华控股有限公司（Man Wah Holdings Limited）成立于1992年，集团总部位于中国香港新界沙田区，在美国、英国、中国等全球核心经济区域和城市设有多家子公司、分公司及关联公司，其主营业务涉及沙发、床垫、板式家具、家具配件产品的研发、销售等服务，是中国家具行业的领军企业，自主研发已获专利及认证的产品达200多项，国外主要目标市场为美国。其依托家居设计制造、海内外网络管道、产业品牌联盟等综合优势，构建产业价值链一体化平台，全方位打造全球智能家居服务中心，推动世界家居产业发展。据检索，该公司在国内外均还没有进行专利布局。❷

泰州晨光车业有限公司于2003年12月26日在泰州市海陵工商行政管理局登记成立，主要经营范围为自行车配件、摩托车配件、空调配件、五金加工销售以及货物进口。该公司专利总数15件。截至2021年7月14日，其15件专利均处于失效状态，通过其专利技术地理分布图得知，该企业产品主要目标市场为国内。据检索，截至2021年7月14日，该公司在国外还未进行专利布局。

锐迈机械科技（吴江）有限公司注册于2011年4月，是由港资和内资共同投资7500万元人民币成立的一家以研发、设计、生产、销售和服务为一体，专业为家居企业配套智能化精密机械、伸展装置及配套产品，并提供相关技术咨询服务的合资企业，主要经营业务包括设计、开发、生产和销售为家居企业配套的精密机械装置，从事线性驱动器、电子元器件批发及进出口业务。截至2021年7月14日，锐迈公司专利总数为259件，其中有效专利有159件，其专利法律状态图能够反映公司的现有技术能力，审查中状态的专利一般为新申请的专利，通常该占比越大反映该企业近期创新活力越高，未确认状态包含专利合作条约（PTC）申请和无数据情况（见图1-8-1）。截至2021年7月14日，锐迈公司259件专利中有159件有效专利，占比61.39%；26件处于失效状态，占比10.04%；54件处于

---

❶ 江苏钰龙智能科技有限公司概况［EB/OL］．［2021-04-09］．https：//m.tianyancha.com/company/3148710500.

❷ 敏华控股有限公司概况［EB/OL］．［2021-04-09］．http：//www.manwahholdings.com/.

审查中的状态，占比 20.85%；6 件 PCT 指定期满，占比 2.32%；4 件处于未确认状态，占比 1.54%；10 件处于 PCT 指定期内，占比 3.86%。截至 2021 年 7 月 14 日，锐迈公司的专利布局主要分布于中国、美国以及澳大利亚，在一定程度上反映了该企业产品主要目标市场为中国、美国以及澳大利亚。

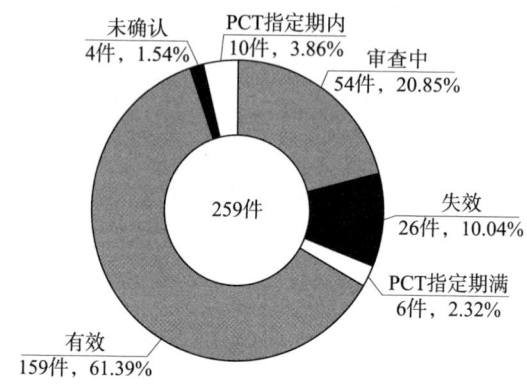

图 1-8-1　锐迈公司专利法律状态比例

数据来源：智慧芽（PatSnap）全球专利检索数据库（2021 年 7 月 14 日）

2. 诉争专利情况

诉争专利 US8016348B2 号专利及相关涉案专利的基本情况如表 1-8-1 所示。

表 1-8-1　涉案专利基本信息

专利号	专利名称	申请日	法律状态
US8016348B2	带动力执行器的往复式座椅（Reciprocating seating unit with power actuator）	2009-07-24	授权
US8297693B2	带动力执行器的往复式座椅（Reciprocating seating unit with power actuator）	2011-09-09	授权
US8113574B2	摇摆式斜躺式座椅带动力执行器（Rocking-reclining seating unit with power actuator）	2008-11-24	授权

数据来源：智慧芽（PatSnap）全球专利检索数据库（2021 年 4 月 3 日）

US8016348B2 号专利是一项关于"带动力执行器的往复式座椅"

（Reciprocating seating unit with power actuator）的专利，是申请人 Ultra - Mek 公司于 2009 年 7 月 24 日申请，并于 2011 年 9 月 13 日获得授权，该专利共有 15 项权利要求。相关权利要求及专利附图如表 1 - 8 - 2 及图 1 - 8 - 2 所示。

表 1 - 8 - 2　US8016348B2 号专利权利要求书

权利要求书（中文）	权利要求书（英文）
1. 一种座椅单元，包括：具有第一支承表面的基座单元；位于基座单元上方的大致水平设置的座椅；大体上直立的靠背，其位于基座单元上方且基本上位于座椅后方；可伸展的长椅；连接到座椅、靠背、长椅和基座单元的倾斜机制，该倾斜机制包括多个枢转互连的连杆；连接到基座单元和倾斜机制的往复运动机构，该往复运动机制被构造成使得座椅、靠背和倾斜机构能够依纵向力沿着纵向路径相对于基座单元往复运动；以及附接到倾斜机制的动力驱动单元，该驱动单元被配置为在直立位置和中间电压互感器位置之间移动座椅单元，在直立位置中，座椅通常水平设置，靠背通常垂直设置，并且长椅通常垂直设置并位于座椅下方，其中搁脚凳通常水平设置在座椅前面，靠背和座椅基本上保持与它们在直立位置时相同的关系，以及完全倾斜位置，其中靠背和座椅之间的角度变大；其中驱动单元连接到驱动机制上，该驱动机制包括：横向延伸穿过座椅单元的横向构件；固定在横梁上的第一和第二突起；其中第一突起枢转连接到驱动单元；并且其中第二突起枢转附接到倾斜机构的下摆动连杆，下摆动连杆枢转附接到倾斜机构的上摆动连杆以及往复机构的安装支架。	1. A seating unit, comprising: a base unit with a first bearing surface; a generally horizontally - disposed seat positioned above the base unit; a generally upright backrest positioned above the base unit and substantially rearward of the seat; an extendable ottoman; a reclining mechanism attached to the seat, the backrest, the ottoman and the base unit, the reclining mechanism comprising a plurality of pivotally interconnected links; a reciprocating mechanism attached to the base unit and the reclining mechanism, the reciprocating mechanism being configured to enable the seat, backrest and reclining mechanism to reciprocate relative to the base unit along a longitudinal path responsive to a longitudinally - directed force; and a power actuating unit attached to the reclining mechanism, the actuating unit configured to move the seating unit between an upright position, in which the seat is generally horizontally disposed, the backrest is generally vertically disposed, and the ottoman is generally vertically disposed and positioned below the seat, an intermediate TV position, in which the ottoman is generally horizontally disposed in front of the seat and the backrest and the seat substantially maintain the same relationship as they have in the upright position, and a fully reclined position, in which the angle between the backrest and the seat increases; wherein the actuating unit is attached to an actuating mechanism, the actuating mechanism comprising: a cross - member extending transversely across the seating unit; first and second projections fixed to the cross - member; wherein the first projection is pivotally attached to the actuating unit; and wherein the second projection is pivotally attached to a lower swing link of the reclining mechanism, the lower swing link being pivotally attached to an upper swing link of the reclining mechanism and to a mounting bracket that is attached to the reciprocating mechanism.

续表

权利要求书（中文）	权利要求书（英文）
2. 权利要求1中定义的座椅单元，其中倾斜机制包括安装脚凳的伸缩臂连杆，在完全倾斜的位置，伸缩连杆之间的枢轴形成一个轴心，锁定脚凳的位置。	2. The seating unit defined in claim 1, wherein the reclining mechanism includes a pantographic linkage on which the ottoman is mounted, and wherein in the TV and fully reclined positions, pivots between links of the pantographic linkage form a near – center arrangement that locks the ottoman in position.
3. 权利要求1中定义的座椅单元，还包括一个锁定机制，允许座位单元在直立位置进行前后转动，但防止完全倾斜时座椅单元的前后转动。	3. The seating unit defined in claim 1, further comprising a locking mechanism that allows the seating unit to reciprocate while in the upright position but prevents reciprocating of the seating unit while in the TV and fully reclined positions.
4. 权利要求1中定义的座椅单元，座位从直立位置上升到完全倾斜的位置。	4. The seating unit defined in claim 1, wherein the seat rises in moving from the TV position to the fully reclined position.
5. 权利要求1中定义的座椅单元，其中倾斜机制包括相对于靠背固定的后柱、相对于回转机制固定的安装支架和关联到后靠背的座椅适配器，以及相对于座椅固定并连接至靠背的座椅适配器。	5. The seating unit defined in claim 1, wherein the reclining mechanism includes a backpost that is fixed relative to the backrest, a mounting bracket that is fixed relative to the reciprocating mechanism and pivotally attached to the backpost, and a seat adapter that is fixed relative to the seat and pivotally attached to the backpost.
6. 权利要求1中定义的座椅单元，其中前后转动机制是滑动机制。	6. The seating unit defined in claim 1, wherein the reciprocating mechanism is a gliding mechanism.
7. 权利要求1中定义的座椅单元，其中电源驱动单元包括对立的第一端和第二端，其中电源驱动单元的第一端在座椅单元从直立位置移动到水平位置时向前移动，其中电源驱动单元的第二端在座椅单元从水平位置移动到完全倾斜位置时向后移动。	7. The seating unit defined in claim 1, wherein the power actuating unit includes opposed first and second ends, and wherein the first end of the power actuating unit moves forwardly as the seating unit moves from the upright position to the TV position, and wherein the second end of the power actuating unit moves rearwardly when the seating unit moves from the TV position to the fully reclined position.

续表

权利要求书（中文）	权利要求书（英文）
8. 权利要求 7 中定义的座椅单元，其中上摆动链接与靠背连接。	8. The seating unit defined in claim 7, wherein the upper swing link is pivotally attached with the backrest.
9. 权利要求 7 中定义的座椅单元，其中动力驱动单元在第一端和第二端包括电机和延展机制。	9. The seating unit defined in claim 7, wherein the power actuating unit includes a motor and an extendable member at the first and second ends.
10. 权利要求 9 中定义的座椅单元，其中下摆动连杆是倾斜的，其中连接到上摆动连杆的下摆动连杆的枢轴通常与驱动单元的延展单元在座椅单元位于直立和水平位置时的枢轴平行。	10. The seating unit defined in claim 9, wherein the lower swing link is angled, and wherein a segment of the lower swing link attached to the upper swing link is generally parallel to an axis defined by the extendable member of the actuating unit when the seating unit is in the upright and TV positions.
11. 权利要求 10 中定义的座椅单元，其中第二个突起和下摆动连杆第一个枢轴以及下摆动连杆和上摆动连杆第二个枢轴在座椅单元位于直立和水平位置时，位于驱动单元延展构件的轴下方。	11. The seating unit defined in claim 10, wherein a first pivot defined by the second projection and the lower swing link and a second pivot defined by the lower swing link and the upper swing link are below the axis defined by the extendable member of the actuating unit when the seating unit is in the upright and TV positions.
12. 权利要求 11 中定义的座椅单元，其中下摆动连杆附接到第三个枢轴的安装支架上，其中在直立位置时，第一个、第二个和第三个枢轴为第一角度，在完全倾斜位置中，第一个、第二个和第三个枢轴比第一角度更大。	12. The seating unit defined in claim 11, wherein the lower swing link is attached to the mounting bracket at a third pivot, and wherein in the upright and TV positions, the first, second and third pivots define a first angle, and in the fully reclined position, the first, second and third pivots define a second angle that is larger than the first angle.

续表

权利要求书（中文）	权利要求书（英文）
13. 前后转动和倾斜座椅单元，包括：具有第一轴承表面的基座单元：位于基座上方的一般水平处置座椅；一般直立靠背，位于基座上方，座椅向后大幅后部；可扩展的脚凳；连接到座椅、靠背、脚凳和基座的倾斜机制，由多个关键相互关联的连接组成的倾斜机制；与基层单位和倾斜机制相连接的前后转动机制，配置前后转动机制，使座椅、靠背和倾斜机制能够沿纵向路径与纵向定向力响应的基座单元进行前后转动；以及连接到倾斜机制的电源线性驱动单元、包括电机和可伸延杆的驱动装置，并配置为在直立位置之间移动座椅单元，其中座椅通常是水平位置的处置，靠椅一般垂直放置，脚凳一般垂直处置，并放置在座椅下方，其中脚凳一般水平放置在座椅前部，与靠背和座椅基本上保持相同的关系，因为它们在直立位置和完全倾斜的位置，其中靠背和座椅之间的角度增加；执行单元与驱动机制相连，驱动机制包括：延伸构件横向延伸至座位单元；固定在延伸构件的第一和第二个突起；其中第一个突起与执行单元的枢轴连接；其中第二个突起与倾斜机制的下摆动连杆紧密相连，下摆动连杆枢轴附着至倾斜机制的上摆动连杆和转动机制的安装支架上；其中驱动单元包括对立的第一端和第二端，其中驱动单元的第一端在座椅单元从直立位置移动到水平位置时向前移动，当座椅单元从水平位置移动到完全倾斜位置时，驱动单元的第二端向后移动。	13. A reciprocating and reclining seating unit, comprising: a base unit with a first bearing surface; a generally horizontally-disposed seat positioned above the base unit; a generally upright backrest positioned above the base unit and substantially rearward of the seat; an extendable ottoman; a reclining mechanism attached to the seat, the backrest, the ottoman and the base unit, the reclining mechanism comprising a plurality of pivotally interconnected links; a reciprocating mechanism attached to the base unit and the reclining mechanism, the reciprocating mechanism being configured to enable the seat, backrest and reclining mechanism to reciprocate relative to the base unit along a longitudinal path responsive to a longitudinally-directed force; and a power linear actuating unit attached to the reclining mechanism, the actuating unit including a motor and an extendable rod and configured to move the seating unit between (a) an upright position, in which the seat is generally horizontally disposed, the backrest is generally vertically disposed, and the ottoman are is generally vertically disposed and positioned below the seat, (b) an intermediate TV position, in which the ottoman is generally horizontally disposed in front of the seat and the backrest and the seat substantially maintain the same relationship as they have in the upright position, and (c) a fully reclined position, in which the angle between the backrest and the seat increases; wherein the actuating unit is attached to an actuating mechanism, the actuating mechanism comprising: a cross-member extending transversely across the seating unit; first and second projections fixed to the cross-member; wherein the first projection is pivotally attached to the actuating unit; and wherein the second projection is pivotally attached to a lower swing link of the reclining mechanism, the lower swing link being pivotally attached to an upper swing link of the reclining mechanism and to a mounting bracket that is attached to the reciprocating mechanism; and wherein the actuating unit includes opposed first and second ends, and wherein the first end of the actuating unit moves forwardly as the seating unit moves from the upright position to the TV position, and wherein the second end of the actuating unit moves rearwardly when the seating unit moves from the TV position to the fully reclined position.

续表

权利要求书（中文）	权利要求书（英文）
14. 权利要求 13 中定义的座椅单元，其中第一个枢轴由第二个突起和下摆动连杆构成，第二个枢轴由下摆动连杆构成，上摆动连杆在座椅单元位于直立和水平位置时，位于驱动单元可伸长构件的轴下方。	14. The seating unit defined in claim 13, wherein a first pivot defined by the second projection and the lower swing link and a second pivot defined by the lower swing link and the upper swing link are below an axis defined by the extendable rod of the actuating unit when the seating unit is in the upright and TV positions.
15. 权利要求 14 中定义的座椅单元，在直立和电压互感器位置时，下摆动连杆附接至第三个枢轴的安装支架上，其中在直立和电压互感器位置，第一、第二和第三个枢轴为一个角度，在完全倾斜位置时，第一个、第二个和第三个枢轴比第一个角度更大。	15. The seating unit defined in claim 14, wherein in the upright and TV positions, the lower swing link is attached to the mounting bracket at a third pivot, and wherein in the upright and TV positions, the first, second and third pivots define a first angle, and in the fully reclined position, the first, second and third pivots define a second angle that is larger than the first angle.

数据来源：智慧芽（PatSnap）全球专利检索数据库（2021年4月3日）

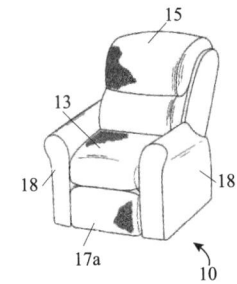

（1）附图1

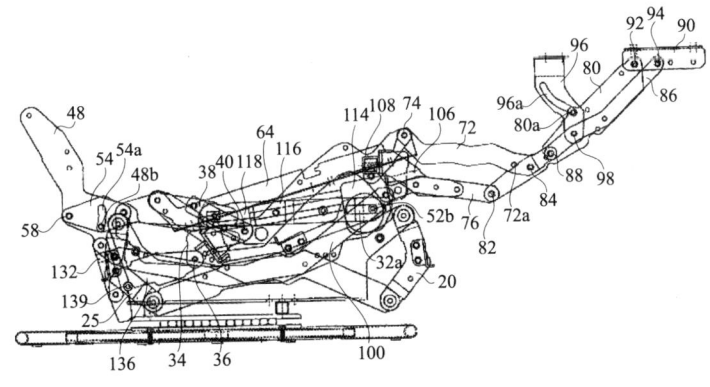

（2）附图2

图1-8-2　US8016348B2号专利附图

数据来源：智慧芽（PatSnap）全球专利检索数据库（2021年4月3日）

US8297693B2 号专利是一项关于"带动力执行器的往复式座椅"（Reciprocating seating unit with power actuator）的专利，是申请人 Ultra-Mek 公司于 2011 年 9 月 9 日申请，并于 2012 年 10 月 30 日获得授权的。该专利相关权利要求及专利附图如表 1-8-3 及图 1-8-3 所示。

表 1-8-3　US8297693B2 号专利权利要求书

权利要求书（中文）	权利要求书（英文）
1. 一种座椅单元，包括：具有第一承重表面的基座单元；位于基座单元上方的大致水平设置的座椅；大体上直立的靠背，其位于基座单元上方且基本上位于座椅后方；可伸展的长椅；连接到座椅、靠背、长椅和基座单元的倾斜机构，该倾斜机构包括多个枢轴互连的连杆；连接到基座单元和倾斜机构的往复运动机构，该往复运动机构被构造成使得座椅、靠背和倾斜机构能够依靠纵向力沿着纵向路径相对于基座单元往复运动；以及附接到倾斜机构的线性致动单元，该线性驱动单元被配置为在直立位置和中间电压互感器位置之间移动座椅单元，在直立位置，座椅通常水平设置，靠背通常垂直设置，并且长椅通常垂直设置并位于座椅下方，其中垫脚凳通常水平设置在座椅的前面，靠背和座椅基本上保持与它们在直立位置时相同的关系，以及完全倾斜位置，其中靠背和座椅之间的角度增加；其中线性驱动单元包括相对的第一端和第二端，并且其中当座椅单元从直立位置移动到电压互感器位置时，线性驱动单元的第一端向前移动，并且其中当座椅单元从电压互感器位置移动到完全倾斜位置时，线性驱动单元的第二端向后移动。	1. A seating unit, comprising: a base unit with a first bearing surface; a generally horizontally-disposed seat positioned above the base unit; a generally upright backrest positioned above the base unit and substantially rearward of the seat; an extendable ottoman; a reclining mechanism attached to the seat, the backrest, the ottoman and the base unit, the reclining mechanism comprising a plurality of pivotally interconnected links; reciprocating mechanism attached to the base unit and the reclining mechanism, the reciprocating mechanism being configured to enable the seat, backrest and reclining mechanism to reciprocate relative to the base unit along a longitudinal path responsive to a longitudinally-directed force; and a linear actuating unit attached to the reclining mechanism, the linear actuating unit configured to move the seating unit between an upright position, in which the seat is generally horizontally disposed, the backrest is generally vertically disposed, and the ottoman is generally vertically disposed and positioned below the seat, an intermediate TV position, in which the ottoman is generally horizontally disposed in front of the seat and the backrest and the seat substantially maintain the same relationship as they have in the upright position, and a fully reclined position, in which the angle between the backrest and the seat increases; wherein the linear actuating unit includes opposed first and second ends, and wherein the first end of the linear actuating unit moves forwardly as the seating unit moves from the upright position to the TV position, and wherein the second end of the linear actuating unit moves rearwardly when the seating unit moves from the TV position to the fully reclined position.

数据来源：智慧芽（PatSnap）全球专利检索数据库（2021 年 4 月 3 日）

第一部分 专利侵权案件

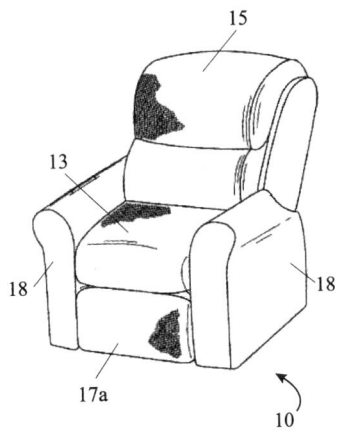

（1）附图1

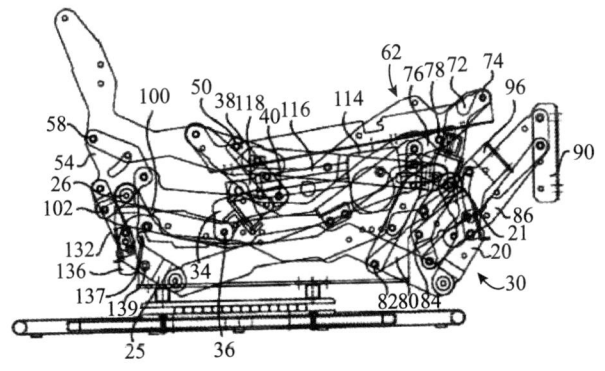

（2）附图2

图1-8-3 US8297693B2号专利附图

数据来源：智慧芽（PatSnap）全球专利检索数据库（2021年4月3日）

US8113574B2号专利是一项关于"摇摆式斜躺式座椅带动力执行器"（Rocking-reclining seating unit with power actuator）的专利，是申请人布莱顿贝斯特国际公司于2008年11月24日申请，并于2012年2月14日获得授权。该专利相关权利要求及专利附图如表1-8-4及图1-8-4所示。

143

表1-8-4　US8113574B2号专利权利要求书

权利要求书（中文）	权利要求书（英文）
1. 一种摇摆和倾斜座椅单元，包括：具有第一承重表面的基座单元；位于基座上方的大致水平设置的座椅；大体竖直的靠背，其位于底座上方且基本在座椅后方；可伸展的长椅；连接到座椅、靠背、长椅和基座单元的倾斜机构，该倾斜机构包括多个枢轴互连的连杆；与基座单元和倾斜机构连接的摇杆机构，该摇杆机构被配置为使得座椅、靠背和倾斜机构能够相对于基座单元纵向摇摆运动；以及附接到倾斜机构的动力驱动单元，该驱动单元被配置为在直立位置和中间电压互感器位置之间移动椅子，在直立位置，座椅通常水平设置，靠背通常垂直设置，并且垫脚凳通常垂直设置并位于座椅下方，其中垫脚凳通常水平设置在座椅的前面，靠背和座椅基本上保持与它们在直立位置时相同的关系，以及完全倾斜位置，其中靠背和座椅之间的角度加大；其中所述倾斜机构包括相对于所述摇杆机构固定的安装支架、与所述安装支架枢轴地连接的下摆动连杆，以及与所述下摆动连杆和靠背枢转连接的上摆动连杆，并且其中所述动力驱动单元的后端与所述上摆动连杆连接。	1. A rocking and reclining seating unit, comprising: a base unit with a first bearing surface; a generally horizontally–disposed seat positioned above the base; a generally upright backrest positioned above the base and substantially rearward of the seat; an extendable ottoman; a reclining mechanism attached to the seat, the backrest, the ottoman and the base unit, the reclining mechanism comprising a plurality of pivotally interconnected links; a rocker mechanism attached with the base unit and the reclining mechanism, the rocker mechanism configured to enable the seat, backrest and reclining mechanism to experience a longitudinally–directed rocking motion relative to the base unit; and a power actuating unit attached to the reclining mechanism, the actuating unit configured to move the chair between an upright position, in which the seat is generally horizontally disposed, the backrest is generally vertically disposed, and the ottoman are generally vertically disposed and positioned below the seat, an intermediate TV position, in which the ottoman is generally horizontally disposed in front of the seat and the backrest and the seat substantially maintain the same relationship as they have in the upright position, and a fully reclined position, in which the angle between the backrest and the seat increases; wherein the reclining mechanism includes a mounting bracket fixed relative to the rocker mechanism, a lower swing link pivotally attached with the mounting bracket, and an upper swing link pivotally attached with the lower swing link and with the backrest, and wherein a rear end of the power actuating unit is attached with the upper swing link.

数据来源：智慧芽（PatSnap）全球专利检索数据库（2021年4月3日）。

第一部分 专利侵权案件

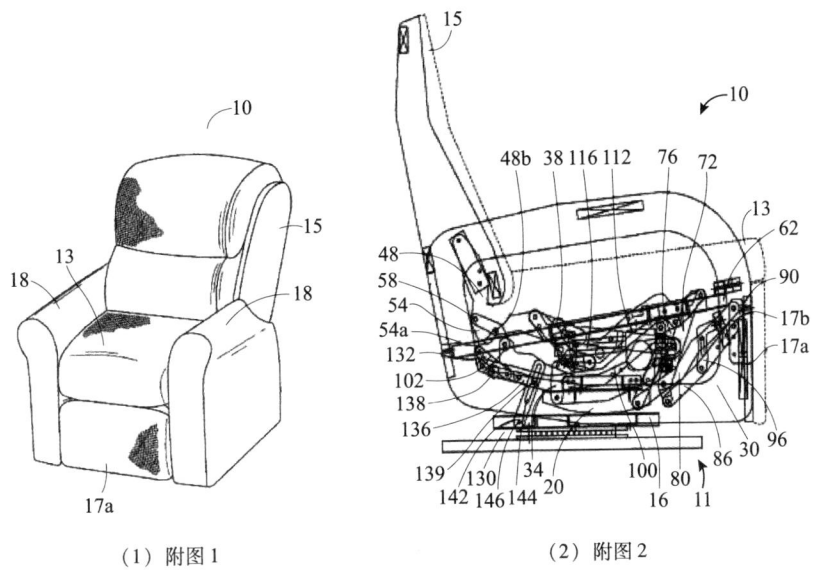

（1）附图1　　　　　　（2）附图2

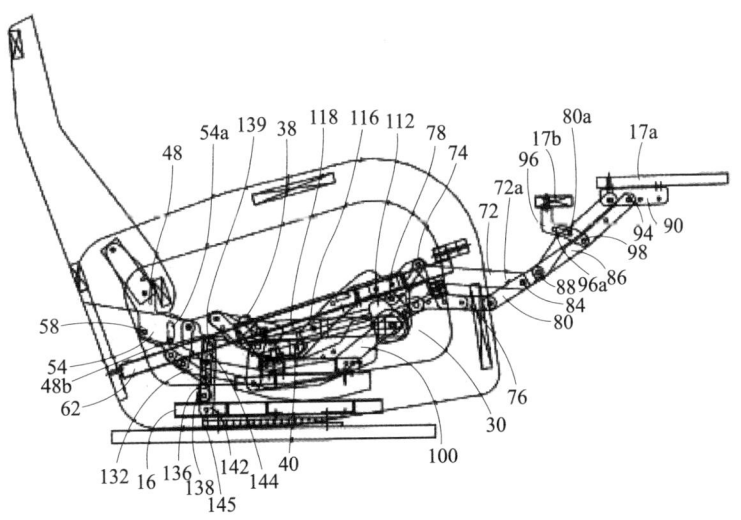

（3）附图3

图1-8-4　US8113574B2号专利附图

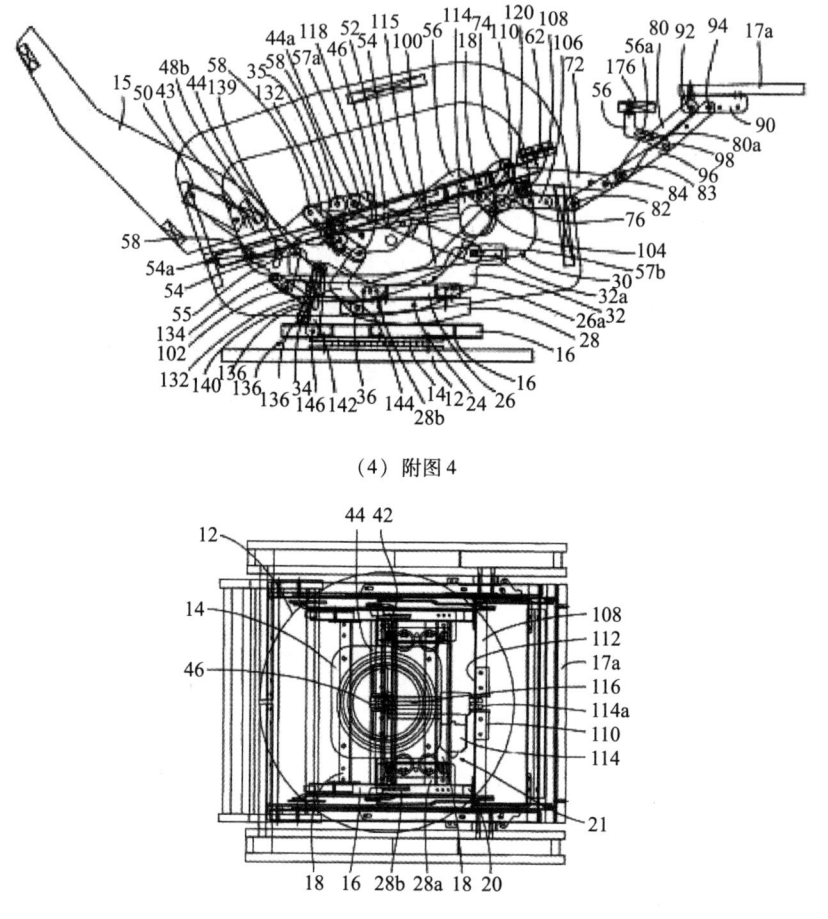

（4）附图4

（5）附图5

图1-8-4　US8113574B2号专利附图（续）

数据来源：智慧芽（PatSnap）全球专利检索数据库（2021年4月3日）

三、处理结果

2019年9月26日，受理法院经过双方当事人的听证，作出如下裁定：在考虑律师的论点和双方权利要求解释摘要后，法院解释了"锁定机制""前后转动机制""靠背和座椅基本上保持与直立位置相同的关系""纵向路径"等四条有争议的权利要求条款，驳回当事人要求就权利要求解释进行进一步听证的联合动议。2021年3月30日,针对当事人双方提出的有关权利要求、专利许可费和责任承担等即决审判的动议,法院裁定予以驳回。

四、案情解析

根据以上案情,本案争议焦点在于美国法院在专利侵权案件中,采取何种方法确定功能性限定技术特征保护范围以及采取何种规则解释专利权利要求。具体为,被诉侵权产品的"锁定机制"这一技术特征是否为功能性限定技术特征;"锁定机制""往复运动""前后转动""前后转动机制""靠背和座椅基本上保持与直立位置相同的关系""纵向路径""纵向定向"和"纵向定向力"等专业术语应采用何种规则解释,涉及权利要求解释的问题。

(一)"锁定机制"是否可以解释为功能性限定特征术语

本案涉及美国法院在专利侵权案件中,采取何种方法确定功能性限定技术特征保护范围问题。一般而言,专利的权利要求书应以表示结构或方法的语言来对技术特征进行限定,但有些技术特征是不适宜甚至难以用表示结构或方法的语言来进行描述,只能采用其在发明创造中所起的作用、功能或者产生的效果来进行限定,被称为功能性限定技术特征。

在对"锁定机制"进行解释时,原告辩称,这一术语应具有"有助于维持或阻止移动的机制"的明确含义。因为术语"锁定机制"意味全部结构,并且对于本领域的普通技术人员来说是确定的,所以应当根据其一般和惯用的含义来解释,而不应当被视为功能性技术限定术语。对此,被告辩称"锁定机制"是一个功能性限定术语,根据《美国法典》的相关规定,专利权人在组合的权利要求中可以使用功能性限定技术特征,其保护范围被限制为"说明书中描述的相应具体结构、材料或操作及其等同物"。

对于法院而言,首先,其必须决定"锁定机制"是否可以根据功能性限定条款正确解释为功能性限定术语。其次,决定"锁定机制"一词应根据功能性限定条款解释后,下一步是确定"说明书或专利起诉历史是否清楚地将该结构与权利要求书中叙述的功能联系或关联起来",从而使其对应。本案中,"锁定机制"在权利要求书中仅以功能性术语进行描述。同时,说明书并未对术语"锁定机制"包括任何结构限制,并且原告提供的定义不足以确定任何一种结构,不能使权利要求条款超出功能性限定条款的范围。因此,法院采纳了被告人的建议意见,将"锁定机制"解释为:"驱动"连杆(从枢轴向下和稍微向前倾斜的直连杆,并与枢轴处钩形锁紧连杆向下延伸的突出部分枢接连接)和锁紧连杆及其等效物,其实现了允许座椅单元在直立位置时往复运动,但防止座椅单元在电压互感器和完全倾斜位置时往复运动的功能。

在专利侵权诉讼中,经常涉及被诉侵权产品或方法是否落入某专利权保护范围的问题。本案表明,如果该专利的权利要求被主张为含有功能性限定特征,则美国法院一般会按照"判断某技术特征是否为功能性限定特征、确定功能性限定特征的保护范围、判断被诉产品或方法是否侵犯专利权"的步骤解决上述问题。判断一个技术特征是否为功能性限定特征,美国法院一般适用"两步预设法"或上文所述"三步分析法"来判断一个技术特征是否为功能性限定特征。如果根据"两步预设法"判定一个技术特征明确使用了"装置"或"步骤"的术语并含有功能性语言,那么该技术特征被预设为属于功能性限定特征;功能性限定特征的保护范围应严格解释为涵盖申请人所指定的对应物及其等同物,同时应严格解释为涵盖申请人所指定的对应物及其等同物;在确定功能性限定特征的保护范围后,美国法院将适用一般的专利侵权判断规则(包括全部技术特征原则、等同原则等)来判断被诉产品或方法是否侵犯专利权。如果被诉产品或方法中与功能性限定特征之对应物及其等同物"等同"的结构是在专利授权日以后出现的,则法院可以对该功能性限定特征适用等同原则进行分析。

(二)对于"锁定机制""往复运动""前后转动""前后转动机制""靠背和座椅基本上保持与直立位置相同的关系""纵向路径""纵向定向"和"纵向定向力"的解释

在本案中,对被诉侵权产品有关"锁定机制""往复运动""前后转动""前后转动机制""靠背和座椅基本上保持与直立位置相同的关系""纵向路径""纵向定向"和"纵向定向力"等涉及权利要求解释的问题,法院均是先从专利说明书、附图这些内部证据进行仔细的分析审查,从而对相关权利要求作出科学合理的解释，遵循了权利要求解释的"先内后外"规则。

在对"往复运动""前后转动""前后转动机制"进行解释时，法院认为，其有责任根据说明书的相应部分来阅读权利要求，但说明书必须规定结构限制，以便将争议排除在功能性限定条款之外，范围比权利要求术语窄的说明书描述不足以赋予权利要求术语明确的结构限制。从说明书和专利上诉历史的角度来看，专利的权利要求应明确地告知本领域技术人员本发明的范围。当结合说明书和专利起诉历史来阅读权利要求时，必须为本领域技术人员提供客观的界限。因此，法院认为，要对说明书本身进行仔细的初步阅读，以辨别任何公开的解释。原告提供的外部证据不能证明本领域技术人员的广泛知识，并且其提供的词典定义同样过于笼统，无法赋予权利要求术语结构。

"靠背和座椅基本保持与直立位置相同的关系"这一术语出现在US8016348B2号专利以及US8297693B2号专利的权利要求中。该短语描述了座椅单元的"中间位置"，双方对该权利要求是否可以根据其通常含义进行解释存在争议，但这两种相对立的解释仅有微小的不同。法院认为，当面临未明确定义的程度术语时，法院必须辨别该术语是否"根据说明书和专利起诉历史，合理确定地告知本领域技术人员本发明的范围"。法院应根据说明书中包含的指导来解释该术语，正如本领域技术人员将对其进行解释一样。否则，该术语因不确定性而无效。美国联邦巡回法院的判例法规定，当权利要求本身使用了一个程度术语，但没有限制该术语时，法院必须考虑"内在证据是否为权利要求的范围提供了指导，特别是例子"。法院认为本领域的普通技术人员会利用座椅和靠背之间的角度来判断二者是否"基本上保持相同"的关系。例如，"内在证据中的指导允许本领域普通技术人员将潜在侵权产品与说明书中的示例进行比较，以确定冲突是否实质存在"。

在对"纵向路径""纵向定向"和"纵向定向力"进行解释时，原告主张"纵向"是指任何"从前到后的移动"，而被告则倾向于只包括"与地面平行移动"的解释。法院采用原告对"纵向"术语的首选解释，并将这些术语解释为通常是指"前后移动",而不是平行于地面的移动。首先,法院简要解释其对这些权利要求条款的分析,权利要求书的解释分析从争议条款在权利要求书中使用的方式开始。其次,法院下一步的工作是查看说明书和任何其他内在证据来解释该术语,说明书明确地将"沿纵向路径的运动"与"摇摆装置"联系起来,被告排除任何摇动实施例的解释不被采用,并且,法院认为被告依赖US8016348B2号和US8297693B2号专利中其他权利要求的语言是不恰当的,因为被告试图将此外部证据的重要性提升而不是说明书或其他内在证据。再次,法院认为,原告认为有争议的术语应以说明书中规定的实施例的方式进行解释,而不是通过推测。最后,法院认为被告引用外部证据来支持其倾向的"纵向"解释是不恰当的,当内在证据提供了明确的答案时,使用外在证据来改变权利要求术语的含义是不恰当的。

  由此可知,美国法院在专利诉讼中通常采用"先内后外"规则解释专利权利要求。所谓"先内",是指在确定专利权利范围时先采取内部证据,包括专利的说明书、附图及专利审查历史。所谓"后外",是指在内部证据不足以界定专利权利边界时,可以参考外部证据,如词典、百科全书、技术类书籍、专家证言等。外部证据的证明效力低于内部证据。在专利说明书对权利要求的用语无特别界定时,一般应根据本领域普通技术人员理解的通常含义进行解释,不能简单地将该用语的含义限缩为说明书给出的某一具体实施方式体现的内容。美国对于权利要求的理解基于专利权利要求中文字的一般的和惯用的含义,而在权利要求之中,文字的一般和惯用的含义则是根据专利申请相关领域的普通技术人员在提交专利申请时对其的理解来确定。权利要求的术语必须放在本专利的语境中进行解释,因为字典里对某个术语的定义,通常是多义的、抽象的,而此术语在本专利的语境中会发生一些变化,其含义更加明确、具体。此外,专利权人在专利说明书中也完全可以创造一个字典里没有的术语,或者对某个术语赋予不同于字典定义的其他含义,其含义可以比字典定义更宽,也可以更窄。正因如此,在美国,专利权人亦被称为是自己专利的"词典编撰者"。

五、镜鉴启示

(一) 明晰功能性限定技术特征的功能实现具体方式

本案中涉及《美国法典》中有关权利要求解释的功能性限定条款。所谓功能性限定技术特征是指在专利的权利要求中不是采用结构性特征或者方法步骤特征来限定发明或实用新型,而是采用零部件或者步骤在发明或者实用新型中所起的作用、功能或者所产生的效果来限定发明或实用新型。专利保护范围是以其权利要求内容为准,说明书与附图只能起到解释权利要求的作用,而对于采用功能性限定技术特征的权利要求,为避免解释的范围过大,不能按照功能的字面含义解释涵盖实现该功能的所有方式,而是应当受专利说明书中记载的实现该功能的具体方式加以限制。因此,我国企业在海外目标市场进行专利数量布局和规模布局时,如有必要使用"功能性限定+件/部/机构"的特征描述方式,需要对这种功能性特征进行辨别,判断其是否在本领域已经形成特定的含义,若没有明确含义,则应当在具体实施方式部分进行更充分的扩展举例,以形成完整的保护范围。

(二) 利用"马克曼听证"程序让法院采纳对己方有利的权利要求解释

专利侵权案件中,专利权利要求的解释对侵权判定,具有重要意义和作用。本案中,被告企业通过向法院提交适用"马克曼听证"的动议,最终让法院采纳了有利于己方权利要求解释的做法值得我国其他企业借鉴和参考。"马克曼听证"(Markman Hearing,又称 Claim Construction,即权利要求书的解释)程序,由 1996 年马克曼(Markman)诉威斯幽仪器公司(Westview)侵犯其"干洗衣物贮存及追踪控制装置"一案所确立,是美国法院根据相关证据对权利要求的解释问题直接作出裁决的一项程序制度。"马克曼听证"程序的裁决不仅具有预示相关案件判决结果的意义,而且该程序具有缩短诉讼周期,节省当事人诉讼成本的作用。适用"马克曼听证"程序,法院无须将权利要求解释问题当作事实问题交由陪审团决定,而可以依据相关证据对当事人诉争专利权利要求解释的请求直接进行裁决，获得有利裁决的一方可据此向法院提出即决审判的动议，将能快速终结诉讼程序。需要注意的是，"马克曼听证"程序并非诉讼的必经程序，其启动需要由当事人提起动议，并经法院进行裁定决定。现今，"马克曼听证"程序不仅在普通专利诉讼民事案件，在"337调查"案件中也有着广泛的应用，对于相关案件的应诉具有非常重要的作用。因此，我国"走出去"企业在美国相关案件的应诉中，应加强对该程序的有效利用，实现化被动为主动，为己方赢得优势。

案例九

美国 Codexis 公司诉苏州汉酶公司等侵害专利权民事纠纷系列案

☞ **入选理由**：本案涉及美国法律中的证据动议制度、民事藐视法庭的判断标准以及加利福尼亚州法律中欺诈性转让索赔、故意干涉合同关系和未来经济关系的构成要件等内容。通过本案，有助于企业善用证据动议程序，排除不利证据；了解和解协议在专利侵权纠纷解决中的作用；增强法治意识，严格遵守和执行生效法庭裁判。

一、基本信息

审理法院：美国加利福尼亚州北部地区地方法院、美国联邦巡回上诉法院（上诉）。

原告：美国克迪克斯（Codexis）有限责任公司。

被告：苏州汉酶生物技术有限公司、美国 EnzymeWorks 有限公司、陶某某（个人）。

判决时间：2016年8月11日、2017年9月25日、2017年12月4日、2018年3月29日、2019年2月8日（上诉）。

二、案情介绍

（一）基本案情

2004年，本案原告美国克迪克斯有限责任公司（以下简称"克迪克斯公司")与一家本案未披露的全球制药公司就生物催化领域的技术研发建立了合作关系。本案被告之一的陶某某在这家未披露的制药公司工作，1998～2006年担任研发组长。在药物研发合作的过程中，克迪克斯公司与这家全球制药公司（包括陶某某）分享了专有技术、新型工程酶、专有质粒以及其他信息和材料，如果没有与克迪克斯公司的合作，这家全球制药公司的任何人都无法获得这些信息和材料。在两家公司的合作期间，陶某某离开了这家全球制药公司。据克迪克斯公司称，陶某某被解雇时，他将"克迪克斯公司的专有信息，包括有关克迪克斯酶或其相应DNA和氨基酸序列的信息，以及有关克迪克斯蛋白质工程和制造工艺的详细信息"留给了这家全球制药公司。

陶某某于2010年创立EnzymeWorks公司（以下称"被告公司"）。该公司生产和销售酶，包括克迪克斯公司所销售的酶。克迪克斯公司声称被告公司"故意复制克迪克斯公司的酶，盗用克迪克斯公司的商业秘密，误导客户认为他们复制的产品和技术是他们自己的，所有这些都是进入克迪克斯公司创造的充满希望新市场的捷径"。为了实现这一目标，陶某某聘请了至少两位前克迪克斯公司科学家谢某某和陈某。据称，这些科学家之所以被聘用，是因为他们能够接触并熟悉克迪克斯公司的商业机密和专有信息。据克迪克斯公司声称，被告公司向克迪克斯公司的客户销售"仿冒"酶产品，与克迪克斯公司进行直接和不正当竞争。

原告诉状提供了两个代表被告公司"公然抄袭、侵权和其他非法商业行为"的例子：酮还原酶和转氨酶试剂盒。这些试剂盒包括克迪克斯公司专有酶的"精确、100%分子模仿"以及克迪克斯公司关于试剂盒用途和使用指南的"几乎一字不差"模仿。除了专有材料，克迪克斯公司还指出，陶某某和被告公司窃取了其商业机密质粒信息或生物材料。

本案进行了五次庭审，案件的审理主要分为以下五个阶段。

第一阶段：克迪克斯公司在第一次法院庭审上提交的诉状包含多种对被告的指控。前10项指控，即第1～10项指控，集中于涉嫌专利侵权。第11项指控根据《加利福尼亚州统一商业秘密法》（California Uniform Trade Secret Act，CUTSA）盗用商业秘密。其余15项索赔涉及州法律诉讼请求，包括：违约，故意干涉合同关系，故意干涉未来经济关系，违反《加利福尼亚州商业职业法典》（California Business & Profession Code，UCL）的索赔，普通法不正当竞争。被告要求法院驳回所有州法律的诉讼请求。

第二阶段：原告克迪克斯公司发现被告陶某某通过放弃债权的方式将房地产转让给了他的儿子。原告认为陶某某的公司 EnzymeWorks, Inc.（美国）和苏州汉酶生物技术有限公司已侵犯克迪克斯公司的 10 项专利，法院将仅对被告的专利权侵权行为作出判决，而商业秘密、不正当竞争和基于合同的索赔仍未得到解决。故克迪克斯公司根据违反《加利福尼亚州统一可撤销转让法》和普通法欺诈转让的规定，在第二次庭审中请求法院许可修改其诉讼请求，增加对陶某某及其儿子索赔。被告反对这项请求，认为这是一种恶意获取其个人财务文件的行为。

第三阶段：案件审理期间，原被告双方提交了数项请求，法院决定于 2017 年 11 月 29 日举行第三次庭审，将这些请求合并进行统一审理。上述请求主要有：被告要求推翻 Strem 公司的证词和给予原告制裁；被告要求驳回原告第 17 项和第 18 项索赔；被告向专家披露机密信息；克迪克斯公司向专家披露机密信息。

第四阶段：2018 年 2 月 5 日，当事人双方向法院申请保护令（Stipulated Protective Order，SPO），同意解决双方之间的索赔，而法院下令批准了这些文件。SPO 部分规定，"双方只能就上述诉讼的解决向任何第三方作出协议声明。双方不得就本诉讼的解决向任何第三方作出任何其他声明或披露。它还明确指出，该命令应可藉动议强制执行，包括但不限于藐视法庭动议"。

双方约定的声明内容如下：原告克迪克斯公司在美国加利福尼亚州北部地区地方法院对被告公司、陶某某及其儿子提起的诉讼达成和解。双方签订和解协议，协议条款保密。双方还约定原告对被告公司的其余索赔以及对陶某某及其儿子的所有索赔，包括商业秘密盗用、违约和可撤销的转让进行撤回。

不到两周后，克迪克斯公司又向法院提出起诉，在本案第四次庭审中称被告公司和陶某某违反 SPO，要求法院以被告公司和陶某某藐视法庭，判处其承担违反法庭命令的责任。因为原告发现2018年2月5日被告公司和陶某某发布了一篇有关双方和解新闻稿。原告称这次发布的新闻稿并没有使用双方达成一致的声明，而是以一种更容易让被告接受的方式呈现了双方和解的原因。克迪克斯公司方面表示，新闻稿偏离了约定的声明，违反了和解协议，并作出了"明显虚假的声明"，包括对被告的索赔已被驳回。要求被告立即撤回新闻稿，同时保留"寻求制裁、藐视法庭裁决和任何其他可用补救办法，并对被告的行为提出额外索赔"的权利。被告则声称，其新闻稿的内容并未歪曲事实，只是从被告角度回顾了本次案件处理的整体过程，请求法院驳回原告起诉。法官在本案第四次庭审中认为被告行为是藐视法庭的，支持了原告的诉求。

第五阶段：被告对地方法院的命令不服，向美国联邦巡回上诉法院提出上诉。被告在第五次庭审即上诉中认为己方行为没有藐视法庭权威，请求上诉法院撤销地方法院对其和辩护律师给予的制裁。

(二) 背景介绍

1. 原告方背景概述

美国克迪克斯有限责任公司成立于2002年，总部位于加利福尼亚州红木城，并于2010年4月于纳斯达克（NASDAQ：CDXS）挂牌上市。目前拥有全职雇员161人。公司的主要业务是研究、开发和销售蛋白质催化剂。该公司在蛋白质工程领域处于领先地位，利用其CodeEvolver平台技术来创建高性能的酶，从而改善食品药品成分的成本和质量，实现用于医学诊断的微量DNA测序，并创造出新颖的酶以及开发新型生物治疗方法。❶

克迪克斯公司截至2021年3月29日共有1784件专利，且均为发明专利。克迪克斯公司在成立的第一年就开始提交专利申请，前期多数年份申请数量都在10余件，2004年稍多，为46件。自2007年后全球专利申请数量迅速增加，由13件到2010年的247件，四年时间增加将近18倍。近两年则表现出一定程度的下降（见图1-9-1）。

---

❶ Codexis 公司概况 [EB/OL]. [2021-03-29]. https：//www.Codexis.com/about-us/.

第一部分　专利侵权案件

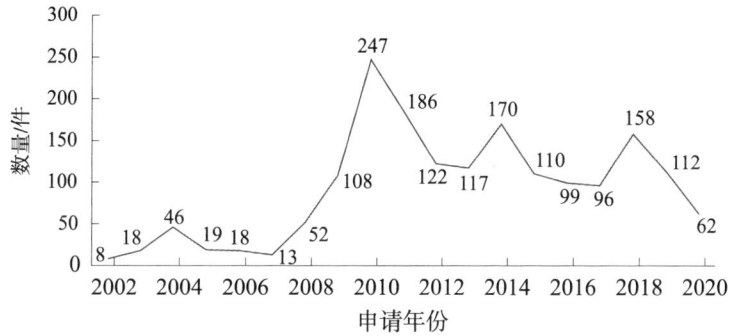

图 1-9-1　克迪克斯公司全球专利申请趋势
数据来源：智慧芽（PatSnap）全球专利检索数据库（2021年3月29日）

克迪克斯公司的专利布局绝大多数都在欧美地区，其中前三位是美国、欧洲专利局和世界知识产权组织，分别为769件、287件和233件，与其他国家的专利申请数量存在明显差距（见图1-9-2）。美国专利在其全球1784件专利中占比最高，达43.1%，该公司769件美国专利中有效630件、审中60件、失效79件。

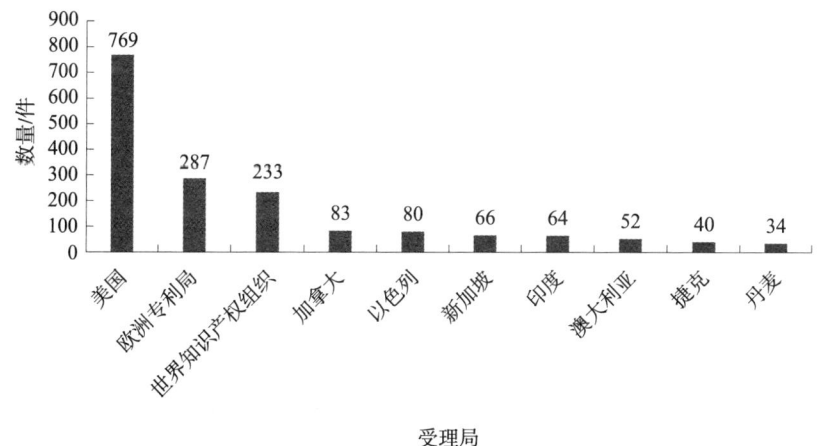

图 1-9-2　克迪克斯公司全球专利布局情况
数据来源：智慧芽（PatSnap）全球专利检索数据库（2021年3月29日）

克迪克斯公司拥有的1784件专利法律状态如下：有效1011件，占比

56.7%；审中230件，占比12.9%；PCT指定期满220件，占比12.3%；失效198件，占比11.1%（见图1-9-3）。

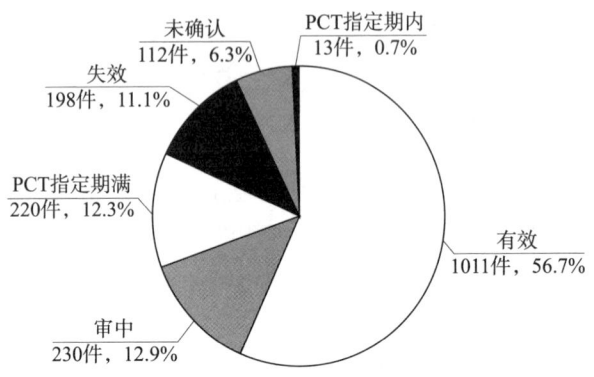

图1-9-3 克迪克斯公司专利法律状态

数据来源：智慧芽（PatSnap）全球专利检索数据库（2021年3月29日）

2. 被告方背景概述

苏州汉酶生物技术有限公司（以下简称"苏州汉酶公司"）成立于2011年1月26日，注册资本3000万元，位于苏州张家港市。公司主要从事生物发酵制品生产、研发、销售自产产品；生物领域的技术开发、技术转让、技术咨询及相关技术服务等经营业务。❶ 其建有5000余平方米与国际接轨的研发中心，为客户提供研发定制服务。同时，该公司投资8000余万元建有经过ISO认证的2.5万平方米生物生产基地，包括5~10吨规模的产业化装置。❷

苏州汉酶公司截至2021年3月29日拥有国际、国内专利共计145件，其中发明专利136件，实用新型专利9件。经检索发现，苏州汉酶公司2016年后未提交新的专利申请，因此其持有的专利均是在2011~2016年布局的。由图1-9-4可知，苏州汉酶公司专利申请数量最多的年份是2012年为43件，最低则是2014年的12件（见图1-9-4）。

---

❶ 苏州汉酶生物技术有限公司背景概述中的相关数据和信息来源于企查查。
❷ 苏州汉酶生物技术有限公司概况［EB/OL］．［2021-03-29］．https：//www.enzymeworking.com.cn.

第一部分　专利侵权案件

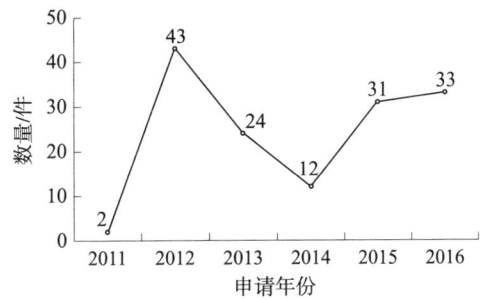

图 1-9-4　苏州汉酶公司专利申请趋势

数据来源：智慧芽（PatSnap）全球专利检索数据库（2021 年 3 月 29 日）

苏州汉酶公司持有的 145 件专利中，在中国和世界知识产权组织布局数量最多，分别为 123 件和 17 件，中国专利占比高达 83.7%。其 123 件中国专利中有效 74 件，失效 47 件，审中 2 件。

三、处理结果

对应本案审理的五个阶段，法院的处理情况如下。

第一阶段处理结果：2016 年 8 月 11 日，法院经审理后判决驳回原告要求被告承担代理责任、违反《加利福尼亚州商业职业法典》和不正当竞争索赔的起诉，原告可在本命令发出后 20 天内修改诉请，原告其余诉请得到法院支持。

第二阶段处理结果：2017 年 9 月 25 日，法院判决准许原告修改其诉讼请求，以增加对违反《加利福尼亚州统一可撤销转让法》和普通法欺诈转让规定的陶某某及其儿子索赔的内容。原告应在 3 天内提出修改后的诉讼请求，被告应提供与之有关的适当证据。

第三阶段处理结果：2017 年 11 月 29 日第三次庭审中法院对原被告提出的共四项请求均做出了决定，并于 2017 年 12 月 4 日作出判决结果：驳回被告撤销 Strem 公司证词和要求制裁的动议；拒绝被告要求驳回原告第 17 项和第 18 项索赔的请求；允许被告向专家披露机密信息的请求；被告提交了一项动议，要求允许他们向指定的专家罗马斯·卡兹劳斯卡斯博士（Dr. Romas Kazlauskas）披露机密信息。克迪克斯公司提交了一份不反对的

159

声明，因此请求被批准；允许克迪克斯公司向专家披露机密信息的请求。

第四阶段处理结果：2018年3月29日，法院在第四次庭审后，认定被告发布新闻稿的行为属于藐视法庭，判决被告应当在命令发出后5天内采取一切合理措施收回新闻稿和包含与该新闻稿内容基本相似的所有声明，并向原告律师支付在寻求被告遵守SPO方面的合理费用。

第五阶段处理结果：2019年2月8日，根据原告的上诉请求，美国联邦巡回上诉法院经审理后认为，地区法院以被告的新闻稿违反了规定的保护令为由对被告进行藐视法庭审判并没有错误。由于地区法院在被告提交第一次上诉通知后缺乏撤销对被告律师的制裁令的管辖权，因此将案件发回地区法院，允许其撤销制裁令。

四、案情解析

本案的争议焦点主要集中在以下几个方面。

（一）被告之间是否存在代理关系

原告认为陶某某与其余两个被告公司是实质同体的，虽然陶某某和两家公司表面上彼此独立，当原告提起诉讼，声称对方不公正地使用公司形式并损害原告的利益时，就产生了"另类自我"原则。该原则有两个要素：（1）公司与其衡平法上的所有人之间必须存在利益和所有权的统一，以至于公司和股东的独立人格在现实中不存在；（2）如果所讨论的行为被单独视为公司的行为，那么一定会有不公平的结果。普通法上的代理原则是基于对三个因素的分析：（1）委托人表示代理人将代表其行事；（2）代理人接受或同意代表委托人行事；（3）委托人了解代理人将代表委托人的业务。法院认为，如果要证明陶某某和两家公司是彼此的代理人、代表和/或委托人，原告就应当提交相应的证据使法院相信陶某某和两公司是在完全知情和同意的情况下代表、授权和/或作为彼此的代理人行事，由于克迪克斯公司未能提供有关这三个普通法因素中任何一个因素的事实指控，因此，不能认为本案任何被告之间存在代理关系。

（二）被告行为是否构成违约

原告声称，其特定产品受到约定条款和条件的约束，"订购、购买、接受、打开和/或使用克迪克斯公司产品的人同意不得也不应允许任何第三方提取信息、逆向工程、解构、分解序列、复制、更改、修改，创造衍生品，或者以任何方式确定克迪克斯公司产品的生物、化学或物理结构或组成物质"。原告诉状附上了其标准条款的四个版本的示例，这些条款和条件随2009~2015年销售的产品一起提供，并适用于这些产品的使用。在上述时间内，克迪克斯公司产品的用户可以在打开或使用产品时接受克迪克斯公司条款和条件。此外，自2015年以来，在线购买或订购克迪克斯公司产品的任何一方都可以通过"首先订购产品，此后在打开包装或使用产品时"确认其接受条款和条件使用产品。根据已有信息表明，陶某某和被告公司预订、购买、接受、打开和/或使用克迪克斯公司的一个或多个产品。被告辩称，这一主张应被法院驳回，因为克迪克斯公司没有证据表明被告从其网站购买了任何产品，2013年和2014年的相关条款明显缺失成立条件，并且被告没有明确同意任何潜在条款。

法院支持了原告的主张，认为被告的行为违反了约定条款，理由如下：第一，被告没有在原告网站上购买任何产品并不能否定违约指控，原告诉状中没有具体指定以何种方式获得产品。第二，原告声称，其起诉附带的四个条款和条件的示例"截至"2009年10月、2010年1月、2012年8月和2015年4月有效。根据其目前提出的指控，可以作出合理的推断，即2013~2014年的采购受截至2012年8月生效条款的约束。第三，原告已充分证明被告同意了其条款和条件。克迪克斯公司的合同明确规定，接受其条款的条件是"打开和/或使用"产品（自2012年8月起生效的条款规定："打开产品即表示您同意受这些条款的约束。如果您不同意这些条款，请不要打开或使用这些材料。"）。

（三）被告是否故意实施干涉原告未来经济关系的行为

原告主张被告实施了破坏未来经济关系的行为，使其未来可得经济利益受到损害。被告要求驳回原告干涉预期经济利益的主张，理由是克迪克斯公司未能恰当地指称其干涉合同关系主张，因此，不能以此行为作为基础指控被告存在干涉预期经济关系的行为。

美国第九巡回法院认为，违反《加利福尼亚州商业职业法典》（UCL）

可以作为独立的、不法的必要行为来支持故意干涉经济利益的主张。UCL禁止"任何非法、不公平或欺诈性的商业行为或实践"。这三个形容词中的每一个都代表了独立而不同的责任理论。UCL的覆盖范围是广泛的,包括任何可以恰当地称为商业行为,同时也是法律禁止的行为。地方法院对上述三个要件结合原告主张进行了如下解释。

（1）非法性。UCL对于非法性的定义借用了违反其他法律的行为,并将其视为可独立起诉的行为,包括普通法的侵权行为。美国第九巡回法院认为,故意干涉合同关系请求权可以作为UCL请求权的上游行为。

（2）不公平性。涉及对竞争对手不公平的案件中,加利福尼亚州最高法院将不公平定义为"由于其影响可与或等同于违反法律而威胁到初步违反反托拉斯法或违背其中一项法律的政策或精神的行为,或以其他方式严重威胁或损害竞争"。UCL狭义地将不公平定义为"反竞争行为,而非反消费者行为"。本案中并无横向定价、独家交易、垄断等反垄断法所禁止行为的指控。

（3）欺诈性。欺诈性是指被告违反了UCL的欺诈条款,从事可能欺骗公众的行为。UCL第9条第（b）款强调的诉状标准适用于UCL"基于"或"合理"欺诈的索赔。为了满足第9条第（b）款的规定,诉状必须确定被指控的不当行为的主体是谁、行为内容是什么、何时何地发生和如何发生,关于所谓欺诈行为是否有虚假或误导性内容以及为何虚假。

美国第九巡回法院认为,违反UCL可以作为独立的、必要的违法行为来支持故意干涉经济利益的主张,巡回法院完全考虑了这两项侵权行为的功能性合并,并认为它符合加利福尼亚州法律的要求。法院认为其推理是两种普通法侵权行为的实际合并,即故意干涉现有合同和故意干涉未来经济关系,这两种侵权行为可与违反UCL的衍生行为共存,且与加利福尼亚州最高法院的判决保持一致。因此,由于原告已经合理证明其UCL索赔请求的合理性,所以故意干涉未来经济关系的主张也相应成立。

（四）原告诉讼请求的修改是否徒劳

被告辩称,原告提出的修正案是徒劳的,因为根据《美国联邦民事诉讼程序规则》第12条第（b）款第（6）项,原告提出修改诉讼请求的动议应当被驳回。《美国联邦民事诉讼程序规则》第 15 条第（a）款第（2）项规定，法院"在司法需要时可以给予原告修改起诉的许可"。法院应当行使其自由裁量权，但是若无任何明显或公开的理由，按照规定，应当给予修改的自由。

法院对于审查起诉的修改，应当进行以下四方面的审查：第一，是否对对方当事人有不利影响，这四个因素都与权衡允许修改起诉的动议是否妥当有关，但关键因素是由此对对方造成的偏见；第二，是否存在不良动机，"不良动机"在当前语境中指的是一方试图通过添加新的但毫无根据的法律理由来延长诉讼；第三，是否会在诉讼中产生不当延误；第四，修改是否徒劳，如果申请修改起诉的动议不能获得批准而遭驳回，或将受到即决判决，则该修正案是徒劳的。以上四个标准用以权衡许可修改起诉的动议的适当性。这四个因素通常被评估为"所有的推论都有利于批准动议"。此外，这些因素具有"不相等"性，因为人们普遍认为偏见和不良动机是最重要的考虑因素。

为了使原告修改起诉的动议得到允许，其必须给出"足够的事实来陈述表面上看似合理的救济请求"。当原告提出充分的事实，使法院得出合理的推论，即被告应对所指控的不当行为负责时，索赔表面上是合理的。原告给出的理由不能仅是纯粹的可能性，而需证明被告已采取非法行动。在决定原告是否提出了可以给予救济的请求时，法院应承认原告的指控是真实的，并作出一切有利于原告的合理推论，最终法院同意了原告修改诉请的请求。

（五）第三次庭审中的三项请求是否成立

1. 驳回被告撤销 Strem 公司证词和要求制裁的动议

被告要求撤销 Strem 公司的证词，因为"克迪克斯公司没有送达传票，没有提供适当的通知，既没有会面和协商，也没有确认其日程安排，并且隐瞒了其承诺，特别是通过对一名证人［被告公司的简·高（Jane Gao）］在中国进行几乎同时的视频取证"。被告坚持认为，这种行为违反了当地民事规则 30-1 和《加利福尼亚州北区律师职业行为准则》，因此，要求给予原告律师制裁。具而言之，被告辩称，克迪克斯公司的律师未能在向第三方 Strem 公司取证传票的电子邮件中通知"Li 的律师事务所"（LiLaw）的行政人员，并且在"Li 的律师事务所"的高级律师回复所有要求确认证词将按计划进行的电子邮件时，也未能作出回应。克迪克斯公司辩称，被告放弃了对其使用证词提出质疑的权利，而且他们对取证作出了合理的通知，因此，没有理由推翻证词或给予制裁。

根据加利福尼亚州法律规定，为方便证人、律师和当事人，在通知当事人或属当事人一方的证人进行供词之前，通知方必须与对方律师或当事人（如果当事人是赞成的）协商供词的时间安排。当事人通知非当事人或者当事人一方的证人作证，也必须就作证的时间安排进行会见和协商，但可以在向非当事人证人送达传票后进行。《加利福尼亚州北区律师职业行为准则》第3（a）节规定，在可能的情况下，律师应尽合理努力安排通过协议进行证据开示，并应考虑对方律师、当事人、证人和法院的利益。在达成协议后，应发出正式通知以避免误解。第5节规定，不得故意选择对接收方不利的送达文件时间和方式。第8节规定律师在与反对者或对手进行书面或口头交流时，应始终保持文明、礼貌和准确。

主审法官未发现有任何证据可以推翻 Strem 公司的证词，但为了减轻任何潜在的偏见，双方应安排与 Strem 公司的第二次取证，双方将各自承担费用。同样对当前局势的责任是如何完全和明确地落在一边的问题尚不明朗，双方的律师可以进行更清楚和有效的沟通。在没有任何蓄意不当行为的情况下，不认为存在给予制裁的理由。

2. 拒绝被告要求驳回原告第 17 项和第 18 项索赔的请求

被告再次质疑克迪克斯公司是否有能力根据《加利福尼亚州民法典》第 3439 节提出基于可撤销的转让索赔，以及根据普通法提出的欺诈性转让索赔。法官不支持这一观点，因为被告"混淆了克迪克斯公司在《统一欺诈转让法》下的追偿权，以及它在《统一欺诈转让法》下要求索赔的能力"。很明显，克迪克斯公司的主张是存在的，"无论权利是否被简化为判决"。事实上，一项判决不是陈述一项索赔所必需的，这一事实排除了被告的论点，但部分判决的存在和合理的责任理论使其完全不能成立。

3. 允许克迪克斯公司向专家披露机密信息的请求

被告反对原告向多兹博士披露他们的机密信息，理由是多兹博士为三家据称与被告公司直接竞争的生物公司提供咨询服务。被告认为应当驳回原告向专家多兹博士披露机密信息的动议。在反对意见中，被告阐明了多兹博士与特定公司的关系：多兹博士目前在 Rondaxe LLC 担任高级顾问，在 Azitra, Inc. 担任首席技术官，是 BioChemInsights, Inc. 的顾问，也是 ZuChem 公司的科学顾问委员会成员。被告声称 Rondaxe 公司提供许多化学制造和控制咨询服务，包括"发酵和生物催化开发"和"药物产品开发"。根据多兹博士的简历，他在 Rondaxe 公司的职责包括"发酵、半合成、发酵的放大和工艺优化等"。被告辩称 Rondaxe 公司直接与它们的人体治疗业务竞争，指出 Rondaxe 公司的客户之一 AMPAC Fine Chemicals 公司也是被告公司的客户。最后，被告主张 ZuChem 公司是其直接的竞争对手，因为两家公司都为其终端用户产品开发酶糖基化方法。被告认为，基于这些关系的存在，根据 SPO 的规定，多兹博士应被禁止作为专家接受机密信息披露。

法官同意克迪克斯公司的观点，即被告未能履行其责任，证明与多兹博士有持续关系的公司和被告存在直接竞争关系，并且即使这些公司被认定为竞争对手，这里讨论的技术与被告认定的"竞争"主体明显不同，因此，它们披露的信息都不涉及那些可能存在问题的领域。在本案中，没有理由拒绝多兹博士接触被告公司披露的信息，特别是考虑到他签署的受保护令约束的协议。

（六）被告发布新闻稿的行为是否属于藐视法庭

克迪克斯公司认为被告公司的新闻稿"是恶意发布"，因为被告是在明知这一行为违反明确的法庭命令情况下故意发布的。被告公司反驳说，其新闻稿反映的仅仅是文字风格变化，没有改变和解声明的内容，因此，被告认为自己没有违反诚实信用和合理解释的规则，而且没有明文规定禁止在更广泛的主题范围内讨论解决协议。被告公司将克迪克斯公司动议的依据提炼为两个问题：一是新闻稿第二段不是和解声明的逐字记录；二是同一新闻稿中的其他段落似乎表明被告公司以有利于自身的方式解决了此案。

《美国法典》第 18 章第 401 条规定，地区法院有法定权力惩罚"藐视其权威"，包括"不服从或抵制其合法令状、法律程序、规则、法令或命令""法院因此接受了固有的藐视法庭权力……""地区法院有权而且必须有权惩罚藐视法庭命令的行为"。"民事藐视法庭"是指一方当事人未在其权力范围内采取一切合理措施遵守法院明确具体的命令，藐视法庭罪不必是故意的。但"如果一个人的行为看来是基于对法院命令的善意遵守和合理解释，则不应被视为藐视法庭"。对民事藐视法庭的制裁可以是强制服从法庭命令，或是赔偿因藐视法庭行为而受到伤害的一方，或两者兼而有之。

SPO 要求双方只能就诉讼的解决向任何第三方作出协议声明，被告新闻稿第一段提到了被告公司对专利侵权索赔的"有限披露"和"任何其他责任"，它将读者引向之前的一篇新闻稿，讨论其对克迪克斯公司主张的负面看法。第二段讨论了生物催化、诉讼的主题以及必要的和解，并向读者提供"一些指导方针……将法律风险降至最低……"。第三段以一个过渡句开始，将诉讼与和解联系起来，然后，用部分约定的陈述来描述和解，并作必要的时态变化。第四段感谢朋友、客户和法律工作者，并以"承诺对知识产权负责"作为结束语。

法院认为被告的新闻稿没有按照 SPO 规定的方式披露，模糊了其存在侵权行为和应当承担的责任，意图向原告转嫁责任，并对原告维权诉求发表了一些负面观点，将诉讼与和解描述为自己努力争取的成果，没有尽可能采取合理措施遵守法院命令，因此，裁定被告行为构成藐视法庭权威。

(七) 地方法院是否滥用其自由裁量权

被告公司辩称，地方法院滥用其裁定藐视法庭的自由裁量权，因为其新闻稿没有违反规定的保护令。美国巡回上诉法院没有认同这一主张，认为被告新闻稿内容实质上偏离了命令中包含的约定声明，以更有利于自身的方式描述诉讼与和解。被告公司还要求美国巡回上诉法院撤销制裁令，因为地区法院声称在被告公司提交第一份上诉通知，要求撤销制裁令后，就不再对本案有管辖权。美国巡回上诉法院解释道，提交上诉通知是一个具有司法管辖意义的事件，它赋予上诉法院管辖权，并剥夺地区法院对上诉所涉案件的这些方面的控制权。根据《美国法典》第28章第1292条第（C）款，联邦巡回上诉法院拥有对地方法院滥用其自由裁量权问题的管辖权。在审查非专利法问题时，如实施制裁或藐视法庭的标准，适用地区巡回法院的法律。美国第九巡回法庭复核了地区法院的"因藐视法庭滥用酌情决定权而施加制裁的决定"，并表示，除非上诉法院明确而坚定地确信下级法院在权衡相关因素后得出的结论中犯了明显的判决错误，否则藐视法庭的命令不会被推翻。

五、镜鉴启示

（一）善用证据动议程序，排除不利证据

证据动议作为英美二元审判法庭特有的程序机制，最早由美国联邦最高法院于1914年在"威尔克斯案"中确立，至今已有100多年的历史。所谓证据动议，是指一方当事人申请法官在审判前作出命令或裁决，以限制或防止一些不适当、不相关或偏见远超证明力的可疑证据在法院作出证据是否可采用的决定前被陪审团看到，以免对陪审团自由心证产生不公正的影响。证据动议程序主要涉及以下几个方面内容。

（1）证据动议的提出：证据动议的提出时间、形式和条件均较为宽泛。在提出时间和形式上，证据动议通常在审前动议过程中，以书面的形式提出，但在陪审团选定前或审判期间，在陪审团不在场的情形下，也可以口头方式提出。当然，从提出动议的初衷来看，提出时间越早效果越明显；在提出证据动议的条件方面，诉讼的任何一方均有权提出，只要该动议与证据有关。

（2）证据动议的批准或否决：理论上来讲，当事人可以就任何类型的证据问题获得审前裁决。然而，在实践中，法院一般倾向于拒绝作出最终裁决，最常见的做法是，在审判期间根据相关规定，在进行全面听审之前受理申请，从而推迟裁决。在此情形下，法官一般会先发出一个有条件的或初步的裁决，直到建立适当的基础。因为证据的可采性往往取决于证据实际被提出的具体情境，而且法官尚未听取律师的开审陈述或者并没有看到所有的审判证物。法官在作出决定之前,通常须对被质疑证据的危险性与证明力进行权衡,也须对证据动议引起的困境与可以避免的偏见之间进行权衡。此时,法官可根据需要,确定采纳或排除证据的条款或条件,律师应提出对其当事人最有利的论点。

(3)违反证据动议令的处罚与补救:一般而言,证据动议提出后,法官会作出一项批准或者否决的裁决令,一旦作出批准的决定,对方必须遵守规则,禁止提出该类证据,否则会面临处罚的危险。比如,可能会被指控藐视法庭,也有可能被处以最高1000美元的罚款、最多5天的监禁或者二者兼具,还有可能被要求支付合理的律师费用和其他任何一方提起藐视法庭的诉讼费用,如果法院认为违规律师的行为构成职业不端行为,该律师可能会面临所在州律师协会的违纪指控。与此同时,面对已披露的不公正证据,法庭将采取一系列措施,对此类行为导致的不良后果进行补救。比如,告诫律师或当事人停止作出该类行为;指出陪审团无视这些证物或证词。❶

通过分析上述可以看出,在参与美国专利侵权诉讼中,无论是作为被告方应对侵权指控,还是以原告的身份提出起诉维护权益,证据动议均是增强己方论点的证明力使得法官和陪审团予以采纳,反驳对方主张,从而提高胜诉概率的重要权利。证据动议作为程序性权利,赋予双方提出限制使用或排除某些不公正证据的能力,一定程度上扮演的是排除证据的程序机制。本案中,被告公司要求驳回证人证言的动议虽然被拒绝,但仍是当事人不可或缺的权利。原告克迪克斯公司方律师在被告律师不在场的情况下与证人会面,记录证人证言作为证据的过程中由于被告方的缺席,存在有意暗示、引导证人作出有利于己方而对被告有所偏见证言的潜在意图,因此为避免此类证据向陪审团披露,进而影响审判的公正性,被告就需要及时提出证据动议,维护自身的合法诉讼利益。

(二)积极行使赔偿请求权,捍卫合法利益

美国是联邦制国家,存在联邦和各州两套法律制度,各州之间的法律

---

❶ 成小爱. 美国审前证据动议程序:证据的隔离机制[N]. 人民法院报,2020-11-20(008).

规则也存在诸多差异。以本案为例，加利福尼亚州法律规定了故意干涉合同关系和故意干涉未来经济关系的侵权责任，我国企业在加利福尼亚州境内开展业务活动的过程中，同样可能受到上述侵权行为的损害，若出现此种情况，则可以参考本案原告的诉讼策略向法院提出相应的诉求，主动行使法定请求权，捍卫合法权益。根据加利福尼亚州的相关法律，以上侵权行为的证明要件如下。

（1）故意干涉合同关系和故意干涉未来经济关系证明要件。加利福尼亚州法律规定，若被告的行为破坏原告与第三方之间的合同关系造成损害，原告则享有损害赔偿请求权。为陈述故意干涉合同关系的主张，原告必须证明：①原告与第三方之间存在有效合同；②被告知道该合同；③被告有故意导致违反或破坏合同关系的行为；④被告实际违反或者破坏合同关系的；⑤造成损害。

克迪克斯公司的索赔所依据的指控是"违反合同"和"其他欺骗性和不公平的商业行为"，这些行为妨碍了克迪克斯公司与其客户、商业伙伴、员工和研发合作者履行合同，或使履行此类合同更加昂贵和困难。

《加利福尼亚州统一商业秘密法》（CUTSA）规定了因盗用商业秘密而造成的实际损失或其他损害的民事赔偿，该法案包括一项保留条款，该条款优先考虑基于与商业秘密盗用相同核心事实的索赔。克迪克斯公司称，当陶某某带着克迪克斯公司的"专有和机密信息"离开他的前雇主时，克迪克斯公司和陶某某的前雇主之间的持续保密义务变得更加困难。这一基本行为与克迪克斯公司的盗用商业秘密主张有着相同的核心事实，在这种情况下，被告不法行为的严重后果是原告商业秘密遭到盗用，CUTSA优先适用。

然而，克迪克斯公司充分指控被告故意干扰克迪克斯公司与客户、业务合作伙伴、研发合作者的关系，或至少使之更加难以维持。诉状称，陶某某和被告公司知道克迪克斯公司与客户、商业伙伴、员工和合作者的合同，被告的"违约和其他欺骗性和不公平的商业行为"妨碍了这些合同的履行。克迪克斯公司提供了一个示例，说明陶某某和被告公司与克迪克斯公司的一个长期客户建立了业务关系，克迪克斯公司失去了向这个客户或其合同制造商销售产品的机会，而这些制造商选择从被告公司或原告的其他竞争对手处购买产品。同样的，克迪克斯公司失去了向总部设在欧洲的大型制药公司或其合约制造商销售其工程酶的机会。

根据上文 CUSTA 保留条款的规定，倘若被告盗用商业秘密和原告相应的赔偿主张具有相同的核心事实，即原告的索赔请求成立，则优先适用 CUSTA，但这并不意味着排除了故意干涉合同关系相关法律规则的适用。结合本案法院的有关判决结果，原告的故意干涉合同关系和盗用商业秘密的索赔均得到了法院的支持，原因在于他人盗用商业秘密的侵权行为导致与第三方的合同关系受到破坏，由此可见这两种诉求是存在一定联系且并不冲突的。如果我国企业在加利福尼亚州遭遇相仿的情形，己方的商业秘密被他人不法盗用，使得与客户、合作伙伴等第三人之间的合同关系难以继续履行，可一并向法院提出上述两种诉求，此种诉讼策略较仅提出商业秘密侵权赔偿或故意干涉合同关系赔偿而言能够更有效地保护自身合法权益。

（2）原告享有妨害预期经济关系请求权的证明要件是：①原告与第三人之间存在经济关系，原告未来可能因此获得经济利益；②被告对该关系的了解；③被告故意破坏关系的行为；④实际破坏关系；⑤被告行为直接对原告造成的经济损害。

故意干涉预期经济关系与故意干涉合同关系之间的主要区别在于，干涉预期经济关系的要求原告证明被告有独立于干涉合同关系本身的不法行为。如果行为是非法的，也就是说，如果它被某些宪法、法规、规章、普通法或其他可确定的法律标准所禁止，那么它就是独立的非法行为。因此，二者是特殊和一般的关系，经济利益是合同利益的一种。如果某种行为被法律规定为故意干涉预期经济关系的不法行为，原告就可提起妨害预期经济利益损害赔偿请求。反之若原告可以证明被告故意干涉合同关系，则推定其故意干涉预期经济关系行为成立。因此，我国企业在维权过程中可依据上述规定有选择地提出诉讼主张：被告行为符合法律专门规定的故意干涉未来经济关系的构成要件，证明难度不高，可行使相应的赔偿请求权；反之若被告故意干涉未来经济关系的行为在加利福尼亚州法律中并未明确规定,那么可以被告行为是否构成故意干涉合同关系为切入点着重举证,从而推定其故意干涉预期经济关系行为成立,使己方的请求得到法院的支持。

(三) 增强法治意识,严格遵守和执行生效法庭裁判

本案中,被告违反保护令,发布新闻稿的行为被法院判决认定构成蔑视法庭权威的行为,而受到相应制裁。需要注意的是,在美国,如被认定直接蔑视法庭权威,不仅可能引起民事责任,严重的甚至可能被判刑事责任。蔑视法庭权威构成民事责任的要件通常包括:(1) 施行了一项被禁止的行为,或未能服从一项法院命令;(2) 此举伤害到了法院的尊严或妨碍了法院行使职权;(3) 发生在法官眼皮底下甚至面前;(4) 行为人正承担有服从法院命令的责任,其行为已构成对法院命令的违反,却仍有能力重新执行法院的命令;(5) 法院前一命令寻求的效果仍可实现;(6) 法院的庄严秩序可通过对行为人施以民事处罚得以恢复。刑事责任的构成要件通常包括:(1) 故意施行了一项被禁止的行为,或故意拒绝服从一项法院命令;(2) 此举伤害了法院的尊严或妨碍了法院行使职权;(3) 发生在法官眼皮底下甚至面前;(4) 此举造成的损害后果已无可挽回,或前一法院命令所寻求的效果已不复实现;(5) 法院的庄严秩序唯有对行为人施以刑事处罚方能恢复。❶ 我国企业在美国知识产权诉讼的应对中,对于裁判的执行,应注意增强法治意识,即使对相关裁判存有异议,也应通过合法的渠道进行申诉或救济,否则,如被认定构成蔑视法庭权威,不仅会进一步扩大己方经济损失,还会对自身的信誉产生不良影响,不利于海外业务的开展。

---

❶ 密歇根州司法委员会. 蔑视法庭案件审理参考手册 [Z]. 4 版. Lansing,2008.

第二部分
专利无效案件

案例一

"防护手覆盖手套"外观设计无效宣告请求案

☞ **入选理由**：本案涉及《欧盟外观设计条例》中对外观设计无效的判定以及外观设计无效程序等问题。通过本案，有助于中国企业了解"复杂产品""产品外观设计必须实现的技术功能"等外观设计无效条款的适用，提高外观设计的含金量，并合理利用外观设计无效程序，进行海外外观设计专利的布局。

一、基本信息

审理机构：欧盟知识产权局异议部。
申请人：智利 Resafe Spa 水疗中心。
被申请人：无锡纺乾手套有限公司。
处理时间：2020 年 10 月 1 日。

二、案情介绍

（一）基本案情

智利 Resafe Spa 水疗中心援引《欧盟外观设计条例》第 25 条第（1）款第（b）项有关注册式共同体外观设计被宣告无效的理由以及第 4 条第（1）款、第（2）款和第 8 条第（1）款有关新颖性和独特性、争议外观设计的特征是否完全取决于产品外观设计必须实现的技术功能的规定，针对无锡纺乾手套有限公司有关护手套的注册式共同体外观设计（EU0060795470001 号专利）向欧盟知识产权局专利无效部提交了无效申请。❶ 申请人智利 Resafe Spa 水疗中心提出了三方面理由：（1）争议外观设计与技术发明专利文件中披露的两项早期外观设计相比，复制了所描述外观设计的所有特征，只存在非实质性差异，因此，争议外观设计专利缺乏新颖性；此外，鉴于争议外观设计与专利文件中公开的外观设计之间存在明显的相似性，有争议的共同体外观设计对知情用户产生的总体印象与早期外观设计对此类用户产生的总体印象没有区别，因此，争议外观设计不具有个性。（2）从争议外观设计产品"手部保护罩"的标识可以推知产品的预期用途是手部保护，并且从视图可知其旨在放置手或手套的指尖，而结合现有外观设计产品可知，设计师开发护手产品的自由度很大。争议外观设计中的产品特征完全取决于产品外观设计必须实现的技术功能，即保护戴手套用户的手，特别是手指，而提交的现有外观设计专利文件中已经提供了相同的技术方案。因此，争议外观设计的特征不应受到保护。（3）根据视图可明显得知防护性手罩拟布置在手套的内部，带有护手套的手套属于《欧盟外观设计条例》第 3 条第（c）款所指的复杂产品。❷ 最终用户是戴防护手套的人，正常使用是在任何需要手部防护的任务中使用手套。在正常使用手套时，手套内的保护罩是看不见的。因此，在手套的正常使用过程中，争议外观设计中没有任何设计特征是可见的，因此，有争议的设计应作为一个整体失效。

为了支持其意见，申请人提交了 US20140304879A1、US20100071114A1、US20110041225A1、JP2009062649、EP2850957A1 等 5 件专利文件作为证

---

❶《欧盟外观设计条例》第 4 条第（1）款、第（2）款：一项外观设计要受到注册共同体外观设计的保护，要求其具有新颖性和独特性。应用于或包含在构成复杂产品组成部分的产品上的设计必须具备新颖性和独特性：组件一旦被并入复杂产品，在后者正常使用过程中仍然可见，并且组成部分的可见特征本身也满足新颖性和独特性。第 8 条第（1）款：注册共同体外观设计的产品外观特征不能仅仅由产品技术功能所决定。第 25 条第（1）款第（b）项：不符合第 4~9 条的要求，即新颖性、独特性、信息披露、由产品技术功能所决定的外观设计以及违反公共政策或道德的设计，注册式共同体外观设计可能被宣布无效。

❷ "复杂产品"是指由多个部件组成的产品，这些部件可以被替换，并允许对产品进行拆卸和重新组装。

据。对此，争议外观设计的持有人无锡纺乾手套有限公司应邀就该申请提出意见，但未作任何答复。

(二) 背景介绍

1. 当事人情况

被申请人无锡纺乾手套有限公司是一家集生产与自营出口为一体的股份制公司，公司专业生产各种系列的劳保手套及家用手套，公司产品100%出口，大部分产品都已获得由CTC法国签发的CE证书，产品远销欧洲、美洲、东南亚、澳洲、中东等多个国家和地区。截至2021年4月，无锡纺乾手套有限公司作为小微企业外观设计专利总数共有3件，申请地均在国内，分别为防撞击手套外观设计专利、万圣节手套外观设计专利与宠物手套外观设计专利，其中2件已获授权，1件因未缴年费而失效。

申请人Resafe Spa公司是一家位于智利的水疗中心，其当前拥有2件专利，均为针对手指的手指保护手套，并且未在本国以外进行专利布局。❶

2. 诉争专利情况

本案诉争的EU0060795470001S号专利的防护手覆盖外观设计专利相关视图如图2-1-1所示。

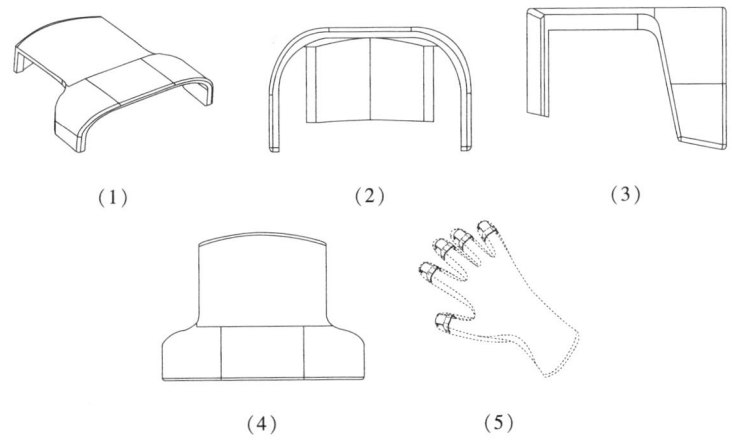

图2-1-1　EU0060795470001S号专利附图

数据来源：智慧芽（PatSnap）全球专利检索数据库（2021年4月16日）

---

❶ Resafe Spa公司概况［EB/OL］．［2021-04-16］．https：//m.tianyancha.com/．

本案公布号为 EU0060795470001S 的诉争专利及涉案相关专利的基本情况如表 2-1-1 所示。

表 2-1-1 涉案专利基本信息

专利号	专利名称	申请日	法律状态
EU0060795470001S	防护手覆盖（Protective hand covering）	2019-01-21	全部撤销
EP2850957A1	用于保护手指安全手套的元件或附件（Element or addition for protecting the fingers of safety gloves）	2012-07-05	授权
US20140304879A1	安全手套手指的保护元件或附件（Protection element or attachment for safety glove fingers）	2012-07-05	撤销
US20100071114A1	用于石油和天然气开采行业的手套（Glove for use in the oil and natural gas extraction industries）	2008-09-19	授权
US20110041225A1	带指甲护具的手套（Glove with fingernail protectors）	2009-10-30	撤回
JP2009062649A	手指保护具（Finger protectors）	2007-09-07	驳回

数据来源：智慧芽（PatSnap）全球专利检索数据库（2021 年 4 月 16 日）

EP2850957A1 号专利是一项关于"用于保护手指安全手套的元件或附件"（Element or addition for protecting the fingers of safety gloves）的专利，是外观设计的申请人索姆比奇·佩雷斯于 2012 年 7 月 5 日申请，并于 2015 年 3 月 25 日获得授权，该专利共有 13 项权利要求。相关权利要求及专利附图如表 2-1-2 及图 2-1-2 所示。

表 2-1-2 EP2850957A1 号专利权利要求书

权利要求书（中文）	权利要求书（英文）
1. 手套上的一种保护性的元件或附件，由半圆形的坚硬部件组成，一端闭合，另一端打开，部分在其外侧。	1. A protective element or attachment to place on a glove finger, consisting in a resistant, hard piece with a half-round shape, closed at its end and open at the opposite end and partly on its lateral sides.

续表

权利要求书（中文）	权利要求书（英文）
2. 保护元件或附件根据权利要求1，其中的手套是一个安全手套和至少一个保护性的元件位于顶部的一个指套形状的表示元件有一个细长的半圆连接到半环。	2. The protective element or attachment according to claim 1, wherein the glove is a safety glove and wherein at least one protective element is located at the top dorsal part of one of the glove fingers and said element has its top in the shape of an elongated semicircle connected to a half–ring.
3. 保护元件或权利要求1所述附件，其中至少两个保护元件位于至少两个指套的背侧顶部，这样手套在每个手指上都有一个保护元件，它们的顶部是一个细长的半圆，连接着一个半环。	3. The protective element or attachment of claim 1, wherein at least two protective elements are located at the top dorsal part of at least two glove fingers, such that the glove has a protective element on each of the two fingers and said elements have their top part in the shape of an elongated semicircle connected to a half–ring.
4. 根据权利要求1~3中任何一个权利要求可知保护元件或附件是由金属制成。	4. The protective element or attachment according to any one of claims 1 to 3, wherein said attachment is made of metal.
5. 根据权利要求1~3中任何一个权利要求，保护元件或附件是由硬质塑料制成。	5. The protective element or attachment according to any one of claims 1 to 3, wherein said attachment is made of hard plastic.
6. 根据权利要求1~3中任何一个权利要求，保护元件或附件是由玻璃纤维制成。	6. The protective element or attachment according to any one of claims 1 to 3, wherein said attachment is made of glass fiber.
7. 根据权利要求1~3中任何一个权利要求，保护元件或附件是由聚合材料制成，如聚酰胺。	7. The protective element or attachment according to any one of claims 1 to 3, wherein said attachment is made of polymeric materials such as polyamide.
8. 安全手套由至少一个保护性的元件或附件固定在手背的一部分上，至少有一个手套和手指的所述防护元件或附件由坚硬的半圆形组成。	8. A safety glove comprising at least one protective element or attachment which is glued or fixed to the top dorsal part of at least one of the fingers of said glove and wherein said protective element or attachment consists of a hard, resistant piece with a halfround shape, closed on its end and open on the opposite end and partly on its lateral sides.
9. 根据权利要求8，安全手套中至少有两个指套上应固定最少两个防护元件，如手套上每两个手指都有一个保护元件，并且元件的顶部有细长的半圆连接到半环上。	9. A safety glove according to claim 8, wherein at least two protective elements are located at the top dorsal part of at least two glove fingers, such that the glove has a protective element on each of the two fingers and said elements have their top part in the shape of an elongated semicircle connected to a half–ring.

续表

权利要求书（中文）	权利要求书（英文）
10. 根据权利要求 8 或权利要求 9，安全手套的元件是由金属制成的。	10. A safety glove according to claim 8 or 9, wherein said attachment is made of metal.
11. 根据权利要求 8 或权利要求 9，安全手套的元件是由硬塑料制成的。	11. A safety glove according to claim 8 or 9, wherein said attachment is made of hard plastic.
12. 根据权利要求 8 或权利要求 9，安全手套的元件是由玻璃纤制成的。	12. A safety glove according to claim 8 or 9, wherein said attachment is made of glass fiber.
13. 根据权利要求 8 或权利要求 9，安全手套的元件是由聚合材料制成的，如聚酰胺。	13. A safety glove according to claim 8 or 9, wherein said attachment is made of polymeric materials such as polyamide.

数据来源：智慧芽（PatSnap）全球专利检索数据库（2021 年 4 月 16 日）

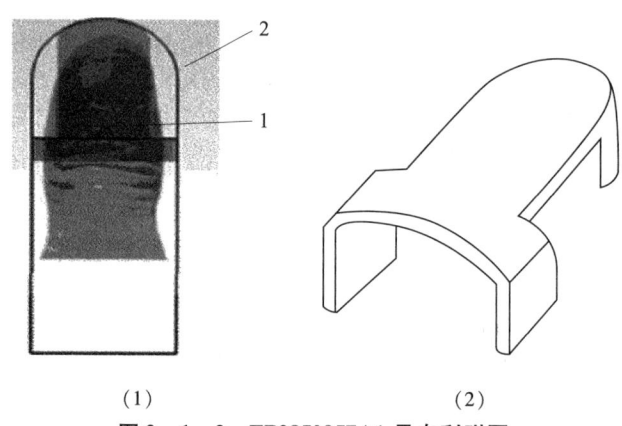

（1）　　　　　　　　（2）

图 2 - 1 - 2　EP2850957A1 号专利附图

数据来源：智慧芽（PatSnap）全球专利检索数据库（2021 年 4 月 16 日）

US20100071114A1 号专利是一项关于"用于石油和天然气开采行业的手套"（Glove for use in the oil and natural gas extraction industries）的专利，是申请人布莱顿贝斯特国际公司于 2008 年 9 月 19 日申请，并于 2010 年 3 月 25 日获得授权的，该专利共有 35 项权利要求。其权利要求 1 及专利附图如表 2 - 1 - 3 及图 2 - 1 - 3 所示。

表 2-1-3 US20100071114A1 号专利权利要求书摘要

权利要求书摘要（中文）	权利要求书摘要（英文）
1. 一种手套结构，包括：形成人手形状的手套后背装置；以及手掌手套是指形成人手的形状。所述手套靠背装置和所述手套手掌装置在连接在一起时形成手套，所述手套具有手指和拇指，所述手指和拇指具有与之相关的尖端部分；多个细长的保护构件固定到所述手套靠背装置上，并基本上沿着所述手指和拇指的长度延伸，并靠近所述手指和拇指的尖端部分。支撑层具有上表面和下表面，所述多个保护构件覆盖穿戴者的相应手骨的近端指骨，中间指骨和远端指骨，所述保护构件固定至所述支撑层。	1. A glove construction comprising: glove back means formed in the shape of a human hand; glove palm means formed in the shape of a human hand; said glove back means and said glove palm means forming a glove when joined together, said glove having fingers and a thumb, said fingers and thumb having tip portions associated therewith; and a plurality of elongated protective members secured to said glove back means and extending substantially along the length of said fingers and thumb adjacent the tip portions of the fingers and thumb; and a support layer having upper and lower surfaces, said plurality of protective members covering the proximal phalanges, intermediate phalanges and distal phalanges of the corresponding hand bones of a wearer, said protective members being secured to said support layer.

数据来源：智慧芽（PatSnap）全球专利检索数据库（2021 年 4 月 16 日）

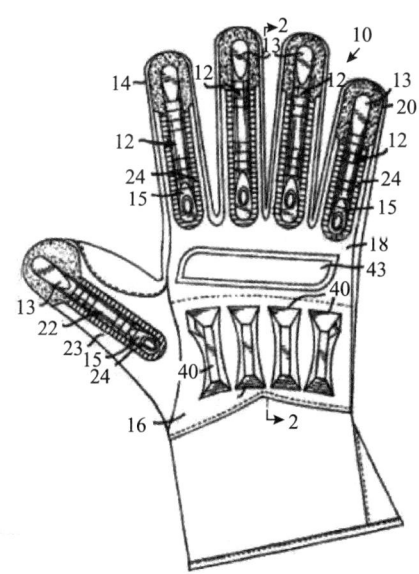

图 2-1-3 US20100071114A1 号专利附图

数据来源：智慧芽（PatSnap）全球专利检索数据库（2021 年 4 月 16 日）

US20110041225A1 号专利是一项关于"带指甲护具的手套"（Glove with fingernail protectors）的专利，是专利申请人迪格服饰公司于 2009 年 10 月 30 日申请，并于 2011 年 2 月 24 日获得授权。本发明涉及一种手套，该手套为穿戴者的指甲提供保护，而不会降低手套其余部分的柔顺或降低穿戴者的手动对准或触觉。保护垫可以由柔软或光滑的材料制成，以便不刮擦、磨损或以其他方式损坏指甲。该专利共有 14 项权利要求，其权利要求 1 及专利附图如表 2－1－4 及图 2－1－4 所示。

表 2－1－4　US20110041225A1 号专利权利要求书摘要

权利要求书摘要（中文）	权利要求书摘要（英文）
1. 一种手套，其包括：手掌部分、背部；从手掌和背部向外延伸的多个柔性手指档位，每个手指档位具有内表面、外表面和指甲区域。护垫设置在手指档的指甲区域中，该护垫具有接触部分，该接触部分暴露于佩戴者的指甲，并且其位置和尺寸设置成防止佩戴者的指甲接触手套的内表面。	1. A glove, comprising: a palm portion; back portion; plurality of flexible finger stalls extending outwardly from the palm and back portions, each finger stall having an inner surface, an outer surface, and a fingernail region, and protector pads disposed in the fingernail region of the finger stalls, the protector pads having a contact portion that is exposed to a wearers fingernail and is positioned and dimensioned to prevent a wearer's fingernail from contacting the inner surface of the glove.

数据来源：智慧芽（PatSnap）全球专利检索数据库（2021 年 4 月 16 日）

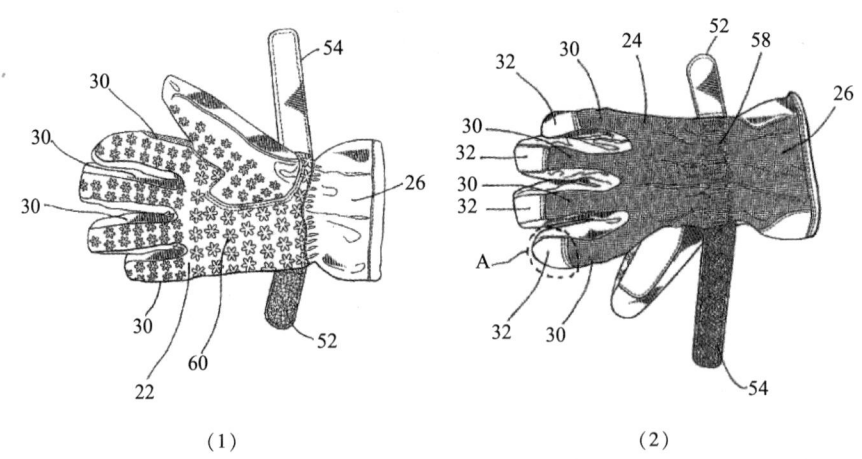

（1）　　　　　　　　（2）

图 2－1－4　US20110041225A1 号专利附图

数据来源：智慧芽（PatSnap）全球专利检索数据库（2021 年 4 月 16 日）

JP2009062649A 号专利是一项关于"手指保护具"的专利，是申请人于 2007 年 9 月 7 日申请，并于 2009 年 3 月 26 日获得授权。该专利提供一种解决以下问题的手部保护装置：传统的手部保护器是用管状加固件覆盖手套的第二指至第五指的手指部分。由于加固件是管状的，该加固件包括多个管子，因此当支撑重负荷时，不会让穿着者的指垫直接承受重负荷，因此难以确保安全性。该护手器包括放在手的各个手指上以阻止外力传到手指上的手指保护件，覆盖手背以阻止外力传到手背上的手背保护件，并相互连接以使各个手指保护件独立移动；以及将手指保护件和手背保护件连接到手上的连接装置。其中，手指保护部件除手指的平坦侧面外覆盖手指，其结构是可根据各手指的关节位置进行弯曲。其专利附图如图 2－1－5 所示。

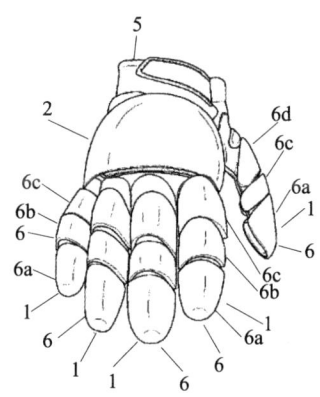

图 2－1－5　JP2009062649A 号专利附图
数据来源：智慧芽（PatSnap）全球专利检索数据库（2021 年 4 月 16 日）

三、处理结果

2020 年 10 月 1 日，欧盟知识产权局异议部认定，申请人提交的事实和证据足以证明江苏无锡纺乾手套有限公司的注册式共同体外观设计不符合《欧盟外观设计条例》所规定的个性特征以及信息披露等，因此，宣布本案争议的外观设计专利权无效，无效编号为 ICD110123，并由外观设计持有人江苏无锡纺乾手套有限公司承担所有费用。由于在先外观设计导致申请的成功和争议外观设计的无效，故没有必要进一步援引《欧盟外观设计条例》第8条第（1）款规定的新颖性或根据《欧盟外观设计条例》第5条第（1）款第（b）项规定的仅由产品技术功能所决定的设计等无效理由。❶

四、案情解析

根据以上案情，本案的争议焦点主要在于争议外观设计是否是具备新颖性和独特性的设计、带有护手套的手套是否是复杂产品、争议外观设计的特征是否完全取决于产品外观设计必须实现的技术功能等四个方面。

（一）争议外观设计是否是具有新颖性和独特性的设计

在本案中，诉争外观设计的产品是一种保护性手罩。根据《欧盟共同体外观设计理事会规则》规定，共同体外观设计获得保护的条件是：与其他设计相比，申请保护的外观设计必须是具有新颖性和独特性（individual character）的设计。在要求受保护的外观设计提交注册申请的日期之前，如果没有完全相同的外观设计为公众所知晓，则该外观设计被视为具有新颖性；根据《欧盟外观设计条例》第6条第（1）款第（b）项，如果注册式共同体外观设计在知情用户身上产生的总体印象与在注册共同体外观设计申请提交之日前向公众提供的任何外观设计在知情用户身上产生的总体印象不同，则该注册共同体外观设计必须被视为具有独特性保护的外观设计（如果要求优先权，以优先权的日期为准）；第6条第（2）款规定，在评估个人特征时，必须考虑设计师在设计过程中的自由度。

本案中，防护性手罩的知情用户（不是专家或生产商）应是熟悉防护手套的人，尤其是那些配备有防护性手罩的人。在争议外观设计申请日之前的相关时期内，主要通过知情用户自己的经验或对这些产品的兴趣，在市场上购买该产品。设计师开发争议外观设计的自由度越大，冲突外观设计之间的细微差异就越不会产生差异的整体印象。然而，这个因素并不能

---

❶ 《欧盟外观设计条例》第5条第（1）款第（b）项：注册共同体外观设计在要求保护的外观设计注册申请提交日之前或优先权日之前，如果没有相同的设计已为公众所知，则该设计应被认为是新的。第8条第（1）款：注册共同体外观设计的产品外观特征不能仅仅由产品技术功能所决定。

决定它们之间的差异有多大，它只是进行审核和评估，包括对某些特征或元素的整体印象赋予权重。设计师的自由受到限制，特别是在产品的技术功能或其组成部分所施加的特性方面，或在法定要求方面，导致某些特性的标准化，从而适用于拟用于有关产品的设计。然而，产品的预期用途要求存在某些特征，这一事实并不自动意味着设计师的自由受到限制。在这方面，申请人辩称，争议外观设计的设计者在设计时没有受到实质性限制，作为支撑，申请人提交了不同保护性手罩作为例子。在没有对设计者施加任何特定限制的情况下（除了遵循人体手指的人体工程学的轮廓之外），有争议的外观设计与先前公开的外观设计的相似性将对知情用户产生影响，该知情用户可以将争议外观设计视为先前公开的设计的替代品。有鉴于此，可以得出结论，从知情用户的角度来看，考虑到设计师在争议外观设计中的自由度以及在上述情况下的其他情况，本案存有争议的外观设计不会产生与先前设计不同的总体印象。因此，争议外观设计缺乏《欧盟外观设计条例》第6条第（1）款第（b）项意义上的独特性。欧盟知识产权局异议部在文件中没有发现任何可以证明相反结论的证据，保护性手罩的设计者显然是根据人类手指的人体工程学来设计的，在开发过程中没有其他独特性的设计。

通过以上对案情的梳理，根据判例法，对共同体外观设计独特性的评估实质是通过四步骤审查的结果：首先，审查要确定外观设计拟置入的产品或拟应用的产品所属部门；其次，根据这些产品的用途确定这些产品的知情用户，并参照知情用户确定对现有技术的认识程度，或直接比较设计时的注意程度；再次，考察设计师在开发其外观设计时的自由度；最后，总体考量所涉部门、比较所涉外观设计的结果、设计师的自由度、有争议的外观设计和任何已向公众提供的早期外观设计对知情用户产生的总体印象。需要注意的是，为了确定争议外观设计的产品所属的部门，应当研究外观设计本身，以说明产品的性质、预期用途或功能。知情用户是一种法律虚构，"用户"意味着有关人根据该产品的预期用途使用该外观设计所包含的产品。限定词"知情"还表明，用户在不是设计师或技术专家的情况下，熟悉有关部门存在的各种外观设计，对这些外观设计通常包括的特征有一定程度的了解,并且由于他/她对有关产品的兴趣,在使用时表现出相对较高的关注度。

(二)带有护手套的手套是否是复杂产品

本案诉争的外观设计涉及手部,特别是手指的保护覆盖物,无效申请人主张被申请人的外观设计专利构成《欧盟外观设计条例》规定的复杂产品。但专利异议部认为,根据《欧盟外观设计条例》,复杂产品由允许产品拆卸、更换和重新组装的若干部件组成。然而,申请人提交的EP2850957A1号外观设计专利涉及相同类型的手指保护,只是建议了另一种解决方案,即"本发明包含一种由不同抗腐蚀材料制成的保护元件或附件,该附件被胶合或牢固地固定在手套的每一端,无论是在手套的内侧还是外侧,不得拆卸或更换保护指套,唯一明确的方法是将指套牢固地固定在手套上,即用胶水粘住指套,不允许更换指套"。因此,申请人未能证明与争议外观设计有关的产品应被鉴定为复杂产品的组成部分。由此可知,根据《欧盟外观设计条例》第4条第(2)款对零部件的保护性限制不适用于争议外观设计。此外,申请人没有提供充分的证据证明与争议外观设计有关的产品如果并入手套中会是不可见的,因为上述技术发明说明书包含手套内外两个位置,并且视图仅描述了手套内部的尖端,视图没有说明手套本身。如果没有任何证据表明争议外观设计是如何使用的,也不能排除防护性手罩的部分可见性。因此,无论在何种情况下,申请人根据《欧盟外观设计条例》规定的复杂产品提出的权利要求都必须被视为未经证实而予以驳回,并且必须在具备新颖性和整体独特性条件下对外观设计进行评估。

可见,在根据《欧盟外观设计条例》第4条第(2)款规定对复杂产品进行无效理由评估时,首先要确定争议外观设计是否拟纳入构成复杂产品一部分的产品中;其次要确定产品在正常使用期间是否可见。根据《欧盟外观设计条例》的规定,应用于或包含在构成复杂产品组成部分的产品上的外观设计,要满足新颖性和独特性要求,该组成部分被包含在复杂产品中后仍需在正常使用过程中能够为人所见,并且零部件的这些可见特征本身也要符合新颖性和独特性要求。"正常使用"是指最终用户的使用,不包括维护、保养或修理工作。"复杂产品"是由多个可更换部件组成的产品，允许拆卸和重新组装。

（三）争议外观设计所具有特征是否是产品外观设计必须实现的技术功能

根据《欧盟外观设计条例》第8条第（1）款，"注册式共同体外观设计的产品外观特征不能仅仅由产品技术功能所决定"。本案申请人声称，争议外观设计的特征完全由产品技术功能决定，因此，应宣布无效。争议的外观设计包含在手套的保护部分，它是一个无缝衔接的紧凑整体的一部分，根据"注册共同体外观设计的产品外观特征不能仅仅由产品技术功能所决定"作出的任何结论都必须涉及整个设计。

判断某个产品外观特征是否仅取决于其技术功能，应当审查技术功能是否是决定这个产品外观特征的唯一因素。存在其他替代外观设计并不能成为审查的决定性标准，应当考虑个案中所有客观的决定性情况，而不是从一个"客观观察者"的角度进行判断。需要说明的是，一个产品的某些外观特征因"仅取决于技术功能"而不受外观设计保护，并不意味整个产品的外观设计无效。根据《欧盟外观设计条例》立法理由第10条第（4）款规定，因"仅取决于技术功能"而不受保护的外观设计特征在评估该外观设计的其他特征是否满足保护的要求时不应予以考虑。可见，只有当一个产品所有的必要特征均"仅取决于技术功能"时，整个设计才会被宣告无效。

为了确定产品外观的基本特征是否仅由产品的技术功能决定，首要的是确定该产品的技术功能是什么。适当的做法是查看外观设计本身，以便在更广泛的注册产品类别中更好地确定相关产品。必须对设计的特征是否由其技术功能决定进行评估，特别是争议外观设计、决定有关产品外观特征选择的客观情况以及关于替代外观设计的使用或存在具有相同技术功能的替代外观设计的信息，前提是有关替代外观设计存在的情况、数据或信息有可靠证据支持。可以考虑描述有关结构的技术要素的专利文件，但是如果没有进一步的事实、证据和论据说明专利的附图本身就不能确定争议共同体外观设计的技术功能。因此，有必要客观地看待争议外观设计，并根据现有证据得出结论，除了产品所体现的技术解决方案外，还要关注产品的视觉外观是否在设计过程中发挥了相关作用。

（四）信息披露

原则上，本案中，申请外观设计无效的申请人有责任证明其用以证明被申请人的争议外观设计无效的引证外观设计存在信息披露的事实。对信息披露提出质疑的无锡纺乾手套有限公司应证明本案中的引证外观设计在正常业务过程中不会被在欧盟范围内运作的有关部门的专业人士所知，从而反驳申请人认为引证外观设计已构成信息披露的观点。

根据《欧盟外观设计条例》的相关规定，如果一项外观设计在有争议的外观设计提交日或其优先权日之前，已在注册后发布或以其他方式发布，或在有争议的外观设计提交日或其优先权日之前展示、用于交易或以其他方式披露，则该项外观设计将被视为已向公众提供。证据显示，引证外观设计专利 EP2850957A1 以及 US20140304879A1 分别于 2015 年 3 月 25 日、2010 年 10 月 16 日发布，而争议外观设计于 2019 年 1 月 21 日才提出申请。世界范围内任何工业产权局发布的设计均构成《欧盟外观设计条例》所指的披露事件，并且这些引证外观设计均在争议注册共同体外观设计的归档日期之前。根据《欧盟外观设计条例》规定，外观设计是产品的视觉外观，无论是否附带任何知识产权。因此，只要引证外观设计专利 EP2850957A1 以及 US20140304879A1 等具有《欧盟外观设计条例》规定的外观设计所需特征即可，不要求申请人所依赖的外观设计是专利，而信息披露是在授予专利之前还是之后进行也并不重要。因此，在外观设计持有人没有任何异议的情况下，专利授权公告号为 EP2850957B1 以及专利申请公告号为 US20140304879A1 的两个专利描述的用于保护性手罩的元件的外观设计被视为进行了信息披露。

五、镜鉴启示

（一）合理利用外观设计无效程序，进行外观设计的海外布局

在申请欧盟外观设计注册过程中，欧盟专利审查部门仅核实该申请是否属于外观设计，并且该外观设计是否违反公共政策或道德，而不主动审

查该外观设计是否构成新颖性或独特性。第三方可以在外观设计注册后申请启动无效程序，请求声明该外观设计无效。对于外观设计无效的申请，可以由任何自然人或法人以及有权的公共机构向欧盟知识产权局专利无效部门提出。无效申请人可以根据《欧盟外观设计条例》所述的理由请求欧盟知识产权局专利无效部门宣布外观设计无效。如本案中，智利 Resafe Spa 水疗中心正是援引外观设计缺乏独特性的规定，针对无锡纺乾手套有限公司提起的专利无效申请。无锡纺乾手套有限公司现仅有专利号为 CN305033842S、CN304036323S 的两个外观设计专利（CN304050206S 号外观设计专利目前授权已终止），分别为万圣节手套、防撞击手套和宠物手套，生产的劳保手套及家用手套产品 100% 出口，产品远销欧洲等多个国家和地区，欧盟知识产权局授权的共同体外观设计对于无锡纺乾手套有限公司的重要性不言而喻。

本案申请人的做法也为我国很多"走出去"的小微企业如何进行专利布局提供了启示。基于技术后发的现实，我国很多小微企业在"走出去"过程中面临海外竞争对手设置的"专利壁垒"，存在海外专利布局难的问题。然而，海外竞争对手用以构筑"专利壁垒"的专利也并非"铁板一块"，很多专利由于缺少实质审查或者受到审查质量的影响存在"法律瑕疵"，我国企业完全可以通过专利以及技术分析，利用各国的专利无效程序，无效相关外观设计专利，从而打开海外专利布局的突破口。企业在欧盟申请外观设计无效程序，应注意以下问题：（1）申请人要了解欧盟专利无效的理由。一件欧共体外观设计可基于若干理由被宣告无效，这些理由包括：不符合欧共体外观设计的定义；违反道德的外观设计；机械式接口的形态外观设计；正常使用时属于隐藏式组件的外观设计；以及由功能实施的设计而该设计无法以任何形状制出；不具有新颖性；缺乏独创性；不属于自称拥有所有权的人；或与在先权利（如依国家或国际法受到保护的著作权、国家外观设计、商标或商号等）相冲突；在后续外观设计使用特殊签名，按照共同体法律或成员国法律规定，签名的权利人禁止使用特殊签名。（2）确认申请人、被申请人的身份条件和无效申请的受理机关。申请宣告一件欧共体外观设计注册无效，可向欧盟知识产权局专利无效部门提出。无效宣告申请可由任何人提出，但是基于在先权利的无效理由的情况除外，在这种情况下，只有利害关系人才可以提出申请。申请无效将以所有权人为被请求方在欧盟知识产权局无效部进行听证。(3) 熟练掌握欧盟外观设计无效申请的异议解决机制。对异议部的裁定可上诉至欧洲知识产权局诉讼委员会，并且最后可上诉至一审欧洲法院。欧盟各成员国中的少数共同体外观设计法院也可以审查一件欧盟外观设计注册的有效性，但仅限于在侵权诉讼中以被告所提出的反诉或是在某些情况下以答辩为基础。(4) 对于欧共体外观设计注册的无效宣告将适用于整个欧盟且该外观设计的权利被视为自始无效。❶

（二）企业应提升外观设计专利的质量

良好的产品外观设计是消费者购买产品时考虑的重要因素之一，甚至是决定性的作用。目前我国是外观专利申请的大国，外观设计申请量已多年高居全球第一，然而，外观设计的质量尚有很大提升空间。国家知识产权局规划发展司在2015年11月发布的《2014年中国有效专利年度报告》显示，截至2014年年底，我国外观设计专利平均维持2.9年，维持5年以上的只占10.7%。而根据《欧盟外观设计发展情况（2010~2019）》报告调查发现，EUIPO授权的外观设计，有效维持年限在10年以上的占比均在50%以上，维持年限在15年以上的占比大约为30%。❷ 因此，我国企业应进一步提升在海外布局中外观设计的质量。

明晰欧盟外观设计要件构成，是提高在欧盟布局外观设计质量的关键。欧盟采取单独立法的方式制定了专门的外观设计保护法——《欧盟外观设计条例》，保护形式包括注册式欧共体外观设计与非注册式欧共体外观设计。(1) 根据《欧盟外观设计条例》，一件可被保护的欧共体外观设计的定义为产品的线条、外形、色彩、形状、织物及材料或该产品的装饰组成的产品全部或部分的外观。"产品"是指任何工业或手工

---

❶ David Musker. 欧盟外观设计专利制度介绍 [J]. 电子知识产权，2004 (4): 29–32.
❷ 颜森. 《欧盟外观设计发展情况 (2010–2019)》报告述评 [J]. 中国发明与专利，2020 (8): 24–30.

制品，其中包括将组合成复合型产品的包装、装订、图表符号以及印刷字体，但不包括计算机程序。复合型产品是指由多个部分组成的产品，这些部分可由产品的分拆和重组替代。因此，根据以上定义，可注册的欧共体外观设计包括图案、形状、装饰品、质地、设计、标牌、字体以及色彩。欧盟外观设计保护延伸到了所有产品，甚至保护到以技术性功能为唯一设计目的的外观设计，对外观设计的保护涵盖产品的内部与外部特征，只要此类特征可以某种不同的形状完成即可。但对于作为个别项目的内部组件或备用零件而言，它不能提供有效保护。由此可见，欧盟外观设计并不像美国一样严格区分外观设计和发明专利，一些功能性、实用性与艺术性不可分离的工业品也能得到有效的外观设计保护；欧盟外观设计也不同于我国对外观设计的保护范围。《欧盟外观设计条例》甚至保护到以技术性功能为唯一设计目的的外观设计（除非该设计无法以任何形状制出）。（2）根据《欧盟外观设计条例》，欧共体外观设计获得保护的条件是：与其他设计相比，申请保护的外观设计必须是具有新颖性和独创性的设计。新颖性是指对于非注册式欧共体外观设计，在要求保护的该外观设计首次为公众所知的日期之前；对于注册式欧共体外观设计，在要求受保护的外观设计提交注册申请的日期之前（如果要求优先权，则在优先权日期之前），如果没有完全相同的外观设计为公众所知晓，则该外观设计被视为具有新颖性，如果外观设计的区别特征仅限于非重要细节，这些外观设计应被认为完全相同。独创性是指对于注册式欧共体外观设计提交注册申请的日期之前（如果要求优先权，则在优先权日期之前），如果见多识广的用户在浏览外观设计时的整体印象明显地不同于其在浏览任何公之于众的外观设计时的整体印象，则该外观设计被视为具有独创性。

通过以上分析，欧盟将创造性明确为保护条件，权利的确认和保护不再与产品密切结合，判断相近似时不再过分依赖产品类别，使外观设计保护客体则能够更独立于产品而上升到设计本身。因应这一规定与要求，我国企业要在欧盟布局外观设计，应更侧重与设计本身独特性的强化。具体而言，企业应跟踪与追随消费审美需求的提升，在设计风格以及细节上进行更加精致的雕琢，产生别具一格的审美风格特色。此外，企业想要快速提高外观设计的质量，也可以通过委托专业的设计代理公司来进行专业化的设计，提高外观设计的实际效果和推广效果，从而避免所申请的外观设计在形状、图案、颜色及其结合上与申请日前已有相关设计没有实质的区别，产生不同于在先设计的整体印象，满足新颖性和独创性的要求，保证外观设计的质量。

(三) 中小企业应加强海外外观设计布局

《欧盟外观设计发展情况（2010~2019）》报告显示，2010~2019年，来自中国的申请累计增长890.4%，这说明中国企业对于在欧盟注册欧共体外观设计申请越来越重视，欧盟市场已成为中国企业十分青睐的域外市场。然而，2010~2019年，累计申请量前十名的企业中并没有中国的企业，这说明我国企业的域外外观设计专利布局不足，仍有较大的提升空间。外观设计作为能直观感受到的具备美感的产品重要特征，对消费群体有着不可小觑的影响力。尤其是家具、服装、电子产品等申请量较多的流行性和时效性较强的行业，外观设计甚至会起到决定性作用，并且相对于发明、实用新型专利申请，外观设计的申请会更加便捷，"获权"成本更低。因此，对于我国中小企业而言，可以以外观设计作为产品域外知识产权保护的切入点，制定其知识产权全球战略，提升企业的全球竞争力。

案例二

"含 pH 调节器的紫杉烷制药溶液及其制备方法"专利权宣告无效请求案

☞入选理由：本案涉及欧洲专利异议程序中权利维持策略问题。通过本案，有利于中国企业在专利无效案件中适时修改专利申请文件，从而维持专利的权利有效状态，以及有效利用"稻草人"制度，隐藏真实的商业意图。

一、基本信息

审理机构：欧洲专利局异议部。
申请人：案卷未予披露。
被申请人：江苏天士力帝益药业有限公司。
处理时间：2018年11月6日。

二、案情介绍

（一）基本案情

2017年2月10日，申请人以本案被申请人江苏天士力帝益药业有限公司 EP2491919B2 号专利存有争议为由，向欧洲专利局提出异议申请，请求将有争议的专利权整体撤销。申请人认为，被申请人被授予专利的权利要求第1~8项的主题符合《欧洲专利公约》第100条第（a）款规定的不可专利性，因此，该项专利属于不可授予专利的范畴。此外，根据《欧洲专利公约》第 100 条第（b）款规定，没有以足够清晰和完整的方式披露该发明，使其能够由一名技术熟练的人实施的，属于披露不充分，而本案争议的专利就属于没有充分披露。2017 年 7 月 24 日，被申请人进行了应诉，向欧洲专利局要求驳回申请人的请求，坚持其专利权符合法律规定的条件（见表 2-2-1）。

表 2-2-1 《欧洲专利公约》相关条款❶

中　　文	英　　文
第 54 条：（1）如果一项发明不属于现有技术，该发明应当认为是新颖的。 （2）现有技术应当认为包括在欧洲专利申请日以前，依书面或者口头描述的方法，依使用，或者依任何其他方法，公众可以得到的一切东西。 （3）此外，已经提交的欧洲专利申请的内容，如果该申请的申请日是在第（2）款所述的日期以前，并且该申请在该日或该日以后公布的，应当认为包括在现有技术以内。 （4）第（2）款和第（3）款的规定，不应排除属于现有技术中的任何物质或者组合物在第 53 条第（c）项所述方法中的用途的可享专利性，但以该物质或者组合物在任何这种方法中的用途没有包括在现有技术内为限。 （5）第（2）款和第（3）款的规定，还不应排除第（4）款所述的任何物质或者组合物在第 53 条第（c）项所述的任何方法中的任何特定用途的可享专利性，但以这种用途没有包括在现有技术内为限。	54：（1）An invention shall be considered to be new if it does not form part of the state of the art. （2）The state of the art shall be held to comprise everything made available to the public by means of awritten or oral description, by use, or in any other way, before the date of filing of the European patent application. （3）Additionally, the content of European patent applications as filed, the dates of filing of which are prior to the date referred to in paragraph 2 and which were published on or after that date, shall be considered as comprised in the state of the art. （4）Paragraphs 2 and 3 shall not exclude the patentability of any substance or composition, comprised in the state of the art, for use in a method referred to in Article 53（c）, provided that its use for any such method is not comprised in the state of the art. （5）44 Paragraphs 2 and 3 shall also not exclude the patentability of any substance or composition referred to in paragraph 4 for any specific use in a method referred to in Article 53（c）, provided that such use is not comprised in the state of the art.

---

❶ 《欧洲专利公约》2020 年 11 月第 17 版［EB/OL］.［2021-04-04］. https：//wipolex. wipo. int/en/text/501152.

续表

中文	英文
第56条：如果考虑到现有技术，一项发明对于熟悉有关技术的人员不是显而易见的，该发明应当认为含有创造性。如果现有技术还包括第54条第（3）款所称的文件，这些文件在决定是否有创造性时不应予以考虑。	56：An invention shall be considered as involving an inventive step if, having regard to the state of the art, it is not obvious to a person skilled in the art. If the state of the art also includes documents within the meaning of Article 54, paragraph 3, these documents shall not be considered in deciding whether there has been an inventive step.
第83条：欧洲专利申请必须以足够清楚和完整的方式公开发明，使熟悉有关技术的人员能够实施该发明。	83：The European patent application shall disclose the invention in a manner sufficiently clear and complete for it to be carried out by a person skilled in the art.
第100条：异议只能根据下列理由才可以提出： （a）根据本公约第52～57条的规定，欧洲专利的主题是不可享有专利权的； （b）欧洲专利并没有以足够清楚、完整的方式公开发明，以致熟悉有关技术的人员不能实施该发明； （c）欧洲专利的主题超出了原提出申请的内容，或者如果专利是根据分案申请或者根据本公约第61条提出的新申请授予的，其主题超出了原提出的在先申请的内容。	100：Opposition may only be filed on the grounds that： （a）the subject–matter of the European patent is not patentable under Articles 52 to 57； （b）the European patent does not disclose the invention in a manner sufficiently clear and complete for it to be carried out by a person skilled in the art； （c）the subject–matter of the European patent extends beyond the content of the application as filed, or, if the patent was granted on a divisional application or on a new application filed under Article 61, beyond the content of the earlier application as filed.
第123条：修改： （1）欧洲专利申请或者欧洲专利在欧洲专利局的程序中可以根据实施细则加以修改。在任何情形下，应当允许申请人至少有一次机会主动修改申请。 （2）欧洲专利申请或者欧洲专利的修改，其主题不得超出原提交申请的内容。 （3）欧洲专利不得以超出其所授予保护范围的方式加以修改。	123：Amendments： （1）The European patent application or European patent may be amended in proceedings before the European Patent Office, in accordance with the Implementing Regulations. In any event, the applicant shall be given at least one opportunity to amend the application of his own volition. （2）The European patent application or European patent may not be amended in such a way that it contains subject–matter which extends beyond the content of the application as filed. （3）The European patent may not be amended in such a way as to extend the protection it confers.

（二）背景介绍

1. 被申请人背景介绍

（1）被申请人基本情况。

江苏天士力帝益药业有限公司（以下简称"江苏天士力"）是天津天士力集团公司和江苏淮阴华新集团在原江苏帝益药业有限公司基础上实行股权转让，于2003年4月组建成立的集医药研究、生产、销售为一体的现代化制药企业，属于天士力集团的子公司之一，是江苏省医药行业重点骨干企业。该公司的经营范围主要包括药品生产、预包装食品和散装食品销售、热食类食品制售、食品添加剂肌醇的生产和销售，自营和代理各类商品（含自产肌醇出口）及技术的进出口业务。❶

（2）被申请人专利布局情况。

江苏天士力在不同国家和地区的专利申请数量图（见图2-2-1）是根据其在2003~2020年度的专利申请情况绘制而成。通过该专利申请数量和申请国家及地区得到的专利布局情况，可以看出该公司在主要国际市场的专利布局。从图中可以看出，中国是江苏天士力专利布局最多的国家，共有75件，其次是欧洲专利局和澳大利亚。

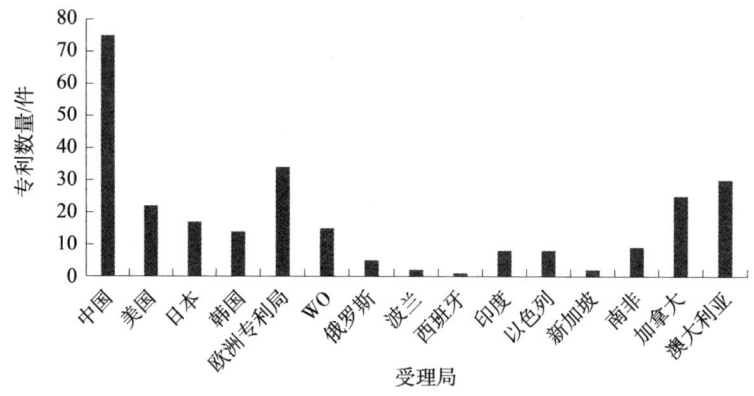

图2-2-1　江苏天士力全球专利布局情况

数据来源：大为innojoy专利数据库（2021年4月4日）

---

❶ 江苏天士力帝益药业有限公司概况［EB/OL］．［2021-03-30］．https：//yygsdiyi.company.lookchem.cn/．

江苏天力士的专利申请始于 2003 年，通过图 2-2-2 可以发现，其专利申请高峰集中在 2014～2017 年。截至 2020 年，在其申请的专利中，依然有效的是 120 件，处于审查状态的是 64 件，被宣告无效的 10 件。

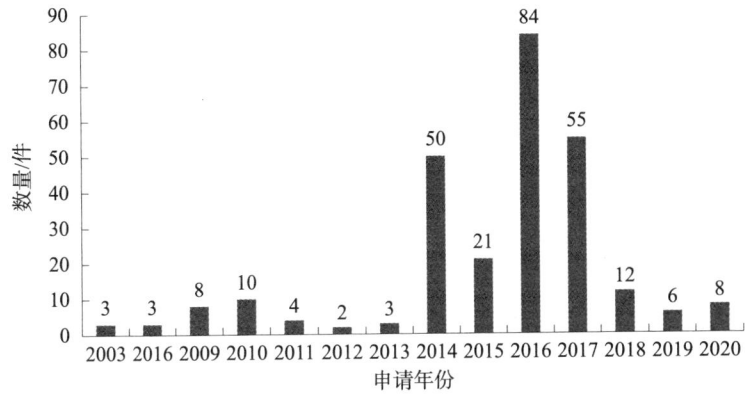

图 2-2-2　江苏天士力年度专利申请数量

数据来源：大为 innojoy 专利数据库（2021 年 4 月 4 日）

2. 诉争专利情况

（1）诉争专利基本情况。

本案所涉及的主要专利为被告江苏天士力的一项授权专利：EP2491919B2 号专利，基本情况如表 2-2-2 所示。

表 2-2-2　EP2491919B2 号专利基本信息

专利号	专利名称	申请日	法律状态
申请号：EP10824478 公开号：EP2491919B2	含 pH 调节器的紫杉烷制药溶液及其制备方法（Pharmaceutical solution of taxanes comprising pH regulator and preparation method thereof）	2010-10-22	授权

数据来源：智慧芽（PatSnap）全球专利检索数据库（2021 年 4 月 5 日）

本案争讼的 EP2491919B2 号专利是江苏天士力于 2010 年 10 月 22 日申请，于 2019 年 6 月 26 日获得授权，描述的是含 pH 调节器的紫杉烷制药溶液及其制备方法以及该紫杉烷药物溶液与乳剂的应用问题，该专利共有 10

项权利要求，如表 2-2-3 所示。

表 2-2-3　EP2491919B2 号权利要求书摘要

权利要求书摘要（中文）	权利要求书摘要（英文）
1. 一种紫杉烷类药物溶液，其成分比例如下：紫杉烷 1%~8%（g/ml）pH 调节剂适当的量足以调节 pH 到 2.0~4.0。其余为溶剂，其中溶剂是从 PEG-200、PEG-300、PEG-400 和 PEG-600 组成的基团中选择一种或多种。	1. A pharmaceutical solution of taxanes, wherein the proportions of ingredients are as follows: Taxanes 1%~8%（g/ml）pH regulator proper amount sufficient to adjust pH to 2.0~4.0. The balance is a solvent, wherein the solvent is one or more selected from the group consisting of PEG-200, PEG-300, PEG-400, and PEG-600.
2. 权利要求 1 的紫杉烷类药物溶液，其中成分的比例如下：紫杉烷 1%~6%（g/ml）pH 调节器适当的量足以调整 pH 值到 2.0~3.98。其余为溶剂，其中溶剂是从 PEG-200、PEG-300、PEG-400 和 PEG-600 组成的基团中选择一种或多种。	2. The pharmaceutical solution of taxanes of claim 1, wherein the proportions of ingredients are as follows: Taxanes 1%~6%（g/ml）pH regulator proper amount sufficient to adjust pH to 2.0~3.98. The balance is a solvent, wherein the solvent is one or more selected from the group consisting of PEG-200, PEG-300, PEG-400, and PEG-600.
3. 权利要求 2 中的紫杉烷类药物溶液，其中 pH 值通过 pH 调节器调整到 3~3.98。	3. The pharmaceutical solution of taxanes of claim 2, wherein the pH value is adjusted to 3~3.98 with the pH regulator.
4. 权利要求 1~3 中任何一种紫杉醇的药剂溶液，其中紫杉醇为紫杉醇或多西紫杉醇。	4. The pharmaceutical solution of taxanes of any one of claims 1-3, wherein the taxanes are paclitaxel or docetaxel.
5. 权利要求 1~3 任意一种紫杉烷的药剂溶液，其中 pH 调节器为水溶性酸。	5. The pharmaceutical solution of taxanes of any one of claims 1-3, wherein the pH regulator is water-soluble acid.
6. 权利要求 5 所述紫杉烷类的药剂溶液，所述水溶性酸包括从柠檬酸、乳酸、苹果酸、盐酸、乙酸、磷酸和酒石酸、优选柠檬酸所组成的基团中选择的一种或多种。	6. The pharmaceutical solution of taxanes of claims 5, wherein the water-soluble acid includes one or more kinds selected from the group consisting of citric acid, lactic acid, malic acid, hydrochloric acid, acetic acid, phosphoric acid and tartaric acid, preferably citric acid.
7. 权利要求 1~3 中任何一种紫杉烷的药剂溶液，其中溶剂为 PEG-400。	7. The pharmaceutical solution of taxanes of any one of claims 1-3, wherein the solvent is PEG-400.

续表

权利要求书摘要（中文）	权利要求书摘要（英文）
8. 一种根据权利要求 1~7 中的任何一种制备紫杉烷制药溶液的方法，其中该方法包括将紫杉烷和 pH 调节器溶解在溶剂中的步骤。	8. A method for preparing a pharmaceutical solution of taxanes according to any one of claims 1 – 7, wherein the method includes steps of dissolving the taxanes and the pH regulator in the solvent.
9. 如权利要求 8 所述的制备方法，其方法包括以下步骤：称量紫杉醇或多西紫杉醇；在溶剂中加入紫杉醇或多西紫杉醇；在 50~100℃加热和搅拌或剪切溶解；用溶剂稀释混合物；使用 pH 调节器调节 pH 值到 2.0~4.0；加入 0.01%~3%（g/ml）的注射用活性炭，在 25~100℃加热 15~120 分钟进行吸附；然后过滤、单独包装、封盖、灭菌，得到紫杉烷类药物溶液。	9. The preparation method of claim 8, wherein the method includes following steps: weighing paclitaxel or docetaxel; adding paclitaxel or docetaxel into a solvent; dissolved by heating and stirring at 50~100℃ or by shearing; diluting the mixture with the solvent; adjusting pH to 2.0~4.0 with the pH regulator; adding 0.01%~3%（g/ml）activated carbon for injection to perform adsorption by heating at 25~100℃ for 15~120 min; then filtering, separately packaging, cap – sealing and sterilizing to obtain the pharmaceutical solution of taxanes.
10. 一种包含根据权利要求 1~7 中的任何一种所述紫杉烷制药溶液和乳剂的工具包，其中紫杉烷制药溶液和乳剂装载在以组合方式排列的两个独立容器中。	10. A kit comprising the pharmaceutical solution of taxanes according to any one of claims 1 – 7 and an emulsion, wherein the pharmaceutical solution of taxanes and the emulsion are loaded in two separate vessels that are arranged in a combined manner.

数据来源：智慧芽（PatSnap）全球专利检索数据库（2021 年 4 月 5 日）

（2）诉争专利产品背景。

紫杉醇（商品名：紫杉醇）和多西他赛（商品名：Taxotem）属于紫杉烷类的两种抗癌药物，都属于水不溶性药物，几乎不溶于水（约 4ug/ml 的水溶性），口服后仅吸收 2%~4%，因此，该药物只能静脉内给药。为了提高紫杉醇的水溶性，可用的紫杉醇注射剂是无色黏性浓缩溶液，其由聚氧乙烯蓖麻油和无水乙醇按 50∶50（v/v）的混合溶剂制备。尽管复合溶剂的存在增强了紫杉醇的溶解度，但增溶剂尤其是聚氧乙烯蓖麻油容易引起一系列副作用，如呼吸困难、脸红、心慌和过敏反应、皮疹等，给患者带来很多潜在的安全隐患和痛苦。同样,可用的多西他赛制剂也存在问题。多西紫杉醇的临床制剂由 Tween-80 溶液和 13% 乙醇溶液组成。尽管在通过静脉滴注向患者给药时添加生理盐水可以改善多西紫杉醇的溶解性,但在该注射剂中用作增溶剂的 Tween-80 在一定程度上具有溶血作用。因此,可用的多西他赛制剂在临床应用中亦存在较大的药物安全性。为了改进这些临床中存在的缺点,很多相关工作人员积极寻找方法,例如 B. S. 安德森提交的题为"稳定的无毒性紫杉醇的肠胃外药"的专利申请、胡玉芳提交的题为"含有紫杉烷化合物的浓缩乳液及其使用方法"的专利申请。当前对该药物研发重点关注的关键技术在于所选材料的特性,例如生物相容性、剂型的体内耐受性和稳定性,尽管在某些剂型方面的研究取得了突破,但由于药物载量低和稳定时间短,临床应用仍然受到限制,因此无法达到有效的治疗浓度。

三、处理结果

欧洲专利局经过审理后,最终认为该专利有效。根据《欧洲专利公约》第 101 条第(3)款第(a)项:"符合本公约的要求的,应当决定维持修改后的专利,但以实施细则所规定的条件已经履行为限",在新的权利要求基础上以及在 2018 年 9 月 1 日举行的口头审理中提交的相应修改说明书,该专利将以修改后的形式保留,前提是满足实施细则中规定的条件。

四、案情解析

本案中,双方当事人都提出了口头审理的附属请求,因此,2017 年 11 月 13 日,欧洲专利局异议部向申请人和被申请人发出传票,要求双方出席于 2018 年 9 月 11 日举行的口头审理。口头审理之前,欧洲专利局异议部对于被申请人主要请求和辅助请求 1~4 中权利要求定义的 pH 范围存在疑问,申请人也提出了自己的请求。申请人根据《欧洲专利公约》第 123(2)条规定认为被申请人的所有请求都不符合该项规定,根据《欧洲专利公约》第 100 条第(a)款、第 54 条和第 56 条以及第 100 条第(b)款的规定,申请人请求撤销被申请人备案申请的全部专利。双方当事人提交了以下证据(见表 2-2-4)。

表 2-2-4 双方当事人提交的证据

文件	引用	出版日期	专利权人	异议人
D1	国际化联化学术语汇编"金皮书"版本 3.3.3,第 1088~1090 页关于 pH 的定义(IUPAC Compendium of Chemical Terminology "Gold Book", D1 2014 HW1 Version 3.3.3., pp. 1088 - 1090 relating to the definition of the pH)。	2014		HW1
D2	WO 2006/133510 液体药物制剂	2006.12.21		HW2
D3	WO 2004/043390 药物组合物和使用紫杉烷衍生物的方法	2004.05.27		HW3
D4	WO 93/00928 基于 TAXANE 类衍生物的新型组合物	1993.01.21		HW4
D5	WO 2009/047794 紫杉烷衍生物组合物	2009.04.16		HW5
D6	WO 2007/13454 燃油输送管	2007.11.29		HW6
D7	WO 03/053350 口服有效的紫杉烷衍生物的药物组合物	2003.07.03		HW7
D8	Strickley, R. G. Solubilizing excipients in oral and injeceable formulations [J]. Pharmaceutical Research, 2004, 21 (2): 201 - 230. 陈永明。口服和注射制剂中辅料的溶解性 [J]. 医药研究, 2004 (2): 21 - 21.	2004		HW8
D9	US20060067952 用于输送类紫杉醇和其他不溶性药物的低油乳液组合物	2006.03.30		HW9
D10	《药用辅料手册》(第 6 版),与聚乙二醇有关的第 517 - 522 页。(Handbook of Pharmaceutical Excipients, sixth edition, pages 517 - 522 relating to Polyethylene Glycol)。	2009	D10	HW10

续表

文件	引用	出版日期	专利权人	异议人
D11	《中华人民共和国药典》（第11卷），第923~925页；附录六，2005年第50~51页 Pharmacopoeia of the People's Republic of China, Vol. 11, pages 923-925; Appendix VI, pages 50-51, 2005.	2005	D11	HW11

欧洲专利局异议部在本案的审理过程中，主要聚焦于以下内容：第一，异议人能否向欧洲专利局提出异议问题；第二，涉案专利的主要请求和辅助请求是否违反《欧洲专利公约》。

（一）关于异议人能否向欧洲专利局提出异议问题

根据《欧洲专利公约》第76条第（1）款有关分案申请的规定"任何欧洲分案申请应当根据实施细则直接提交欧洲专利局。分案申请只可以就不超出在先提交的申请内容的主题提交；在遵守这一要求的限度内，分案申请应当视为在初次申请的申请日提交，并享有优先权"，第99条第（1）款有关异议的规定"自欧洲专利的授予在欧洲专利公报公布之日起9个月内，任何人可以通知欧洲专利局根据实施细则对该专利提出异议。在异议费缴纳以前，异议的通知不应视为已经提交"，以及第100条的规定，申请人的异议请求符合上述《欧洲专利公约》的条文规定，专利局可以接受其异议申请。

（二）关于争讼的主要请求问题

申请人认为被申请人专利违反了《欧洲专利公约》第83条和第123条第（2）款，其主要观点如下。

（1）专利权人提出的主要请求的权利要求1、权利要求2代表了双重修正案，排除了佐剂和水，为了证明该主张，异议人提交了专利权人已公布的原申请权利要求书的第12~14段（见表2-2-5）。

表 2-2-5　异议人提交的原申请权利要求书第 12~14 段

中　文	英　文
[0012] 最好的成分比例如下：紫杉烷 1%~8%（g/ml），pH 调节剂用量适当足可调节 pH 值至 2.0~4.0。如果有必要，平衡剂是溶剂和其他药物佐剂。	[0012] Preferably, the proportions of ingredients are as follows: Taxanes 1%~8% (g/ml) pH regulator proper amount sufficient to adjust pH to 2.0~4.0. The balance is a solvent and additional pharmaceutical ad/uvants, if necessary.
[0013] 更佳的成分比例如下：紫杉烷 1%~6%（g/ml），pH 调节剂用量适当足可调节 pH 值至 2.0~3.98，如有必要，平衡剂是溶剂和其他药物佐剂。	[0013] More preferably, the proportions of ingredients are as follows: Taxanes 1%~6% (g/ml) pH regulator proper amount sufficient to adjust pH to 2.0~3.98. The balance is a solvent and additional pharmaceutical adjuvants, if necessary.
[0014] 其中，所述附加的药物佐剂是在制备药液过程中添加的物质，制药溶液可按要求配制，如增溶剂、等渗调节剂、表面活性剂等螯合剂等，事实上，是否添加这些药物佐剂取决于紫杉烷、pH 调节剂和溶剂的性质。	[0014] Wherein, the additional pharmaceutical adjuvants are the substances that are added during preparation of pharmaceutical solution according to the requirement, for example solubilizer, isotonic regulator, surfactant and chelating agent etc. In fact, whether adding these pharmaceutical adjuvants or not depends on properties of the taxanes, pH regulator and solvent.

（2）该专利在以下方面存在披露不足：紫杉烷类的要求量，因为紫杉烷类的要求量作为唯一溶剂不会溶于水；pH 值范围，该项专利没有表明任何评估 pH 值的方法，异议人通过原申请文件证实其观点，原内容如表 2-2-6 所示。

被申请人坚持其主要请求没有违反相关规则，观点如下：PEG 溶剂的 pH 值的测定是医药领域众所周知的常用技术，《药物辅料手册》和《中华人民共和国药典》均有所记载。

表 2-2-6 异议人提交的原申请文件的相关内容

中文	英文
第 7 页第 15 行至第 8 页第 5 行 本领域技术人员将知道 pH 值是溶液中自由离子的量度。例如，游离氢离子存在于含有酸的酒精中。可通过将 pH 计直接放入液体制剂中来测量 pH 值，该 pH 计已使用标准水性缓冲液针对适当的 pH 范围进行校准。本领域技术人员知道可用于测量 pH 值的其他方法，该技术人员将进一步了解，虽然对于基本上非水的配方获得的 pH 计或者酸碱度计量器可能不是真实反映了溶液中实际的氢离子浓度，但它可能会给出一个有意义的与本文所公开的多西紫杉醇制剂的情况一样，指示溶液的相对酸碱性的可再现测量。 pH 计或者酸碱度计量器最好是在 3~7、更优选 3~6 的范围内。最理想的是，pH 计读数在 4~6 的范围内。这些范围是在室温（20~25℃）下进行的 lor 测量。本领域技术人员知道，pH 计或者酸碱度计量器根据温度而变化。	A person skilled in the art will know that pH is a measure of free H + ions in a solution. For example, free H + will exist in alcohol systems which contain acids. The pH may be measured by placing a pH meter directly into the liquid formulation, such pH meter having been calibrated for the appropriate pH range with standard aqueous buffers. Persons skilled in the art will know of other methods which may be used to measure pH. Such a person will further know that, while the pH meter reading obtained for a substantially non-aqueous formulation may not be a true reflection of the actual H + Ion concentration in the solution, it may nonetheless give a meaningful and reproducible measurement that indicates the relative acidity|basicity of the solution as is the case for the docetaxel formulations disclosed herein. Preferably, the pH meter reading is in the range from 3 to 7, more preferably 3 to 6. Most preferably, the pH meter reading is in the range of from 4 to 6. These ranges are for measurements made at room temperature (20 to 25℃). A person skilled in the art will know that the pH meter reading will vary depending on the temperature.
第 11 页第 7~8 行 观察到表观 pH 值为 54（相当于酒石酸缓冲液 pH 值为 3.8）的溶液最稳定。	A solution with apparent pH 5.4 (corresponding to tartrate butter pH 3.8), was observed to be most stable.

欧洲专利局认为被申请人的主要请求是符合条件的。(1) 根据《欧洲专利公约》第 80 条："欧洲专利申请的申请日是指实施细则中所规定的要求均已履行之日。"该专利权利要求 1、权利要求 2 将溶剂定义为包括从

PEG-200、PEG-300、PEG-400、PEG-600、丙二醇和注射用水组成的组中选择的一种或多种溶剂。主要请求的权利要求1、权利要求2将所述溶剂限定为选自PEG-200、PEG-300、PEG-400、PEG-600和丙二醇组中的一个或多个。限定主要请求的权利要求的范围,因此符合《欧洲专利公约》第80条规定。(2)根据《欧洲专利公约》第123条第(2)款规定,欧洲专利局异议部认为上述主要请求的修改是由于缩小了原申请文件中的溶剂清单所导致的,因此,主要请求符合第123条第(2)款规则。(3)根据《欧洲专利公约》第83条规定,欧洲专利局异议部指出主要请求的权利要求1、权利要求2中定义的溶剂不含水,所以异议人关于低溶解度的论点与主要请求无关;被申请人无法提供任何证据来评估由丙二醇组成的组合物/溶液的pH的标准方法。因此,主要请求不符合《欧洲专利公约》第83条的规定。

(三)关于争讼的辅助请求1问题

申请人认为被申请人的辅助请求1违反了《欧洲专利公约》第123条第(2)款、第83条、第100条第(a)款和第56条规定,其独立权利要求1和权利要求10的主题不涉及创造性,主要观点如下:(1)辅助请求1中提出的修改在原申请的内容中增加了主题,可以用前述主要请求的证据证明违反了《欧洲专利公约》第123(a)条规定;(2)辅助请求1中所述的发明没有充分披露,同样可以用前述主要请求的证据证明其违反了《欧洲专利公约》第83条规定;(3)关于辅助请求1的独立权利要求1,双方都认为WO2009047794号专利描述的发明是最接近的现有技术。为了区分技术特征,存在一个显著特点,即辅助请求1中没有聚山梨酯80,但聚山梨酯80在WO2009047794号专利中必不可少。辅助请求1中,技术人员知道,在溶液与乳液混合的情况下,因为紫杉烷将溶于最终乳液体系的油相,所以聚山梨酯80不是必需的。同时,由于聚山梨酯80会引起严重的超敏反应,技术人员将致力于从WO2009047794号专利的溶液中排除聚山梨酯80。关于辅助请求1的独立权利要求10,US20060067952号专利是最接近的现有技术,而权利要求10的组合物和其组合物没有差异。

被申请人则坚持其辅助请求完全符合异议人所述的规则，独立权利要求 1 和权利要求 10 的主题也具有创造性，其观点如下：（1）异议人的论证方式是基于后见之明，是在得出结果才反推过程的；（2）权利要求 10 与 US20060067952 号专利还有一个区别特征在于权利要求 10 的组合物中不存在磷脂。

欧洲专利局异议部认为辅助请求 1 符合第 123 条第（2）款、第 83 条、第 56 条规定，其权利要求 1 的主题具有创造性，但权利要求 10 的主题不具有创造性，主要观点如下：（1）根据上述对主要请求的结论同样证明了辅助请求修改的主题是符合《欧洲专利公约》第 123 条第（2）款规定的；(2）被申请人已经表明技术人员可以使用《药物辅料手册》和《中华人民共和国药典》中反映的公共常识来填补关于评估 pH 的反对专利披露的空白，因此符合《欧洲专利公约》第 83 条规则；（3）申请人对独立权利要求 1 的论证方式是基于后见之明。从 WO2009047794 号专利开始，考虑到降低过敏反应风险的技术问题，本领域技术人员仅在事后才想到提供由紫杉烷、pH 调节剂和 PEG 溶剂组成的主要药物溶液，因此具有创造性。关于权利要求 10，其定义的药物组合物中不排除磷脂，还公开了磷脂的掺入。因此，权利要求 10 不具有创造性。

（四）关于争讼的辅助请求 2 问题

申请人认为辅助请求 2 不具有《欧洲专利公约》第 56 条规定的创造性：US20060067952 号专利披露的成分长期稳定，其组成分为两个部分是显而易见的，技术问题可以从提供替代该专利披露的药物组合物中看出来。

被申请人认为根据权利要求 1，该辅助请求的创造性是从药物溶液的创造性中衍生出来的，因此，辅助请求 2 也具有创造性。

欧洲专利局异议部认为异议人的观点是基于后见之明的，该辅助请求具有创造性。

五、镜鉴启示

（一）密切追踪海外竞争对手专利情报信息，及时调整研发方向和内容

追踪与利用专利情报信息，特别是竞争对手的专利情报信息，是企业把握业界技术发展最新方向，提升研发质量与效率的有效方式。专利情报是指通过对相关专利文献的跟踪、分析，及时把握有关行业前沿技术的发展趋势，具有非常高的技术经济价值。据统计，检索专利情报可以节约40%的研发经费、缩短60%左右的研发时间。专利情报信息分析是指对大量、个别的专利说明书、公报中的专利信息进行加工，并利用统计方法、技术手段等使这些专利信息具有纵览全局、预测未来技术发展的功能。❶

在本案中，尽管最后欧洲专利局异议部判决被申请人的专利有效，但不可否认的是，申请人在对其专利异议的过程中，所采用的证据利用了行业领域最新的发明技术成果信息。通过把最新的专利信息与被申请人专利权利要求和说明书的内容对比，得出不具有创造性，不应该授予专利的结论。尽管其比对方式存在不适宜，结论存在错误，但其重视专利情报并积极利用专利情报的态度值得我国企业学习。因此，我国企业在进入某一海外市场之前，宜系统收集相关竞争对手专利情报，通过对竞争对手专利数量的分析、专利 IPC 的分析、同族专利的分析、被引专利的分析、发明人的分析，可以对竞争对手的研发重点、专利战略、最新研发方向、技术优势等方面有一个较为全面的认识。在产品进入市场之后，也要密切追踪竞争对手的动态，随时调整企业的研发方向与重点。

（二）适时修改专利申请文件，维持专利权有效状态

欧洲的专利异议程序与我国的专利无效宣告程序相似，是在专利被授权后启动的一项对发明技术的可专利问题进行再审查的程序，用以提高授

---

❶ 于潇，孙英隽. 专利情报分析对企业创新的影响研究 [J]. 情报科学，2007（11）：1668 - 1671, 1678.

权专利的质量。欧洲的专利异议程序不同之处在于，在我国，任何人都可以提出专利无效的请求，包括专利权人自己也可以提出无效请求，但是在欧洲的异议程序中，专利权人是不可以对自己的专利提出异议的。一旦进入异议程序，专利权人可以对已经获得授权的专利文件进行修改，来限缩专利权的范围，从而继续保证专利权的有效性。但专利申请文件的修改并不以异议的理由为限，即使异议人没有提出理由，专利权人也有权修改申请文件，只是修改的内容不能超过专利授权时的保护范围。❶《欧洲专利公约》第 123 条规定了专利申请文件有关修改的内容："（1）欧洲专利申请或欧洲专利可在欧洲专利局的程序中进行修改，无论如何，申请人应有至少一次自愿修改申请的机会；（2）欧洲专利申请或欧洲专利不得修改为包含超出所提交申请的内容的主题；（3）欧洲专利不得以扩大其给予的保护的方式进行修改。"

根据上述规定，我国企业在涉及欧洲专利异议纠纷时，可以通过对专利申请文件进行修改的方式，保持专利权的有效性，从而获得胜诉。但要注意在修改专利申请文件时，通常仅限于权利要求内容的合并、删除与技术方案的删除。此外，还要保证修改不会扩大专利授权的保护范围，不增加原来不存在的内容。常见的不允许修改的方式主要有：删除权利要求中的技术特征；增加新的权利要求、实验数据、技术特征等。本案中，专利权人正是充分利用了专利文件修改的规则，缩小了权利要求的范围，进而在口头审理中获得了欧洲专利局的支持，最终赢得诉讼。

（三）利用专利无效的"稻草人"制度，避免暴露真实商业意图

《欧洲专利公约》第 99 条第 1 款规定："在《欧洲专利公报》公布授予欧洲专利之日起 9 个月内，任何人都可以根据《实施条例》规定的细则向欧洲专利局提出异议请求。在缴付异议费之前，不得视为已提出异议请求。"这条规定表明在专利无效审查中，无效请求人并没有被特定化，即真正想提出无效请求的人，可以通过他人代为提出无效请求，而不必自己提出，反映在无效请求案件中的申请人，就是指某个看不出真正关联的

---

❶ 徐明. 欧洲专利制度研究［M］. 上海：华东理工大学出版社，2017：111 - 112.

人，这就是著名的"稻草人"制度。我国《专利法》亦有相类似的规定，其第45条规定："自国务院专利行政部门公告授予专利权之日起，任何单位或者个人认为该专利权的授予不符合本法有关规定的，可以请求国务院专利行政部门宣告该专利权无效。"企业采取"稻草人"制度，往往用在还没有和对方发生直接专利侵权纠纷时，由于此时双方的冲突还没有公开化、表面化，企业还不想让对方知道自己在攻击其专利，以免引起正面冲突。此外，企业如果想为之后的产品开发或者商业计划，减少专利障碍或者通过专利挑战，提升企业的知名度，也可以利用该制度。

我国企业在海外的专利无效程序中，也可利用该制度。通过该制度，可以达到在试探竞争对手专利强度的同时，不会暴露自己真实的商业意图，能够有效避免专利权人针对性地提起报复性专利挑战或者专利侵权诉讼。然而，企业在利用该制度时，也要保持小心谨慎的态度，尽量减小与"稻草人"的关联性，并且要与"稻草人"签订完备的保密协议，从而避免暴露自己身份和真实意图。

案例三

"具有改进注射性能的可注射悬浮液"专利权无效宣告请求案

☞ **入选理由**：本案涉及欧洲专利无效法律依据问题。通过本案，可从提升专利文件撰写质量与利用辅助请求制度两方面，帮助企业增加获得专利权的机会或巩固其所获专利权的稳定性。

一、基本信息

审理机构：欧洲专利局异议部。

申请人：南京绿叶制药有限公司、法默森（Pharmathen S. A.）公司、德恩（Dehns）有限公司、以色列梯瓦制药工业（Teva Pharmaceutical Industries）有限公司。

被申请人：阿尔克姆斯控制治疗公司、阿尔科米斯制药爱尔兰有限公司。

处理时间：2018年1月23日。

二、案情介绍

（一）基本案情

阿尔克姆斯控制治疗公司以及阿尔科米斯制药爱尔兰有限公司拥有一项名为"具有改进注射性能的可注射悬浮液"的发明专利。2016年12月14~16日，法默森公司、德恩有限公司（以下简称"德恩公司"）、以色列梯瓦制药工业有限公司（以下简称"梯瓦制药公司"）以及南京绿叶制药有限公司以该专利不符合《欧洲专利公约》第 83 条所规定的公开性为由,向欧洲专利局异议部提出申请,请求撤销该专利。

(二) 背景介绍

1. 被申请人背景概述

(1) 基本情况。

阿尔克姆斯控制治疗公司是一家生物制药公司,成立于 1987 年,专注于中枢神经系统疾病,如精神分裂症、抑郁症、成瘾和多发性硬化症。公司总部设在爱尔兰都柏林,研发中心设立在美国马萨诸塞州沃尔瑟姆,生产基地则主要在爱尔兰阿斯隆和美国俄亥俄州威尔明顿。❶

(2) 专利布局情况。

截至 2021 年 5 月,阿尔克姆斯控制治疗公司在全球范围内拥有 314 件专利(含已失效专利),全部为发明专利。依照《国际专利分类表》所制定的大类进行划分,其专利主要集中在医学或者兽医学、卫生学、化学等领域(见图 2-3-1)。

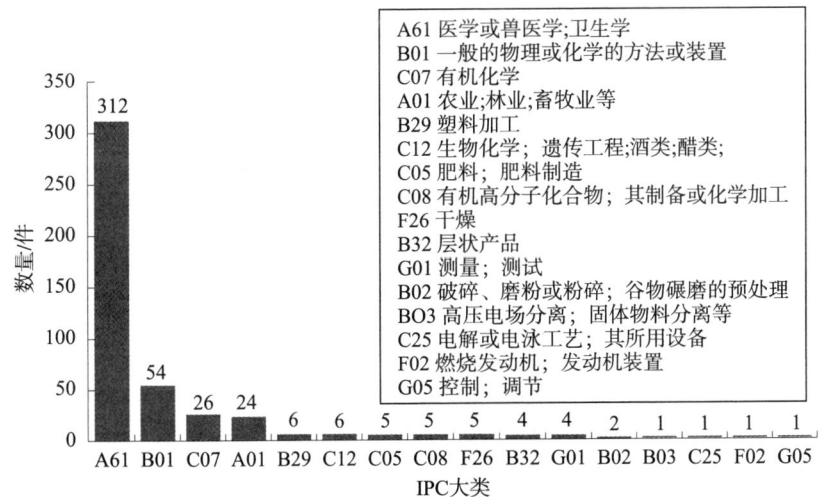

图 2-3-1 阿尔克姆斯控制治疗公司专利 IPC 分类

数据来源:智慧芽(PatSnap)全球专利检索数据库(2021 年 5 月 2 日)

---

❶ Alkermes 公司概况 [EB/OL]. [2021-05-02]. https://en.wikipedia.org/wiki/Alkermes_(company).

阿尔克姆斯控制治疗公司1989～2004年平均年申请数量为19.4件。自2005年以来，有且仅有4件专利申请，多数年份没有进行专利申请（见图2-3-2）。

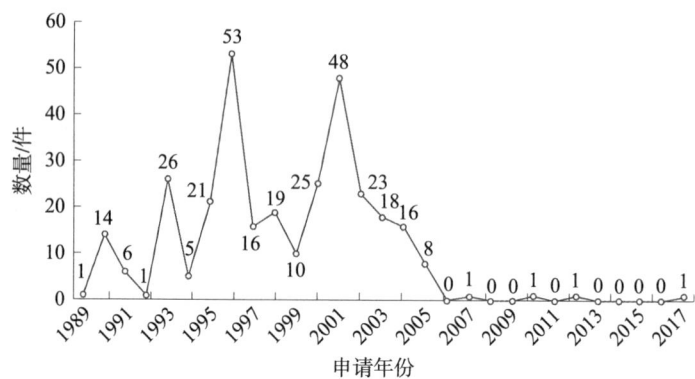

图2-3-2　阿尔克姆斯控制治疗公司全球专利申请趋势
数据来源：智慧芽（PatSnap）全球专利检索数据库（2021年5月2日）

从受理局地域分布来看，阿尔克姆斯控制治疗公司在亚洲、欧洲、美洲、大洋洲均有涉猎，其在美国与澳大利亚专利局受理件数最多，均为69件（见图2-3-3）。

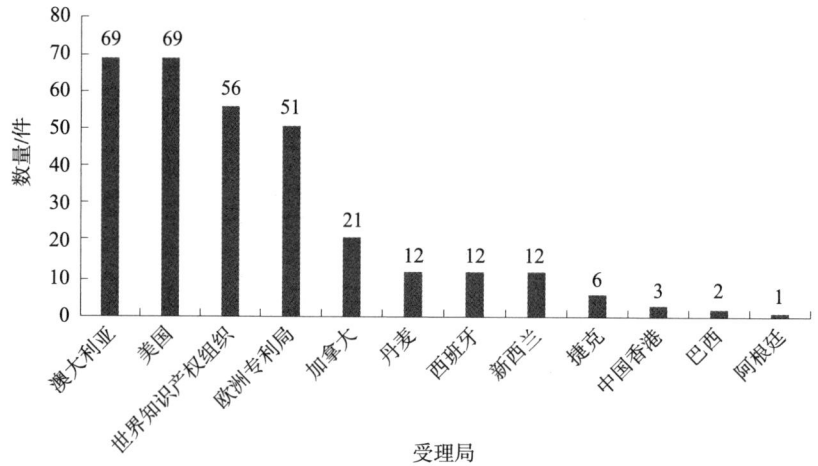

图2-3-3　阿尔克姆斯控制治疗公司全球专利布局情况
数据来源：智慧芽（PatSnap）全球专利检索数据库（2021年5月2日）

2. 申请人背景概述

（1）基本情况。

南京绿叶制药有限公司成立于1992年，2007年加入绿叶制药集团，多年来致力于抗肿瘤领域药物的研发、生产和销售，是拥有多项自主知识产权的国家级高新技术企业。公司现有自主研发生产具有知识产权的药品包括"力扑素"（注射用紫杉醇脂质体）、"天地欣"（注射用香菇多糖）、"天地达"（注射用氨磷汀）等。该企业曾荣获多项国家和省部级科技奖励，其中包括中国药学会科学技术一等奖、江苏省科技进步奖一等奖、江苏省科技进步奖二等奖、江苏省企业技术创新奖等荣誉。❶

（2）专利布局情况。

截至2021年5月，南京绿叶制药有限公司拥有31件专利，其中发明专利22件、实用新型专利9件。

依照《国际专利分类表》制定的大类划分，可以看出南京绿叶制药有限公司的专利主要集中在医药或兽医学、卫生学、一般的物理或化学的方法或装置、液体的贮运、封闭容器等领域（见图2-3-4），可得知其专利所涉及的领域与阿尔克姆斯控制治疗公司具有一定的重合之处。

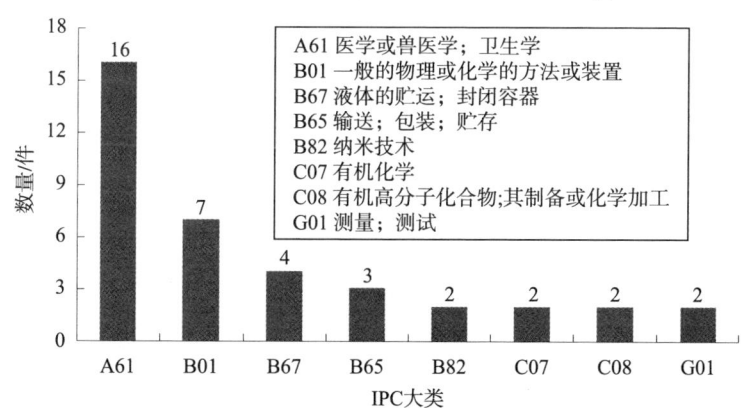

图2-3-4　南京绿叶制药有限公司专利IPC分类数量

数据来源：智慧芽（PatSnap）全球专利检索数据库（2021年5月2日）

---

❶ 南京绿叶制药有限公司概况［EB/OL］.［2021-05-02］. http://www.kanghaipharm.com/about.php.

经检索，该公司仅在中国境内进行了专利申请，其不同年度的专利申请数量见图2-3-5，2014~2020年平均每年申请4.4件专利。

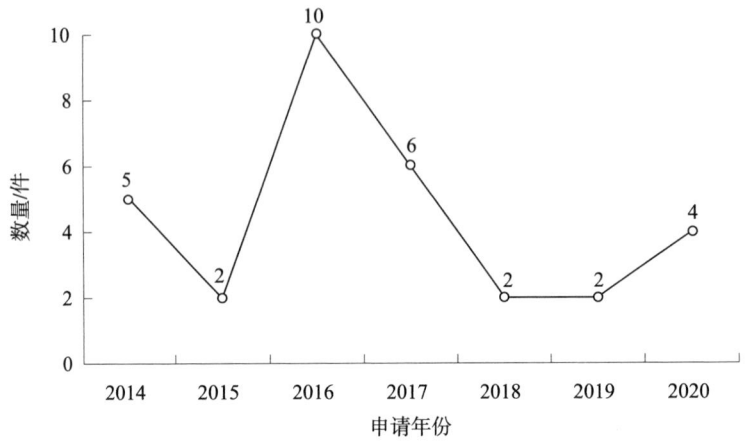

图2-3-5　南京绿叶制药有限公司全球专利申请数量趋势
数据来源：智慧芽（PatSnap）全球专利检索数据库（2021年5月2日）

3. 行业背景

随着人们对身体健康与生命安全的关注度日益提高，医药行业的规模也在不断扩大。整个医药以及医疗器械领域可以被细分为四大领域：化学药、中药、生物药以及医疗器械。截至2019年9月5日，全球医药以及相关领域的专利已经约有960万件的规模。据统计，其中化学药领域占比28%，约有270万件；中药领域占比5%，约有46万件；生物药领域占比18%，约有170万件；医疗器械领域占比最多，为49%，约有470万件。❶

在制药行业中，新药研发具有周期长、成本高、成功率低的特点，而新药一经上市披露，又非常容易被竞争对手"逆向工程"，研发成本难以回收。专利保护由于能为新药研发者提供有限期限的"合法垄断"，对药企而言显得尤为重要。正因如此，医药产业也是典型的专利密集型产业。然而，拘于专利保护的时间限制，一旦专利保护期限结束，仿制药的出现

---

❶　杨山石，金春林，黄玉捷，等. 全球医药及医疗器械领域专利布局及创新趋势［J］. 中国卫生资源，2020，23（3）：201.

无可避免,如果没有新的产品上市,原有产品的市场份额与盈利都会不断被蚕食直至消亡,这就是所谓的"专利悬崖"现象,"专利悬崖"是每个药企都不想遇见却又难以避免的现实。

4. 诉争专利情况

(1) 专利简介。

EP2269577 号专利是一项名称为"具有改进注射性能的可注射悬浮液"的发明专利。该发明涉及的是经过改进的可注射组合物,以及制备这种组合物的方法,此方法有力地为高浓度、大颗粒悬浮液提供了医学上可接受的注射速率,减少了注射到宿主肌肉或皮下组织中时发生的注射性失败,同时不会造成微生物污染,损害无菌条件。

(2) 权利要求。

EP2269577 号专利权利要求书如表 2-3-1 所示。

表 2-3-1　EP2269577 号专利权利要求书

权利要求书(中文)	权利要求书(英文)
1. 一种适于通过针头注射到宿主中的组合物,其包含:具有至少 $10\mu m \sim 250\mu m$ 范围内直径的微粒,并且包含聚合物黏合剂和活性剂,其中活性剂选自利培酮、9-羟基利培酮,以及其他医药上可接受的盐,该聚合黏合剂选自聚(乙醇酸)、聚-d,L-乳酸、聚-L-乳酸、前述共聚物、聚(脂肪族羧酸)、共草酸盐、聚己内酯、聚二氧杂环戊、聚(邻碳酸酯)、聚(缩醛)、聚(乳酸己内酯)、聚正交酯、聚(乙醇酸己内酯)、聚酸酐、聚磷嗪、白蛋白和酪蛋白;以及包含增黏剂、润湿剂和张力调节剂的水性注射载体,其中微粒以大于 30 mg/ml 的浓度悬浮在注射载体中以形成悬浮液,水性注射载体在 20℃下具有大于 20 mPa·s(20 cp)且小于 60 mPa·s(60 cp)的黏度,该黏度由装配有 UL 适配器的 Brookfield 型号 LVT 黏度计测定。	1. A composition suitable for injection through a needle into a host, comprising: microparticles having a mass median diameter in the range of at least 10 μm to 250 μm and comprising a polymeric binder and an active agent, wherein the active agent is selected from the group consisting of risperidone, 9-hydroxyrisperidone, and pharmaceutically acceptable salts thereof, and the polymeric binder is selected from the group consisting of poly (glycolic acid), poly-d, l-lactic acid; poly-l-lactic acid, copolymers of the foregoing, poly (aliphatic carboxylic acids), copolyoxalates. polycaprolactone, polydioxanone, poly (ortho carbonates), poly (acetals), poly (lactic acid-caprolactone), polyorthoesters, poly (glycolic acid-caprolactone), polyanhydrides, polyphosphazines, albumin, and casein; and an aqueous injection vehicle comprising a viscosity enhancing agent, a wetting agent, and a tonicity adjusting agent, wherein the microparticles are suspended in the injection vehicle at a concentration of greater than 30 mg/ml to form a suspension, the aqueous injection vehicle has a viscosity greater than 20 mPa·s (20 cp) and less than 60 mPa·s (60 cp) at 20℃ determined by a Brookfield Model LVT viscometer fitted with a UL adapter.

续表

权利要求书（中文）	权利要求书（英文）
2. 根据权利要求 1 所述的组合物，其中该聚合黏合剂系聚（d,l-丙交酯-共-乙交酯），其丙交酯与乙交酯之摩尔比在 85:15 至 50:50 范围内。	2. The composition of claim 1, wherein the polymeric binder is poly (d, l-lactide-co-glycolide) having a molar ratio of lactide to glycolide in the range of from 85:15 to 50:50.
3. 如权利要求 1 或 2 之组合物，其中该悬浮液之液相之黏度在 20℃ 下为 40cp。	3. The composition of claims 1 or 2, wherein the viscosity of the fluid phase of the suspension is 40 cp at 20 ℃.
4. 根据权利要求 1、2 或 3 之一的组合物，其中该悬浮液之液相之黏度在 20℃ 下大于 50mPa·s（50cp）且小于 60mPa·s（60cp）。	4. The composition of claim 1, 2 or 3, wherein the viscosity of the fluid phase of the suspension is greater than 50 mPa·s (50 cp) and less than 60 mPa·s (60 cp) at 20 ℃.
5. 根据前述权利要求中任一项的组合物，其中所述微粒的质量中值直径在 20μm～150μm 的范围内。	5. The composition of any preceding claim, wherein the mass median diameter of the microparticles is in the range of from 20 μm to 150 μm.
6. 根据前述权利要求中任一项的组合物，其中所述微粒以 100mg/ml～400mg/ml 的浓度悬浮在所述注射载体中。	6. The composition of any preceding claim, wherein the microparticles are suspended in the injection vehicle at a concentration of from 100mg/ml to 400mg/ml.
7. 根据前述权利要求中任一项的组合物，其中所述增黏剂选自羧甲基纤维素钠、聚乙烯吡咯烷酮和羟丙基甲基纤维素。	7. The composition of any preceding claim, wherein the viscosity enhancing agent is selected from sodium carboxymethylcellulose, polyvinylpyrrolidone and hydroxypropylmethylcellulose.
8. 根据前述权利要求中任一项的组合物，其中所述黏度增加剂是羧甲基纤维素钠。	8. The composition of any preceding claim, wherein the viscosity enhancing agent is sodium carboxymethylcellulose.
9. 根据前述权利要求中任一项的组合物，其中所述润湿剂选自聚山梨酯 20、聚山梨酯 40 和聚山梨酯 80。	9. The composition of any preceding claim, wherein the wetting agent is selected from polysorbate 20, polysorbate 40 and polysorbate 80.
10. 根据前述权利要求中任一项的组合物，其中所述张度调节剂包括氯化钠。	10. The composition of any preceding claim, wherein the tonicity adjusting agent comprises sodium chloride.

数据来源：智慧芽（PatSnap）全球专利检索数据库（2021 年 5 月 2 日）

三、处理结果

2017年9月4日,专利权人以信函方式要求以修改后的形式维持专利,并提交了其他的辅助请求。2018年1月23日,欧洲专利局异议部对该项异议依照《欧洲专利公约》的规定举行了口头审理程序。该口头审理的最终结果为该项专利申请的主请求与辅助请求不符合《欧洲专利公约》第83条的要求,因此将该专利予以撤销。

四、案情解析

本案针对的是名为"具有改进注射性能的可注射悬浮液"的EP2269577号专利。申请人为包括南京绿叶制药有限公司在内的四家公司,请求撤销全部专利,其异议理由为被申请人的专利文件不符合《欧洲专利公约》第54条、第56条、第83条、第99条、第100条、第123条的规定(主要是第83条),主要法条内容参见表2-2-1,另外本案还涉及《欧洲专利公约》有关异议的第99条(见表2-3-2)。

表2-3-2 《欧洲专利公约》第99条

(1) 自欧洲专利的授予在欧洲专利公报公布之日起9个月内,任何人可以通知欧洲专利局根据实施细则对该专利提出异议。在异议费缴纳之前,异议的通知不应视为已提交。
(2) 异议适用于欧洲专利发生效力的所有指定缔约国。
(3) 异议人为异议程序中的当事人,与专利所有人一样。
(4) 有人提供证据,证明在某一缔约国,他根据一项终局决定已经取代前所有人而登载于该国专利登记簿的,根据其请求,他应当在该国取代该专利的前所有人。

在专利权人所提供的说明书中,明确记载了该项专利所具有的优势:本发明为高浓度、大颗粒悬浮液提供了医学上可接受的注射速率,减少了注射到宿主肌肉或皮下组织中时发生的注射性失败,同时不会造成微生物污染,损害无菌条件。本案申请人并不执着于对该悬浮液效用及其优势的否定,而是该制剂是否能够通过注射针,因为在使用悬浮液时,针头堵塞被认为是一个问题。换句话说,这里讨论的问题不是其具有高或者低的体

内注射性,而是注射前的黏度。权利要求1中包含术语"黏度"。流体的黏度是其抵抗剪切应力逐渐变形的能力量度,存在"绝对黏度""相对黏度""表观黏度"等不同类型的黏度,专利文件未能具体说明测量的是哪种类型的黏度,因此,一定程度上与《欧洲专利公约》第83条规定要求的"充分、清楚、完整地公开"存在矛盾。但这并不能直接表明该专利不符合相关规定因而应当被撤销,本领域的技术人员依然可以按照其所拥有的相关技术知识推测出该专利文件中测量的不是"绝对黏度",而是"表观黏度",但后者只有在被用于指示剪切速率时才是有意义的值。关于剪切速率,欧洲专利局异议部观察到,权利要求1中所提及的LVT黏度计根据不同的参数条件,可能测量出8个不同的剪切速率,最低值与最高值之间相差约200倍。根据该黏度计的说明书可知,使用该设备需要指明以下参数:(1)试验温度;(2)样品容器尺寸;(3)样品体积;(4)黏度计模式;(5)使用的主轴;(6)试验速度或剪切速率;(7)记录黏度的独立转数或时间。然而,所有上述变量,尤其是剪切速率,均未在权利要求书中指明,以至于本领域技术人员不能基于权利人提供的权利要求,结合其具备本领域的公知常识来识别和再现该项专利技术,因此该专利不符合《欧洲专利公约》第83条的要求。基于申请人所提交的信息以及相关的实验数据,专利权人也提交了相关的辅助请求,期待能够驳回异议,保留专利权。然而,专利权人所提交的辅助请求的权利要求1与主请求的权利要求1具有相同的黏度特征,因此,最终导致该项专利的撤销。

由于专利授权的前提是技术方案内容的充分公开,因此,一旦专利被无效或者撤销,不仅意味着发明人前期的投入都无法再通过专利许可或者专利转让等方式收回,还意味着发明人很难再以商业秘密的形式实现对该项技术的独占,尤其是在医药行业,研发周期长、成本高,对于企业而言无异于是重大的损失。因此,企业如果想以专利作为进入市场的"敲门砖",那么提高专利的权利稳定性是其知识产权管理的核心内容。

五、镜鉴启示

（一）重视专利申请文书撰写质量，提升专利权的稳定性

专利申请文书是专利权稳定的基石，而对申请国相关法律规定以及适用规则的熟悉是撰写高质量专利申请文书的前提。根据《欧洲专利公约》第78条的规定，申请人在进行国际申请时应当提交以下材料：请求书、说明书、权利要求、附图和摘要，其中权利要求书与说明书是其核心部分。权利要求书明确了专利的保护范围，是判断他人是否侵犯专利权的依据。一般情况下，权利要求可以分为两种类型：一种是独立权利要求，另一种是从属权利要求。独立权利要求从整体上反应该技术方案，记载解决技术问题的必要技术特征。从属权利要求用附加的技术特征对所引用的权利要求作进一步的限定，二者环环相扣、层层递进，共同对整个技术方案进行细化和优化。❶ 在本案中，正是因为权利要求1涉及了必要的黏度特征，但是后续未能够予以清晰记载，从而使得整个专利最终被遗憾撤销。虽然在确认专利权的保护范围时，应当以权利要求为准，说明书和附图仅用于解释权利要求，但是一份好的说明书对企业获得专利授权也有一定的推动作用。好的说明书相当于一本有关专利权利内容的词典。❷ 当对权利要求中某个术语有疑义时，说明书应当能够对其进行解释。同时，说明书中还应当包含证明技术效果的实验数据，以及该项技术与现有技术相比的优势与改进点，此将有助于专利获得授权。此外，企业也不能忽视对于专利申请文书翻译质量的把控问题。企业在选择代理人时应当进行严格的甄别，代理人除了要很好地理解技术方案，还需要对专业领域的英语（或者其他语言）有着较为深厚的功底，能够将全部技术特征表述清楚，为专利的稳

---

❶ 丁艳辉，王艳. 企业专利管理视角下的专利申请文件质量要求探究［J］. 科技经济导刊，2019，27（8）：223.

❷ 于莉. 从审查角度看制剂专利申请文件撰写中的常见问题及改进建议［J］. 中国医药生物技术，2018，13（4）：381.

定性打好基础。❶

(二) 善用辅助请求制度,最大化保证专利权利范围

辅助请求制度是欧洲一项特殊的专利修改制度。当事人在欧洲专利的审查、异议和限制程序中可以同时提交主要请求(一个)和辅助请求(一个或多个),原则上主要请求和辅助请求不会被同时接受,如果欧洲专利局审查后接受了主要请求,那么辅助请求将不作考虑;如果审查后主要请求未被专利局相关部门接受,那么辅助请求将纳入相关程序。❷ 善用辅助请求主要把握利用策略和利用时机两方面问题。

1. 辅助请求制度利用策略

在欧洲专利申请中,对于辅助请求制度的运用,主要可以注重以下策略:第一,在欧洲专利局的审查程序中,答复审查意见时,申请人可以通过同时提交多个请求(包括主请求以及一个或多个辅助请求),为自己争取尽可能大的权利保护范围。由于审查部门能够在一次审查过程中对申请人提交的不同层次保护范围的多个请求进行审查,因此,可以合理减少审查部门发出的审查意见次数,从而加速审查进程。第二,辅助请求制度可以作为防守策略。在欧洲专利局的异议程序中,专利权人通常难以预估异议部门对争议专利的专利性的态度,此时,专利权人在答复异议时可以主张以授权形式维持专利,同时通过辅助请求主张以进一步限定后的权利要求维持专利,从而可以在"要么以非常宽的范围防守争议专利从而带来撤销专利的风险"和"要么过度限制从而不必要的缩小保护范围"的两难困境中找到较好的平衡点。例如,当权利人以外的其他人对一项欧洲专利提出异议,并提供了已发表的相关文献资料,以缺乏新颖性为由请求欧洲专利局异议部完全撤销该专利时,权利人拥有两种选择:第一,否认该文献的公开性,主张其不属于现有技术,不会对本专利的新颖性认定造成影

---

❶ 郝琳佳. 浅谈涉外专利申请文件翻译及撰写的重要性 [N]. 中国知识产权报, 2016 - 11 - 16 (005).

❷ 汪宇伟. 欧洲专利实践中的辅助请求及其对中国专利实践的借鉴意义 [C] //中华全国专利代理人协会年会第五届知识产权论坛论文集(第一部分). 中华全国专利代理人协会, 2014: 1 - 2.

响;第二,承认该文献所公开的技术属于现有技术,但认为经过修改和限缩后的权利要求可以满足新颖性、创造性的要求。权利人可以基于"选择一"提出主请求,基于"选择二"提出辅助请求,灵活地寻求对自己更加有利的保护范围。

2. 辅助请求制度利用时机

(1) 审查阶段。

依据《欧洲专利公约实施细则》第86条的规定(见表2-3-3),可以看出,在审查阶段,向欧洲专利局提出专利申请修改的时机主要包括以下几个节点。

表2-3-3 《欧洲专利公约实施细则》相关条款

第86条 欧洲专利申请的修改
(1) 在收到欧洲检索报告之前,申请人不得修改一欧洲专利申请的说明书、权利要求书或附图,除另有规定。
(2) 在收到欧洲检索报告之后和收到审查部的第一次通知之前,申请人可自行修改说明书、权利要求书及附图。
(3) 在收到审查部的第一次通知后,申请人可对说明书、权利要求书及附图再作一次修改,条件是在答复审查部的通知时同时进行修改。以后的各种修改都要经审查部批准。

① 在收到欧洲检索报告之后和收到审查部的第一次通知之前。在欧洲检索报告下发以后,申请人必须予以答复,在答复的同时,申请人可以根据自己的意愿修改说明书、权利要求和附图。针对欧洲专利局作为国际检索单位、国际初步审查单位或国际补充检索单位的国际申请,在进入欧洲地区阶段时,欧洲专利局不再出具检索报告,申请人需要在收到国际检索报告、国际初步审查报告或国际补充检索报告时进行答复,并根据自己的意愿修改说明书、权利要求和附图。若申请人没有在前述答复期限内提出修改请求,那么只能等待实审阶段的修改机会。

② 在收到审查部的第一次通知之后。此时申请人可以在答复审查意见的同时做出相关的修改,若修改被受理,接下来的程序就基于修改后的内容进行,但受理不意味着一定能够获得授权。因此,申请人可以充分利用

辅助请求制度，提高最终获得授权的概率。❶

（2）异议阶段。

任何人都可以向欧洲专利局依照相关程序提起异议程序，限制和撤销的最终决定由欧洲专利局作出。从时间上来说，一旦异议人提交了异议通知，欧专局在收到异议的 2~3 周之内就会把异议通知和相关依据发送给专利权人；异议期为期 9 个月，期满之后欧洲专利局还为专利权人设置了 4 个月的答复期。收到欧洲专利局的通知之后，权利人可提交证明该专利有效性的证据，对权利要求和说明书进行必要的修改。❷

---

❶ 王静宇. 在欧洲专利申请过程中提出修改的最佳时机［EB/OL］.（2020 - 08 - 10）［2021 - 05 - 02］. https://www.sohu.com/a/412413608_656884.

❷ 知产前沿. 欧洲专利实战分享——专利异议的攻防策略［EB/OL］.（2020 - 08 - 13）［2021 - 05 - 02］. https://www.sohu.com/a/412879671_120133310.

案例四

"介孔复合二氧化钛及其制备方法"专利权无效宣告请求案

☞ 入选理由：本案涉及欧洲专利申请中实施例以及优先权制度的运用。通过本案，有助于企业合理利用实施例，维护专利稳定性，并善用优先权制度，进行海外专利布局。

一、基本信息

审理机构：欧洲专利局异议部。
申请人：亨斯迈 P&A 德国有限责任公司。
被申请人：南京工业大学等。
处理时间：2019 年 2 月 8 日。

二、案情介绍

（一）基本案情

南京工业大学拥有一项名为"介孔复合二氧化钛及其制备方法"的欧洲专利，专利号为 EP2471743。2017 年 8 月 15 日，亨茨曼 P&A 德国有限责任公司向欧洲专利局异议部对该专利提出异议申请，要求其根据《欧洲专利公约》第 100 条第（a）款，认定该专利技术缺乏授权所需的新颖性和创造性，根据第（b）款认定该专利披露不够充分，撤销该专利。

(二) 背景介绍

1. 被申请人背景概述

(1) 基本情况。

南京工业大学是首批入选国家"高等学校创新能力提升计划（2011 计划）"的 14 所高校之一，是江苏省重点建设高校、江苏省综合改革试点高校、江苏省人才强校试点高校、教育部首批卓越工程师培养计划试点和专业学位研究生教育综合改革试点高校。近年来，南京工业大学鼓励科研团队在与企业特别是行业龙头企业合作过程中，联合申请专利、共享知识产权并推动专利技术产业化。生物与制药工程是南京工业大学国家一级重点学科，所研发的多项专利技术和方法都具有重大的应用前景和工业转换价值。❶

(2) 专利布局情况。

截至 2021 年 5 月，南京工业大学约有 1.3 万件专利，发明占据较大的比重，发明专利为 11651 件、实用新型专利为 1534 件、外观设计专利为 81 件。

依照《国际专利分类表》所制定的大类进行划分，南京工业大学专利涵盖类别较为丰富，主要集中在有机化学、物理装置、生物化学领域（见图 2-4-1）。

自 1995 年以来，南京工业大学的专利申请数量逐年上升，始终维持在较高水平，2018 年达到峰值。截至 2020 年，平均年申请量为 509.8 件（见图 2-4-2）。

在专利申请局方面，南京工业大学以中国为主要专利布局国家，95%以上专利由中国国家知识产权局受理，其次为世界知识产权组织、美国专利局，均受理了 100 件以上（见图 2-4-3）。

---

❶ 南京工业大学简介 [EB/OL]. [2021-05-03]. http：//www.njtech.edu.cn/xxgk/xxjj.htm.

C07 有机化学
B01 一般的物理或化学的方法或装置
C12 生物化学；遗传工程；酒类；醋类
C01 测量，测试
C08 有机高分子化合物；其制备或化学加工
C02 水、废水、污水或者污泥的处理
E04 建筑物
H01 基本电气元件
C01 无机化学
C09 燃料；涂料；抛光剂；黏合剂等
C04 水泥；混凝土；人造石；陶瓷；耐火材料
A61 医学或兽医学；卫生学
E01 道路、铁路或桥梁建筑
G06 计算；推算；计数
E02 水利工程；基础；疏浚
F24 供热；炉灶；通风
B82 纳米技术
A01 农业；林业；畜牧业等
C10 石油、煤气及炼焦工业等
H02 发电、变电或配电
F28 一般热交换
G05 控制；调节
H04 电通信技术
F16 工程元件或部件等
B23 机床；其他类目中不包括的金属加工

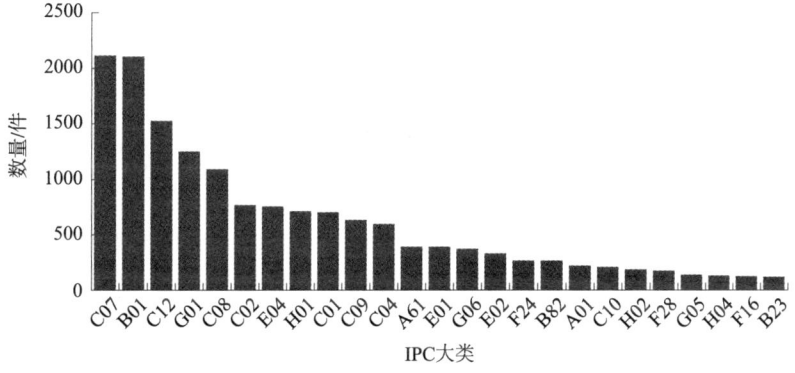

图 2-4-1　南京工业大学专利 IPC 分类数量

数据来源：智慧芽（PatSnap）全球专利检索数据库（2021 年 5 月 3 日）

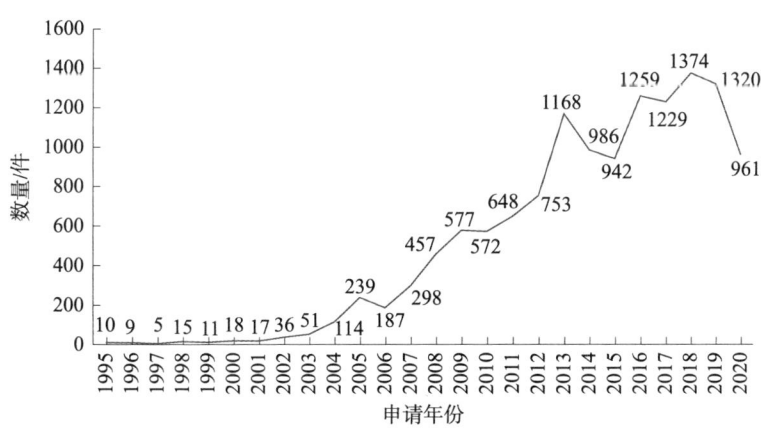

图 2-4-2　南京工业大学全球专利申请趋势

数据来源：智慧芽（PatSnap）全球专利检索数据库（2021 年 5 月 3 日）

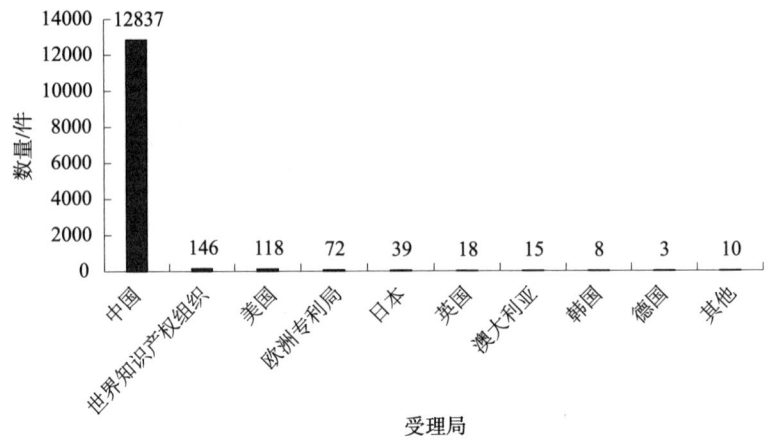

图 2-4-3 南京工业大学全球专利布局情况

数据来源：智慧芽（PatSnap）全球专利检索数据库（2021 年 5 月 3 日）

2. 申请人背景概述

（1）基本情况。

亨斯迈集团由亨茨曼（Huntsman）于 1970 年创立，公司总部位于美国犹他州盐湖城。截至 2021 年 5 月，亨斯迈公司已经是美国最大的私人化工公司，拥有遍布全球 24 国家的分支机构以及 1 万余名员工。亨斯迈集团为多种全球性产业提供基础产品，其经营范围包括：化工原料、塑料、洗涤剂、个人护理用品、高科技产品、保健产品、纺织品及包装工业品等。其年营业额超过 80 亿美元。❶

（2）专利布局情况。

截至 2021 年 5 月，亨斯迈 P&A 德国有限责任公司（以下简称"亨斯迈德国公司"）拥有 52 件专利，其类型全部为发明专利，依照《国际专利分类表》其主要涉及的领域为物理化学装置、有机高分子化合物的制备及加工等（见图 2-4-4）。

---

❶ 亨斯迈公司概况 [EB/OL]. [2021-05-03]. https://www.huntsman.cn/about/.

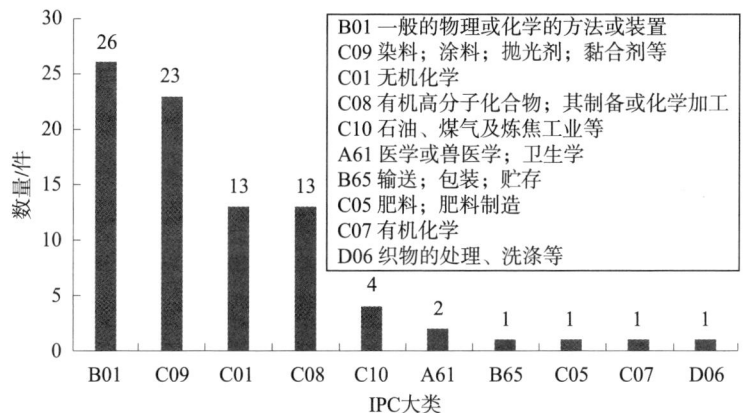

图2-4-4　亨斯迈德国公司专利IPC分类

数据来源：智慧芽（PatSnap）全球专利检索数据库（2021年5月3日）

从年度专利申请数量来看，亨斯迈德国公司自2013年起，专利申请获得了数量上的突破，年申请量平均为9件（见图2-4-5）。

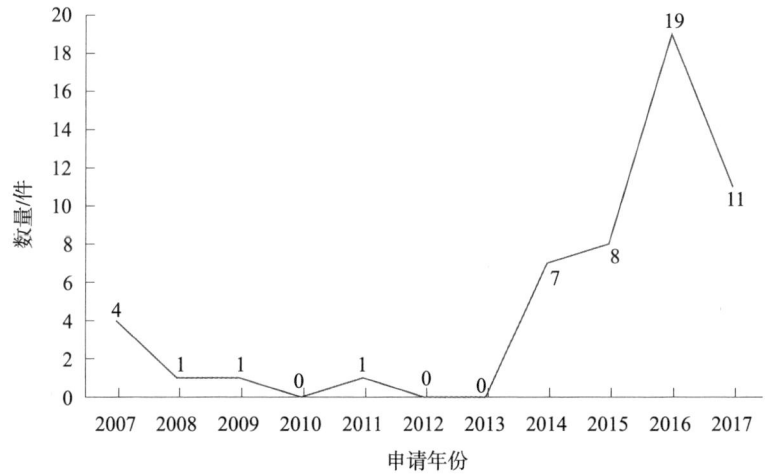

图2-4-5　亨斯迈德国公司全球专利申请趋势

数据来源：智慧芽（PatSnap）全球专利检索数据库（2021年5月3日）

在国际专利申请上，亨斯迈德国公司在欧、美、亚等各大洲都进行了一定数量的专利申请，全球专利布局广泛（见图2-4-6）。

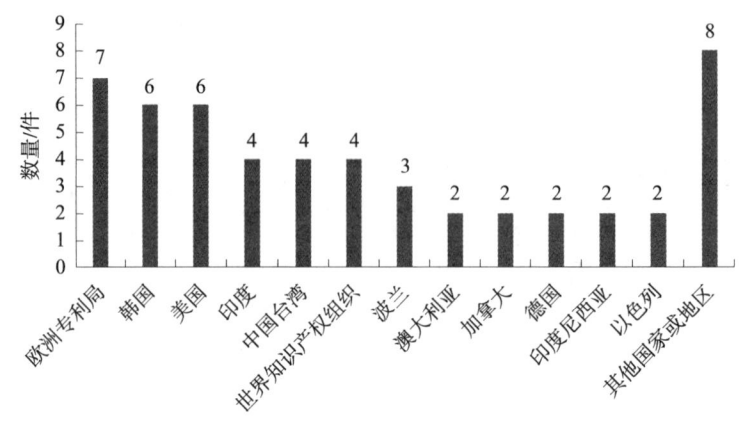

图 2-4-6 亨斯迈德国公司全球专利布局情况

数据来源：智慧芽（PatSnap）全球专利检索数据库（2021年5月3日）

3. 诉争专利情况

（1）专利简介。

作为一种白色无机颜料，氧化钛具有优良的遮盖力和着色度，金红石型适用于室外使用的塑料制品，可赋予制品良好的光稳定性；锐钛型主要用于室内使用制品，但略带蓝光、白度高、遮盖力大、着色力强且分散性较好；钛白粉广泛用作油漆、纸张、橡胶、塑料、搪瓷、玻璃、化妆品、油墨、水彩和油彩的颜料，还可用于冶金、无线电、陶瓷、电焊条的制造，已广泛应用于光催化制氢、有机物降解和电池等领域。近年来，氧化钛在其他领域的应用潜力日益增加，作为催化剂载体和锂离子电池正极材料，氧化钛在能源、环境等领域的应用越来越受到关注。

本案诉争发明涉及的是一种介孔复合二氧化钛及其制备方法。本发明目的在于提供一种中孔复合氧化钛材料，作为催化剂载体。与现有技术相比，该材料的加氢脱硫反应的转化率高达98%，并且作为锂离子电池正极材料，该锂离子电池正极的比容量高达220mAh/g。同时，本发明所采用的方法具有工艺简单、成本低廉、适合大批量工业生产的优点。

（2）权利要求。

EP2471743 号专利权利要求如表 2-4-1 所示。

表 2-4-1　EP2471743 号专利权利要求书

权利要求书（中文）	权利要求书（英文）
1. 一种介孔复合氧化钛，由介孔氧化钛和复合在介孔氧化钛的外表面和孔壁上的无机物组成，所述无机物含有至少一种选自硫、磷和硒的元素，其含量为 0.01% ~ 25%，基于所述元素质量的量，所述介孔复合氧化钛材料的质量的量，其中所述介孔复合氧化钛材料的孔分布的至少一个最可能孔径为 3 ~ 15nm，比表面积为 50 ~ 250m^2/g，孔体积为 0.05 ~ 0.4cm^3/g。	1. A mesoporous composite titanium oxide composed of a mesoporous titanium oxide and an inorganic matter composited on the outside surface and the wall of pores of the mesoporous titanium oxide; said inorganic matter contains at least one element selected from sulphur, phosphorus and selenium in an amount of 0.01% - 25%, based on the amount of the element mass, of the mass of said mesoporous composite titanium oxide material; wherein at least one most probable pore diameter of pore distribution of the mesoporous composite titanium oxide material is 3 - 15 nm, the specific surface area is 50 - 250 m^2/g, and the pore volume is 0.05 - 0.4 cm^3/g.
2. 如权利要求 1 之介孔复合氧化钛材料，其中该介孔复合氧化钛材料中之氧化钛系选自锐钛矿型氧化钛、单斜相态氧化钛及金红石型氧化钛中之一种或多种。	2. The mesoporous composite titanium oxide material according to claim 1, wherein the titanium oxide in the mesoporous composite titanium oxide material is one or more selected from anatase titanium oxide, TiO$_2$ (B) phase titanium oxide and rutile titanium oxide.
3. 如权利要求 1 所述的介孔复合氧化钛材料的制备方法，其特征在于，将含有硫、磷、硒中至少一种的前体溶解于水或有机溶剂中形成溶液，将介孔氧化钛加入溶液中，搅拌 1 ~ 72 小时，然后用水或有机溶剂过滤和洗涤，并以 300 ~ 900℃ 的高温烧结。	3. A preparation method of the mesoporous composite titanium oxide material claimed in claim 1, comprising the steps of dissolving a precursor containing at least one of S, P and Se in water or an organic solvent to form a solution, adding mesoporous titanium oxide into the solution and stirring for 1 - 72 hours, then filtering and washing with water or an organic solvent, and carrying out sintering in an atmosphere at 300 - 900 ℃.

续表

权利要求书（中文）	权利要求书（英文）
4. 根据权利要求 3 所述的介孔复合氧化钛的制备方法，其中所述添加的介孔氧化钛原料的最可能孔径为 3~15nm，孔体积为 0.05~0.4cm³/g，比表面积为 50~250m²/g，所述氧化钛的晶型为锐钛矿相氧化钛、单斜相态氧化钛和金红石型氧化钛中的至少一种。	4. The preparation method of the mesoporous composite titanium oxide according to claim 3, wherein the most probable pore diameter of the added raw material of mesoporous titanium oxide is 3 – 15 nm, the pore volume is 0.05 – 0.4 cm³/g, the specific surface area is 50 – 250 m²/g, and the crystal form of the titanium oxide is at least one of anatase phase titanium oxide, TiO_2 (B) phase titanium oxide and rutile type titanium oxide.
5. 如权利要求 3 所述的介孔复合氧化钛的制备方法，其特征在于，所述前驱体为酸、碱、可溶性无机盐或含有至少一种选自硫、磷、硒元素的有机物。	5. The preparation method of the mesoporous composite titanium oxide according to claim 3, wherein the precursor is acid, alkali, soluble inorganic salt or organic matter containing at least one element selected from S, P and Se.
6. 如权利要求 5 所述的介孔复合氧化钛的制备方法，其特征在于，前驱体为 $C_4 - C_{20}$ 硫醇和 $C_4 - C_{20}$ 有机膦酸或硒酸盐。	6. The preparation method of the mesoporous composite titanium oxide according to claim 5, wherein the precursor is $C_4 - C_{20}$ mercaptan and $C_4 - C_{20}$ organic phosphonic acid or selenate.
7. 根据权利要求 3 所述的介孔复合氧化钛的制备方法，其特征在于，所述烧结工艺中使用的气体为单一气体或两种以上气体的混合物，所述两种或两种以上气体的不同比例选自氮气、氧气、氩气、水蒸气、氦气、氢气、一氧化碳和二氧化碳。	7. The preparation method of the mesoporous composite titanium oxide according to claim 3, wherein the atmosphere used in the sintering process is one gas or amixed atmosphere with two gases or more with different proportions selected from N_2, O_2, Ar, H_2O, He, H_2, CO and CO_2.
8. 如权利要求 3 所述的介孔复合氧化钛的制备方法，其特征在于，所述前驱体在水中或有机溶剂中的浓度为 0.001~10mol/L，所述前驱体与所述介孔氧化钛的摩尔比为 0.001~1。	8. The preparation method of the mesoporous composite titanium oxide according to claim 3, wherein the concentration of the precursor in water or an organic solvent is 0.001 – 10 mol/L, and the molar ratio of the precursor to the mesoporous titanium oxide is 0.001 – 1.

续表

权利要求书（中文）	权利要求书（英文）
9. 根据权利要求3所述的介孔复合氧化钛的制备方法，其中，用于洗涤的有机溶剂为非极性或弱极性溶剂或强极性溶剂。	9. The preparation method of the mesoporous composite titanium oxide according to claim 3, wherein the organic solvent used for washing is a non–polar or weak–polar solvent or strong–polar solvent.
10. 根据权利要求3所述的介孔复合氧化钛的制备方法，其中用于溶解的有机溶剂为非极性或弱极性溶剂或强极性溶剂。	10. The preparation method of the mesoporous composite titanium oxide according to claim 3, wherein the organic solvent used for dissolution is a non–polar or weak–polar solvent or strong–polar solvent.

数据来源：智慧芽（PatSnap）全球专利检索数据库（2021年5月3日）

（3）实施例。

EP2471743号专利实施例如表2-4-2、表2-4-3、表2-4-4所示。

表2-4-2　EP2471743号专利实施例1

实施例（中文）	实施例（英文）
根据ZL0315827.5号专利公开的方法，将锐钛矿型TiO_2、工业级K_2CO_3（纯度为98wt%）和水混合均匀，其中$TiO_2/K_2O = 2.5$（摩尔比），水含量为20wt%；将混合后的反应物均匀地施加到氧化铝承载板上，反应温度为1000℃，反应时间为2小时，烧结产物为二钛酸钾和四钛酸钾的混晶，在水中分散后，放入5倍pH值为8的水溶液中，在50℃下反应8小时，过滤，置于pH值为3的盐酸水溶液中搅拌8小时，直至固体钾含量小于产品重量的5%，洗涤过滤，20~50℃干燥12小时，得到水合产品；产物在空气中500℃结晶2小时，得到锐钛矿型和单斜型TiO_2混晶的介孔TiO_2，形貌呈晶须状，比表面积为$105m^2/g$，最可能孔径6.2nm，孔体积为$0.23cm^3/g$。	According to the method disclosed in the patent (ZL0315827.5), anatase type TiO_2, industrial grade K_2CO_3 (purity is 98 wt%) and H_2O are mixed evenly, in which $TiO_2/K_2O = 2.5$ (molar ratio), and the water content is 20 wt%; the mixed reaction material is evenly applied on an alumina oxide bearing plate, the reaction temperature is 1000 ℃, the reaction time is 2 hours, and the sintered product is mixed crystal of potassium dititanate and potassium tetratitanate; after being dispersed in water, the sintered product is put into five times of water solution with pH value of 8 for reaction for 8 hours at 50 ℃, is then filtered, and is put into aqueous hydrochloric acid solution with pH value of 3 and stirred for 8 hours, until the solid potassium content is smaller than 5 wt% of the weight of the product; the product is washed and filtered, and is dried for 12 hours at 20–50 ℃ to obtain a hydrated product; the product is crystallized in air for 2 hours at 500 ℃ to obtain mesoporous TiO_2 in a crystal form of mixed crystal of anatase and monoclinic type TiO_2, the morphology presents crystal whisker, the specific surface area is 105 m^2/g, the most probable pore diameter is 6.2 nm, and the pore volume is 0.23 cm^3/g.

续表

实施例（中文）	实施例（英文）
将前驱体 1-萘酚溶解于乙醇中形成溶液，前驱体浓度为 1mol/L，前驱体与介孔氧化钛的摩尔比为 0.05。将制备的介孔氧化钛加入溶液中搅拌 24 小时，用水洗涤，在氮气中烧结，得到本发明的介孔复合氧化钛，加热速率为 5℃/min，在 500℃下保温 12 小时，本发明材料的最可能孔径为 9.6nm，比表面积为 $250m^2/g$，所述二氧化钛的晶型为锐钛矿型二氧化钛和二氧化钛（B）的混晶。	1-Naphthol acting as a precursor is dissolved in ethanol to form a solution, the concentration of the precursor is 1 mol/L, and the molar ratio of the precursor to the mesoporous titanium oxide is 0.05. The prepared mesoporous titanium oxide is added into the solution and stirred for 24 hours, then washed by water, and sintered in N_2 to obtain the mesoporous composite titanium oxide of the invention, wherein the heating rate is 5 ℃/min, and temperature is held for 12 hours at 500 ℃. The most probable pore diameter of the material of the invention is 9.6 nm, the specific surface area is $250m^2/g$, and the crystal form of the titanium oxide is mixed crystal of anatase titanium oxide and TiO_2(B).
一种支撑镍钼合金的方法，包括以下步骤：以四水合钼酸铵和六水合钼酸铵为活性组分前驱体，浸渍相同体积的介孔氧化钛，静置 4 小时，120℃干燥，在马弗炉中 500℃烧结 2 小时，得到催化剂。	A method for supporting metal MoNi comprises the following steps of: taking ammonium molybdatetetrahydrate and ammonium molybdate hexahydrate as an activity component precursor, dipping mesoporous titanium oxide of the same volume, standing for 4 hours, drying at 120℃, and carrying out sintering in a muffle furnace for 2 hours at 500℃ to obtain a catalyst.
催化剂性能评价采用加氢脱硫实验，在自制的实验室中压固定床微型反应器上进行。催化剂装填量为 1ml，催化剂装填在管式反应器的中段，石英砂装填在管式反应器的两端，反应物为模型溶液中硫含量为 1737ppm 的二甲基二苯并噻吩（DBT）。反应前，在反应温度 300℃、反应压力 2.0mpa、体积空速 2h-1、氢油比（v/v）1200 的条件下，用重量百分比为 3wt% 的二硫化碳与十氢萘对催化剂预硫化 8 小时。预硫化后切换反应液，在相同条件下进行反应，活性评价时每小时收集一次产物，以稳定的转化率值作为实验条件下 DBT 的转化率。实验表明，DBT 的转化率在 8 小时后可达到 95% 以上。	Catalyst performance evaluation adopts a hydrodesulfurization experiment and is carried out on a self-made lab middle-pressure fixed-bed micro reactor. The loading amount of catalyst is 1mL, the catalyst is loaded in the middle section of a tubular reactor, quartz sand is loaded in both ends of the tubular reactor, and the reaction material is a dimethyldibenzothiophene (DBT) with S content of 1737 ppm-decalin model solution. Before reaction, the catalyst is pre-sulfurized by 3 wt% CS_2-decalin for 8 hours under the conditions of a reaction temperature of 300 ℃, a reaction pressure of 2.0 MPa, a volume space velocity of 2h-1 and a hydrogen-oil ratio (v/v) of 1200. The reaction solution is switched after presulfurization, the reaction is carried out in the same condition, a product is collected every one hour during activity evaluation, and a stable value of conversion rate is taken as the conversion rate of DBT under the experimental conditions. The experiment shows that the conversion rate of DBT can reach over 95% after 8 hours.

数据来源：智慧芽（PatSnap）全球专利检索数据库（2021 年 5 月 3 日）

表 2-4-3　EP2471743 号专利实施例 2～实施例 7

	实施例	2	3	4	5	6	7
制备条件	前驱体	葡萄糖	糠醇	硫酚	乙酸酯	苯基膦酸	亚硒酸钠
	溶剂	水	均三甲苯	乙醇	甲苯	二氯剂	水
	前驱体浓度（mol/L）	0.1	10	1	0.005	0.15	0.001
	多孔氧化钛前驱体摩尔浓度	1	0.005	0.001	0.03	0.2	0.5
	搅拌时间（h）	12	1	72	4	24	10
	洗涤过滤剂	水	乙醇	丙酮	丙酮	乙醇	乙醇
烧结条件	烧结气体	Ar	$N_2:CO_2$（95%:5%）	CO	N_2	$N_2:O_2$（90%:10%）	He
	烧结温度（℃）	500	900	500	300	300	500
	烧结时间（h）	5	3	20	12	15	3
产品结构参数	最可能的孔径（nm）	10	3	5	6	7	15
	比表面积（m^2/g）	150	55	70	90	85	60
	孔隙体积（cm^3/g）	0.35	0.05	0.3	0.23	0.25	0.4
	氧化态晶型	A&B	A&B	A	A&B	A&B	A
产品性能	加氢脱硫转化率（%）	98	85	75	85	90	95
	比容量（mAh/g）	195	209	218	220	205	212

数据来源：智慧芽（PatSnap）全球专利检索数据库（2021 年 5 月 3 日）

注意：1. 实施例 2～7 所制备的介孔氧化钛的原料与实施例 1 相同。

2. 在烧结气体中，两括号之间的数字代表提及比。

3. 在氧化钛晶型中，A 代表锐钛矿型氧化钛，B 代表 TiO（B）型氧化钛。

4. 在加氢脱硫转化率中，支持镖钼合金的方法和催化剂性能评价方法与实施例 1 相同。在比容量柱中，电极的制备和性能表征过程与实施例 8 中相同。

表 2-4-4　EP2471743 号专利实施例 8

实施例（中文）	实施例（英文）
中孔复合氧化钛的制备方法与实施例 1 相同。	The preparation method of the mesoporous composite titanium oxide is the same as embodiment 1.

续表

实施例（中文）	实施例（英文）
锂离子电池负极的制备方法，包括以下步骤：将本发明的介孔复合氧化钛、高导电碳（Super P）和黏合剂（聚偏氟乙烯 PVdF）按 85：10：5 的比例加入 N－甲基吡咯烷酮中混合均匀，然后均匀涂抹在砂纸粗糙的铜箔上，得到极片，极片在100℃下真空干燥12小时，在手套箱中制作模拟电池，金属锂片（99.9%）作为对电极，以微孔聚丙烯膜（Celgard 2330）为隔膜，在 EC＋DMC（体积比为1：1，EC：碳酸乙烯酯；DMC：碳酸二甲酯）中的 1 mol/L LiPF6 为电解质。电池的测试过程如下：组装好的模拟电池在25℃下进行充放电测试，电压范围为 1～3V，电池测试电流密度为120mA/g，电池性能测试通过 NEWARE BTS－5V 50mA 电池测试工作站表征充放电性能，从而获得电极材料的比容量性能。比容量根据电池5次充放电循环后的性能数据计算。	The preparation process of a lithium ion battery cathode comprises the following steps of: adding the mesoporous composite titanium oxide of the invention, high conductivity carbon (Super P) and an adhesive (polyvinylidene fluoride PVdF) according to the ratio of 85：10：5 into N－methylpyrrolidone and mixing evenly, and then evenly applying on a copper foil roughened by a sand paper to obtain a pole piece, and the pole piece is dried in vacuum for 12 hours at 100 ℃. The manufacture of a simulated battery is carried out in a glove box; a metal lithium piece (99.9%) acts as counter electrode, a microporous polypropylene membrane (Celgard 2330) acts as a diaphragm, and 1 mol/L LiPF 6 in EC＋DMC (the volume ratio is 1：1, EC：Ethylene Carbonate; DMC：Dimethyl Carbonate) is electrolyte. The testing process of the battery is as follows: the assembled simulated battery is tested with charge and discharge at 25℃, the voltage range is 1－3 V, and the current density of the battery test is 120mA/g. The battery performance test characterizes the charge－discharge performance through a NEWARE BTS－5 V 50 mA battery test workstation, thereby obtaining the specific capacity performance of the electrode material. The specific capacity is counted according to performance data after 5 times of charge－discharge cycles of the battery.
实施例9～13的介孔复合氧化钛的制备方法与实施例2～7相同，电极的制备和性能表征过程与实施例8相同。	The preparation method of the mesoporous compositetitanium oxide of embodiments 9－13 is the same as in embodiments 2－7, and the preparation of an electrode and performance characterization process are the same as in embodiment 8. The result of performances is shown in table 1.

数据来源：智慧芽（PatSnap）全球专利检索数据库（2021年5月3日）

三、处理结果

2018年6月1日,欧洲专利局异议部通知各方参加口头审理。

2019年2月4日,被申请人来信表示不参加口头审理。

2019年2月8日,欧洲专利局异议部在专利权人缺席的情况下进行了口头审理程序。经过口头审理,异议部认为,申请人所提出的理由并不妨碍维持所授予的专利,因此异议被驳回,该专利权继续有效。

四、案情解析

本案针对的是名为"介孔复合二氧化钛及其制备方法"的EP2471743号专利。申请人为亨斯迈德国公司,其所提出异议的根据为《欧洲专利公约》第83条与第100条,具体条文参见表2-2-1。

申请人提供的相关证据主要涉及以下几个方面:权利要求部分用词语义模糊、缺乏充分的公开、专利权人所提供的实施例不足以支撑其权利要求、质疑专利权人的优先权等。

1. 权利要求部分用词语义模糊

申请人指明,在被申请人所提供的权利要求1中采用了"至少一个最可能的孔径"的表达,该表达没有任何技术意义,也没有在其他权利要求中提及相关孔的分布。

对此,欧洲专利局异议部认为,"至少一个最可能的孔径"不需要解释为一个过分具体的概念,同样的表达在其他文件中也都可以找到,因此,仅依据普通含义进行理解并不会妨碍本领域技术人员根据权利要求的范围实施本发明。

2. 缺乏充分的公开

申请人提出在专利文件中没有说明测量孔径、比表面积和孔体积的方法。现有技术中已知的几种测量方法,经过测试,存在不同的结果,这将导致无法复制该项发明。欧洲专利局异议部指出,技术人员查阅了该专利文件中所指出并引用的参考文献,在其中找到了关于使用哪种测量方法的足够信息。

此外，申请人还指出，被申请人针对权利要求 3 所采用的方法，没有提供任何关于该产品起始材料的细节（例如，前驱体溶液的浓度，具体氧化钛晶型等），应当解释为可与任何起始材料一起再现，并且，申请人证明并非所有的起始材料都会产生权利要求中所述的复合氧化钛，因此，本领域的技术人员将会面临不必要的试验和错误。欧洲专利局异议部认为，专利文件中的若干实施例足以提供实现本发明所必需的信息。

3. 实施例不足以支撑其权利要求

申请人指出，根据实施例 1 中描述的工艺，用硫酸处理氧化钛，经过硫酸钡洗涤步骤之后，获得含有 3.1wt% 硫酸盐的固体材料。将该固体材料进一步研磨，用添加的有机材料处理、挤压、干燥、煅烧以制备介孔二氧化钛的催化剂载体，但是 3.1wt% 的值对应于硫酸钡处理后获得的中间产物，被申请人未提供最终基质中硫酸盐的含量，也就无法得出满足权利要求的催化剂载体，但是申请人未能继续提供相应的证明，因此，此项质疑未被采纳。

4. 质疑优先权

申请人提出德国莎哈利本化学（Sachtleben Chemie）有限公司在 2009 年 1 月销售了一种产品，同样是以硫酸法生产的二氧化钛。申请人还提交了相关样品的分析证明，质疑权利人是否具备优先使用权。欧洲专利局异议部认为，申请人递交的只是一种质疑，无法证明莎哈利本公司的在先使用。

最终，口头审理的结果为：申请人对专利的异议被驳回，专利继续存在。虽然申请人为实现撤销专利的目的做出了不懈努力，但是申请人针对其所提出的意见并没有充分地举证，因此，其各项质疑均未被采纳。

五、镜鉴启示

（一）合理利用实施例，维护专利权稳定性

所谓实施例，是对专利具体实施方式的举例说明，[1] 往往是申请人或

---

[1] 邓启红. 浅论专利实施例的法律效力 [J]. 中南林业科技大学学报（社会科学版），2008（2）：50.

者权利人为该权利要求选择的一种较为优异的实现方式或标准。《欧洲专利公约实施细则》第 27 条第 1 款对说明书的内容作出了规定,其中指出,至少要详细介绍一种要求保护的实施发明方法,一般要举例说明。由此可见,在欧洲的专利申请文件中,实施例是说明书的重要组成部分,对于解释权利要求、证明权利要求中的技术方案与技术特征的新颖性和创造性、充分支持权利要求中技术方案与技术特征的再现以及维护专利稳定性有着重要的意义。具体来说,实施例的作用有两方面:一是对于说明书或者权利要求书中的具体技术方案的实际举例说明,以便该领域的相关技术人员能够通过说明书与实施例更好地理解和再现该专利技术;二是将说明书或者权利要求书中所记载的技术方案所能达到的效果与其他现有技术方案的效果进行比较,以凸显该专利技术的新颖性、创造性等实质性特点等。良好的实施例能够有效扩大专利获得授权的概率。

在实施例的运用过程中,企业应注意以下问题:(1)实施例的数量。实施例的数量应当根据发明或者实用新型的性质、所属技术领域、现有技术状况以及要求保护的范围来确定。(2)实施例不能代替说明书。被归纳到权利要求的技术特征,除描述在实施例或者具体实施方式之中以外还必须描述在专利说明书的其他部分,否则就被认为权利要求没有得到说明书的支持,不能得到专利的有效保护。简言之,权利要求中包含的技术特征仅在实施例或者具体实施方式中被体现,那么应当认为该技术特征没有得到说明书足够充分的支持,从而不能得到专利的有效保护。企业应当极力避免此类简单错误,谨慎对待专利文件撰写。(3)实施例中涉及的新技术特征不受专利权保护。在撰写实施例的时候,可能会出现权利要求中所不包含的新的技术特征,即便实施例与说明书相互呼应,甚至说明书中还清楚、明确地描述和解释了该技术特征,但只要权利要求中未提及,就不能将之视为要求专利权保护的技术特征。因此,这些技术特征不会被纳入专利权的保护范围,没有法律效果,不能得到有效保护。企业应当打好"预防针",争取完善权利要求内容,避免对原本就不会获得授权的技术特征有获得额外授权之期待。

（二）善用优先权制度，及时进行海外专利布局

优先权原则源自1883年签订的《保护工业产权巴黎公约》，目的是便于缔约方申请者在其本国提出专利或者商标申请后向其他缔约方提出申请。所谓"优先权"是指申请人在一个缔约方第一次提出申请后，可以在一定期限内就同一主题向其他缔约方申请保护，其在后申请在某些方面被视为在第一次申请的申请日提出。简言之，依照《欧洲专利公约》第89条的规定，优先权日应当作为欧洲专利申请的申请日。

在欧洲适用专利优先权制度时，我国企业应当注意：（1）优先权是专利申请权的一项附属权利，没有专利申请权也就是没有优先权。（2）优先权具有严格的时间限制，依照《欧洲专利公约》第87条的规定，申请人仅在第一个申请提交后12个月内享有优先权。（3）优先权不能自动产生，即专利申请人在提出在后申请时主张优先权的，必须在提出在后申请的同时提出优先权要求申请，并按规定提交相应的有效证明文件，经审查合格后，才能产生优先权。（4）要求优先权的在后申请与在先基础申请必须具有相同的主题，但在后申请的主题可以是在先的基础申请的改进。（5）优先权只适用于欧洲专利申请中已经包括在被要求优先权的申请中的构成部分，即超过原有范围提出的新的权利要求不享有优先权。（6）要求多项优先权的，相关期限应当自最早的优先权日起计算。（7）前后两项申请应当尽量在《巴黎公约》成员方中提出，避免产生无法实现优先权的情形。

此外，我国企业在具体运用优先权制度时，还应注意以下策略的使用：（1）在中国优先申请，缓解紧迫性。优先权制度是一种方便申请人的程序性设计，给予申请人一年时间的"观望期"，方便申请人考虑是否利用已经在手的专利申请日去他国进行申请。《巴黎公约》所规定的优先权制度适用于所有成员方，申请人可以首先向中国国家知识产权局提出相关的专利申请，并在此之后的12个月内向欧洲专利局递交相关的专利申请，同时主张优先权。在此种情况下，在中国首次申请的申请日，可以作为其进行欧洲专利申请的申请日，同时，在中国能否获得专利授权，并不会对在欧洲专利局能否获得专利授权产生影响，只是使别人后续的公开不会影响自己已经取得成果的新颖性和创造性，一定程度上，缓解了我国企业申

请他国专利时间上的紧迫性。(2) 多项申请做基础，减少后续修改麻烦。申请人如果在前后一年之内提出了多件专利的申请，那么其最终可以利用优先权制度，将这些申请合并成一件新的专利申请。这些专利申请既可以是针对同一个国家或地区的，也可以是针对不同国家或地区的。一定程度上，此方法为申请人最大化地实现了最终能够获得授权的专利保护范围。(3) 及时撤回，保障技术不公开。依照《欧洲专利公约》第 93 条规定，欧洲专利申请自申请日起满 18 个月后，或者，如果要求优先权的，自优先权日起满 18 个月后，应当尽快予以公布。因此，当申请人因为种种原因，在其打算利用优先权制度的前提下，递交了可专利性不高的第一次申请之后的 12 个月内未能提高新颖性、创造性，未能及时递交下一份专利申请时，可以撤回在先申请，避免技术的公开。❶

---

❶ 吴离离. 对专利优先权制度的正确认识与合理运用 [J]. 中国专利与商标，2011 (3)：48.

案例五

"低改性生物相容性高分子巯基改性衍生物、交联材料和所述材料的用途"专利权无效宣告请求案

☞ **入选理由**：本案涉及欧洲专利异议程序和专利价值评估问题。通过本案，有助于我国企业善于利用欧洲专利异议程序制度，适时无效竞争对手专利，并且合理评估拥有专利的价值，优化专利储备。

一、基本信息

审理机构：欧洲专利局异议部。

申请人：Strawman 有限责任公司、奥地利克罗玛医药（Croma – Pharma）有限公司。

被申请人：常州百瑞吉生物医药有限责任公司。

处理时间：2018 年 11 月 23 日。

二、案情介绍

（一）基本案情

常州百瑞吉生物医药有限责任公司拥有一项名为"低改性生物相容性高分子巯基改性衍生物、交联材料和所述材料的用途"的发明专利。2017 年 7 月 18 日，Strawman 有限责任公司与奥地利克罗玛医药有限公司（以

下简称"克罗玛公司")对该项专利授权向欧洲专利局提出异议,并递交了相关证据,请求根据《欧洲专利公约》第100条第(a)~(c)款以缺乏新颖性、缺乏创造性和披露不足为由,撤销该专利。

(二)背景介绍

1. 被申请人背景概述

(1)基本情况。

常州百瑞吉生物医药有限责任公司(以下简称"百瑞吉公司")成立于2008年4月,是江苏省高层次创新创业人才计划和常州市领军型海归人才计划重点引进的中外合资企业。作为一家生物医药企业,百瑞吉公司具有相当程度的自主创新能力,其主营方向为生物医用材料、组织工程/再生医学、新型药物传递制剂等的研发、生产及销售,为全球市场提供技术领先的高端生物医药产品。❶

(2)专利布局情况。

百瑞吉公司拥有86条专利,其中发明专利78件,实用新型8件。

依照《国际专利分类表》所制定的大类进行划分,可以明显看到百瑞吉公司的专利主要集中在医学、高分子化合物等领域(见图2-5-1)。

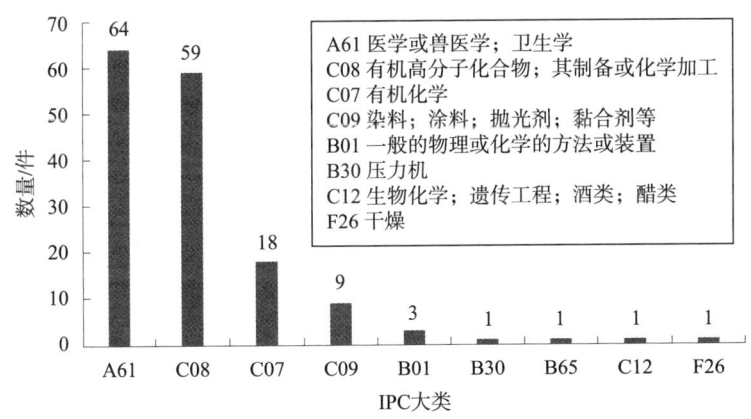

图2-5-1 百瑞吉公司专利IPC分类数量

数据来源:智慧芽(PatSnap)全球专利检索数据库(2021年5月3日)

---

❶ 百瑞吉公司概况[EB/OL].[2021-05-04]. http://www.bioregenmed.com.

该公司专利申请成立时起处于高位，截至2020年年底，2007~2020年平均年申请专利6.6件（见图2-5-2）。

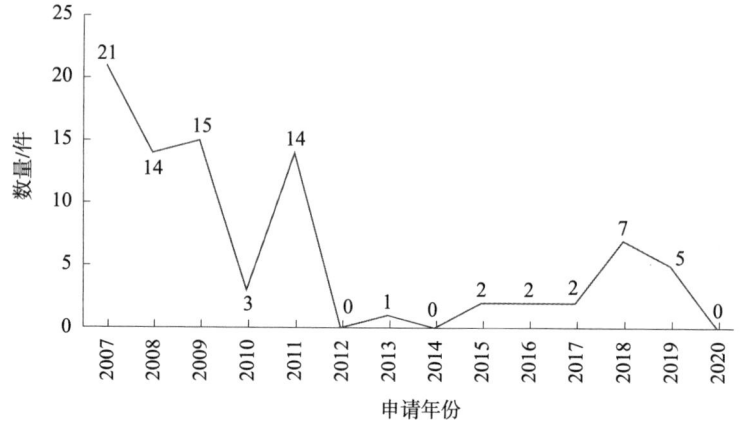

图2-5-2 百瑞吉公司全球专利申请趋势

数据来源：智慧芽（PatSnap）全球专利检索数据库（2021年5月3日）

在海外布局层面，百瑞吉公司专利在欧洲受理17件，美洲国家受理18件，亚洲国家（除中国）受理共计16件，澳大利亚专利局受理9件（见图2-5-3）。

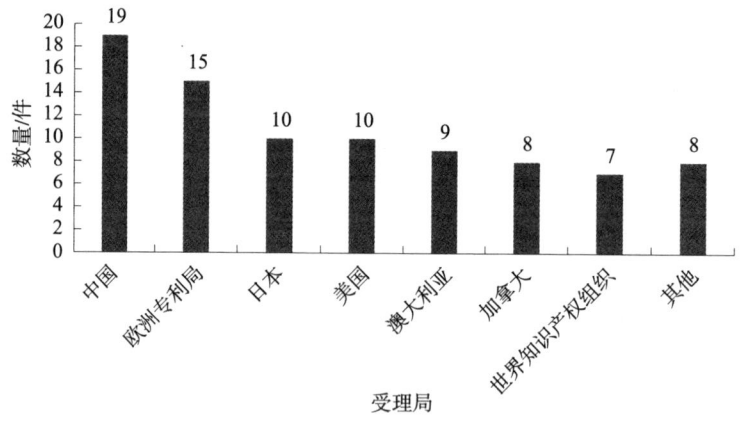

图2-5-3 百瑞吉公司全球专利布局情况

数据来源：智慧芽（PatSnap）全球专利检索数据库（2021年5月3日）

2. 申请人背景概述

(1) 基本情况。

克罗玛公司是一家位于奥地利的家族制药企业,成立于1976年,以在眼科、整形外科和美容科等领域的预填充黏弹剂专长闻名于世,在黏弹性产品研发领域拥有超过40年的经验,被公认为欧洲领先的玻尿酸专家,其在奥地利的全自动化生产线每年生产600万支预填充注射剂,是全球主要的高端注射剂生产商之一。

2017年5月,克罗玛公司进入中国,与四环医药控股集团有限公司附属公司耀忠国际(香港)有限公司达成合作,共同成立新的企业,在中国销售优质、安全、高效的微整形产品。克罗玛公司是仅有的两家有产品获得中国国家药品监督管理局上市批准的欧洲企业之一。克罗玛公司目前拥有320名员工,在欧洲、北美、巴西和澳大利亚经营12家子公司。通过分销合作伙伴,其产品销往全球70多个国家和地区。❶

(2) 专利布局情况。

截至2021年5月,克罗玛公司拥有107件专利,其中发明专利105件,外观设计2件。

依照《国际专利分类表》进行的大类划分,可知克罗玛公司的专利技术较为集中,主要集中在医学领域(见图2-5-4)。

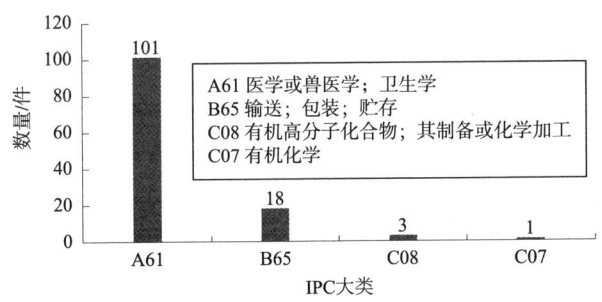

图2-5-4 克罗玛公司专利IPC分类数量

数据来源:智慧芽(PatSnap)全球专利检索数据库(2021年5月3日)

---

❶ 美通社. Croma - Pharma宣布在中国实现两大里程碑 [EB/OL]. (2017-06-14) [2021-05-04]. https://www.prnasia.com/story/180294-1.shtml.

克罗玛公司在 2015 年前，专利申请数量总体较少，2007～2014 年共申请专利 27 件，2015～2016 年达到其专利申请的高峰，两年共申请专利 59 件（见图 2-5-5）。

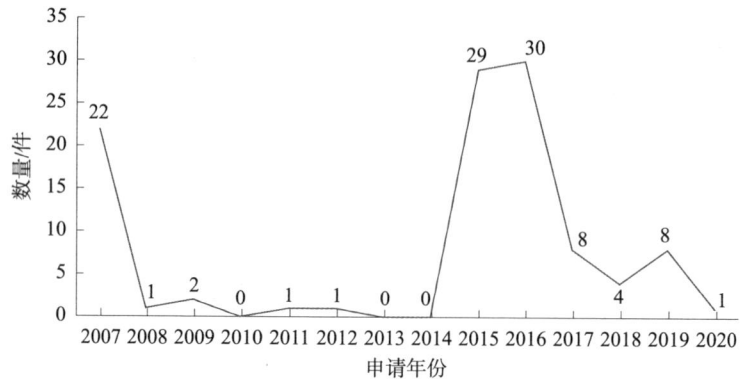

图 2-5-5　克罗玛公司全球专利申请趋势
数据来源：智慧芽（PatSnap）全球专利检索数据库（2021 年 5 月 3 日）

克罗玛公司在 25 个国家或地区都有专利申请，在美国专利局申请数量最多，为 12 件。欧洲专利局与世界知识产权组织次之，均为 10 件（见图 2-5-6）。

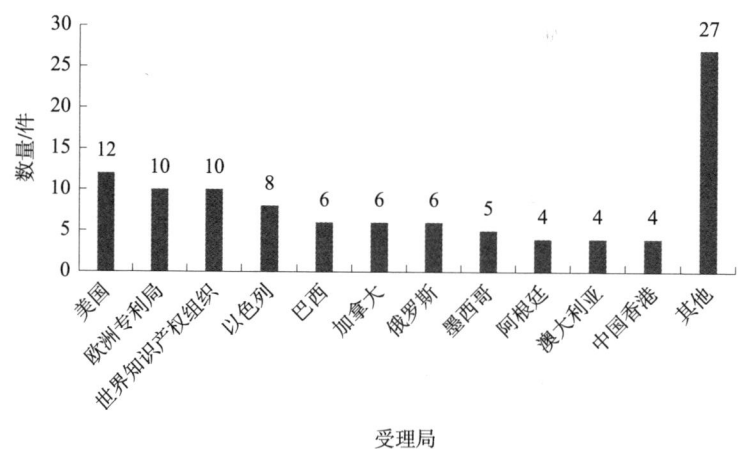

图 2-5-6　克罗玛公司全球专利布局情况
数据来源：智慧芽（PatSnap）全球专利检索数据库（2021 年 5 月 3 日）

3. 行业背景

医疗美容是通过医学手段，达到改变人体外部形态、改善生理功能、增强外部美感目的的一种治疗方式。医疗美容通常由注册的专业医师及医疗专家进行，对患者实施带有创伤性或者侵入性的医学治疗，需要在医疗机构才能实施，有别于普通的生活美容。

（1）中国医疗美容行业。

2013～2017年，我国医疗美容行业高速发展，大量美容机构涌现，且受网红文化影响，消费者需求爆发。2018年为行业放缓的转折点，大量中小机构面临盈利难等问题，市场呈现供需不匹配状态。从需求侧看，一部分潜在消费者对医美持观望状态；从供给侧看，民营医疗美容机构因医疗、运营人才缺失，存在客源少、维系差等问题。

根据上海艾瑞市场咨询有限公司在2020年5月发布的《2020年中国医疗美容行业洞察白皮书》统计，2019年中国医疗美容市场规模达到1769亿元，医美用户1367.2万人，预测2023年医美用户达2548.3万人（2019～2023年，复合年均增长率为16.8%）。❶

（2）全球医疗美容行业。

截至2019年年末，全球医疗美容服务市场规模达到2023亿元（见图2-5-7）。手术项目中，眼睑手术、吸脂手术、隆乳手术排名前三，合计占比43%。而非手术项目中，肉毒素、玻尿酸注射合计占比约70%。随着全球医疗美容行业的发展，整个行业已然出现以下趋势：男性医美需求的兴起、私密整形增长迅速、减脂塑身类手术继续流行、面部填充潜力巨大。❷

---

❶ 颜值经济直接推动了医疗美容行业发展 未来国内医美市场保持高增长态势且潜力巨大 [EB/OL]．[2021-05-02]．https：//www. chinairn. com/hyzx/20210311/145301302. shtml.

❷ 艾瑞咨询. 2020年中国医疗美容行业洞察白皮书 [EB/OL]．[2021-05-02]．http：//report. iresearch. cn/report_pdf. aspx？id = 3578.

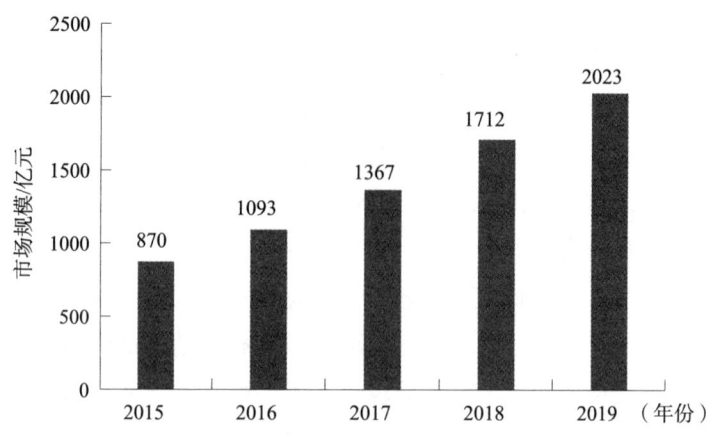

图 2-5-7　2015~2019 年全球医疗美容市场规模

数据来源：中研普华研究报告《2020~2025 年中国医疗美容行业全景调研与发展战略研究咨询报告》。

4. 诉争专利情况

（1）专利简介。

生物相容性大分子具有许多重要的生理功能，例如透明质酸对骨关节炎的增黏治疗，促进伤口愈合等具有显著作用，但是生物相容性大分子通常极易在体内进行转换或溶于体液，极大限制了它们在许多医疗应用中的使用。本案诉争发明要解决的技术问题是提供一种巯基修饰度低巯基修饰的生物相容性高分子衍生物，这些巯基修饰的生物相容性大分子衍生物尽可能地保持了原始生物相容性大分子的初始结构、生理功能和生物相容性，而且具有很高的动态黏度，可以延长其转换时间并降低其在体内的溶解度，从而更好地满足各种医学应用的需求。

诉争发明涉及的二硫键交联生物相容性高分子材料在医学上的应用包括以下方面：可以用作皮肤或其他伤口的伤口敷料以促进伤口愈合，也可用于预防粘连，包括手术（如鼻窦炎手术）后组织或器官之间的纤维粘连，还可以作为膝关节润滑剂用于骨关节炎的黏液补充治疗。

诉争发明制备的巯基修饰生物相容性大分子材料在药学上的应用包括可以用作各种活性治疗物质的缓释载体，以实现缓释。活性治疗物质可以是化学药物或生物活性因子，包括消炎药、抗生素、镇痛药、麻醉药、伤口愈合促进剂、细胞生长促进剂或抑制剂、免疫刺激剂、抗病毒药等。

（2）权利要求及其修改。

EP2614828 号专利权利要求书以及相关辅助请求如表 2-5-1、表 2-5-2 所示。

表 2-5-1　EP2614828 号专利权利要求书

权利要求书（中文）	权利要求书（英文）
1. 一种低巯基化程度的巯基化生物相容性大分子衍生物，其特征在于：所述巯基化生物相容性大分子衍生物的侧链中至少含有三个巯基，且巯基化程度≤4.5%；所述巯基化生物相容性大分子衍生物，是指在生物相容性大分子的侧链基团中通过化学方法引入巯基而得到的衍生物；巯基修饰度是指引入巯基的量占可用于修饰的生物相容性大分子的侧链基团的量的百分比；生物相容性大分子是指硫酸软骨素、皮肤素、肝素、类肝素、透明质酸、硫酸皮肤素、果胶等羧甲基壳聚糖、聚丙烯酸、聚天冬氨酸、聚酒石酸、聚谷氨酸和聚富马酸、胶原蛋白、碱性明胶、酸性明胶、弹性蛋白、核心蛋白、多糖层粘连蛋白和纤维连接蛋白或其盐类。	1. A mercapto - modified biocompatible macromolecule derivative with a low degree of mercapto - modification, characterized in that: the mercapto - modified biocompatible macromolecule derivative contains at least three mercapto groups in its side chain, and have a degree of mercapto - modification ≤ 4.5%; the mercapto - modified biocompatible macromolecule derivative refers to a derivative obtained by chemically introducing the mercapto group into the side - chain group of the biocompatible macromolecule; the degree of mercapto - modification refers to a percentage of the amount of the introduced mercapto group in the amount of the available side - chain group of the biocompatible macromolecule for modification; and the biocompatible macromolecule refers to chondroitin sulfate, dermatan, heparin, heparan, hyaluronic acid, dermatan sulfate, pectin, and carboxymethyl chitosan, polyacrylic acid, polyaspartic acid, polytartaric acid, polyglutamic acid and polyfumaric acid, collagen, alkaline gelatin, acidic gelatin, elastin, core protein, polysaccharide laminin and fibronectin, or the salts thereof.
2. 根据权利要求 1 所述的一种低巯基化程度的巯基化生物相容性大分子衍生物，其特征在于，巯基化程度为 0.5% ~3.0%。	2. The mercapto - modified biocompatible macromolecule derivative of with a low degree of mercapto - modification according to claim 1, characterized in that the degree of mercapto - modification is 0.5% ~3.0%
3. 根据权利要求 2 所述的一种低巯基化程度的巯基化生物相容性大分子衍生物，其特征在于，巯基化程度为 0.75% ~2.5%。	3. The mercapto - modified biocompatible macromolecule derivative with a low degree of mercapto - modification according to claim 2, characterized in that the degree of mercapto - modification is 0.75% ~2.5%.

续表

权利要求书（中文）	权利要求书（英文）
4. 根据权利要求1所述的一种低巯基化程度的巯基化生物相容性大分子衍生物，其特征在于，所述生物相容性大分子为硫酸软骨素、肝素、类肝素、透明质酸、聚天冬氨酸、聚谷氨酸、羧甲基壳聚糖、碱性明胶和酸性明胶，或其盐类。	4. The mercapto – modified biocompatible macro-molecule derivative with a low degree of mercapto – modification according to claim 1, characterized in that the biocompatible macromolecule is chondroitin sulfate, heparin, heparan, hyaluronic acid, polyaspartic acid, polyglutamic acid, carboxymethyl chitosan, alkaline gelatin and acidic gelatin, or the salts thereof.
5. 根据权利要求4所述的一种巯基修饰程度较低的巯基修饰生物相容性大分子衍生物，其特征在于，所述生物相容性大分子为硫酸软骨素和透明质酸或其盐类。	5. The mercapto – modified biocompatible macro-molecule derivative with a low degree of mercapto – modification according to claim 4, characterized in that the biocompatible macromolecule is chondroitin sulfate and hyaluronic acid, or the salts thereof.
6. 根据权利要求1所述的一种低巯基化程度的巯基化生物相容性大分子衍生物，其特征在于，所述生物相容性大分子的分子量在1000～10000000。	6. The mercapto – modified biocompatible macro-molecule derivative with a low degree of mercapto – modification according to claim 1, characterized in that the biocompatible macromolecule has a molecular weight in a range of 1000 – 10000000.
7. 根据权利要求6所述的一种低巯基化程度的巯基化生物相容性大分子衍生物，其特征在于，所述生物相容性大分子的分子量在10000～3000000。	7. The mercapto – modified biocompatible macro-molecule derivative with a low degree of mercapto – modification according to claim 6, characterized in that the biocompatible macromolecule has a molecular weight in a range of 10000 – 3000000.
8. 根据权利要求7所述的一种巯基改性程度较低的巯基改性生物相容性大分子衍生物，其特征在于，所述生物相容性大分子的分子量在20000～1500000。	8. The mercapto – modified biocompatible macro-molecule derivative with a low degree of mercapto – modification according to claim 7, characterized in that the biocompatible macromolecule has a molecular weight in a range of 20000 – 1500000.
9. 二硫键交联生物相容性高分子材料，由一种或多种根据权利要求1~8中任一权利要求所述的具有低巯基修饰度的巯基修饰的生物相容性高分子衍生物制成。	9. Disulfide – bond cross – linked biocompatible macromolecule materials made from one or more of the mercapto – modified biocompatible macromolecule derivatives with a low degree of mercapto – modification according to any of claims 1 – 8.

续表

权利要求书（中文）	权利要求书（英文）
10. 根据权利要求9所述的二硫键交联生物相容性高分子材料，其特征在于，所述材料包括固体形式的薄膜和海绵。	10. The disulfide-bond cross-linked biocompatible macromolecule material according to claim 9, characterized in that the material includes film and sponge in a solid form.
11. 根据权利要求9所述的二硫键交联生物相容性高分子材料，其特征在于，所述材料为水凝胶。	11. The disulfide-bond cross-linked biocompatible macromolecule material according to claim 9, characterized in that the material is hydrogel.
12. 根据权利要求11所述的二硫键交联生物相容性高分子材料，其特征在于，所述水凝胶的含水量（重量/体积百分比）大于95%。	12. The disulfide-bond cross-linked biocompatible macromolecule material according to claim 11, characterized in that the hydrogel has water content of more than 95%, which is a weight/volume percentage.
13. 根据权利要求12所述的二硫键交联生物相容性高分子材料，其特征在于，所述水凝胶的含水量（重量/体积百分比）大于98%。	13. The disulfide-bond cross-linked biocompatible macromolecule material according to claim 12, characterized in that the hydrogel has water content of more than 98%, which is a weight/volume percentage.
14. 根据权利要求11所述的二硫键交联生物相容性高分子材料，其特征在于，所述水凝胶的动态黏度大于10000 mPa·s。	14. The disulfide-bond cross-linked biocompatible macromolecule material according to claim 11, characterized in that the hydrogel has dynamic viscosity greater than 10000 mPa·s.
15. 根据权利要求14所述的二硫键交联生物相容性高分子材料，其特征在于，所述水凝胶的动态黏度大于25000mPa·s。	15. The disulfide-bond cross-linked biocompatible macromolecule material according to claim 14, characterized in that the hydrogel has dynamic viscosity greater than 25000 mPa·s.
16. 权利要求15所述的二硫键交联生物相容性高分子材料，其特征在于该水凝胶的动态黏度大于40000mPa·s。	16. The disulfide-bond cross-linked biocompatible macromolecule material according to claim 15, characterized in that the hydrogel has dynamic viscosity greater than 40000 mPa·s.

续表

权利要求书（中文）	权利要求书（英文）
17. 根据权利要求 9~16 中任一权利要求所述的二硫键交联生物相容性高分子材料，其特征在于，所述材料还含有一种或多种多糖、蛋白质、合成高分子和活性成分。	17. The disulfide-bond cross-linked biocompatible macromolecule material according to any of claims 9-16, characterized in that the material further contains one or more polysaccharides, proteins, synthetic macromolecules and active ingredients.
18. 权利要求 17 所述的二硫键交联生物相容性高分子材料，其特征在于多糖、蛋白质和合成高分子为硫酸软骨素、肝素、类肝素、海藻酸、透明质酸、聚天冬氨酸、聚谷氨酸、壳聚糖、羧甲基壳聚糖、胶原蛋白、碱性明胶和酸性明胶或其盐类。	18. The disulfide-bond cross-linked biocompatible macromolecule material according to claim 17, characterized in that the polysaccharide, protein and synthetic macromolecule are chondroitin sulfate, heparin, heparan, alginic acid, hyaluronic acid, polyaspartic acid, polyglutamic acid, chitosan, carboxymethyl chitosan, collagen, alkaline gelatin and acidic gelatin, or the salts thereof.
19. 根据权利要求 18 所述的二硫键交联生物相容性高分子交联材料，其特征在于，所述多糖、蛋白质和合成高分子为透明质酸钠、硫酸软骨素、肝素钠、碱性明胶和酸性明胶。	19. The disulfide-bond cross-linked biocompatible macromolecule cross-linked material according to claim 18, characterized in that the polysaccharide, protein and synthetic macromolecule are sodium hyaluronate, chondroitin sulfate, heparin sodium, alkaline gelatin and acidic gelatin.
20. 根据权利要求 19 所述的二硫键交联生物相容性高分子材料，其特征在于，所述多糖、蛋白质和合成高分子为透明质酸钠、硫酸软骨素和肝素钠。	20. The disulfide-bond cross-linked biocompatible macromolecule material according to claim 19, characterized in that the polysaccharide, protein and synthetic macromolecule are sodium hyaluronate, chondroitin sulfate and heparin sodium.
21. 根据权利要求 17 所述的二硫键交联生物相容性高分子材料，其特征在于，所述活性成分可以固体颗粒形式分散在所述交联材料中，也可以溶解在所述交联材料中。	21. The disulfide-bond cross-linked biocompatible macromolecule material according to claim 17, characterized in that the active ingredients can be either dispersed in the cross-linked material in a solid particle form, or dissolved in the cross-linked material.

续表

权利要求书（中文）	权利要求书（英文）
22. 根据权利要求 17 或权利要求 21 所述的二硫键交联生物相容性高分子材料，其特征在于，活性成分包括甾体、抗生素、抗肿瘤药物和各种肽蛋白药物。	22. The disulfide – bond cross – linked biocompatible macromolecule material according to claim 17 or 21, characterized in that the active ingredients include steroids, antibiotics, antitumor drugs and various peptides protein drugs.
23. 根据权利要求 22 所述的二硫键交联生物相容性高分子材料，其特征在于，所述活性成分为皮质激素，包括倍氯米松、丙酸倍氯米松、布地奈德、地塞米松、强的松龙、强的松。	23. The disulfide – bond cross – linked biocompatible macromolecule material according to claim 22, characterized in that the active ingredients are cortical hormones, which include beclomethasone, beclomethasone propionate, budesonide, dexamethasone, prednisolone, and prednisone.
24. 根据权利要求 9~23 中任一权利要求所述的用于医药的二硫键交联生物相容性高分子材料。	24. A disulfide – bond cross – linked biocompatible macromolecule material according to any of claims 9 – 23 for use in medicine.
25. 根据权利要求 24 所述的二硫键交联生物相容性高分子材料，其特征在于，所述用途包括用于制备术后粘连预防制剂、用于制备骨关节炎黏液补充剂治疗制剂，以及作为活性治疗物质的缓释载体的用途。	25. The disulfide – bond cross – linked biocompatible macromolecule material for use according to claim 24, characterized in that the use includes a use in preparation of a postoperative adhesion prevention formulation, a use in preparation of an osteoarthritis visco – supplement treatment formulation, and a use as a sustained – release carrier of active therapeutic substances.
26. 根据权利要求 25 所述的二硫键交联生物相容性高分子材料，其特征在于，所述活性治疗物质为化学药物或生物活性因子。	26. The disulfide – bond cross – linked biocompatible macromolecule material for use according to claim 25, characterized in that the active therapeutic substances are chemical drugs or biologically active factors.
27. 根据权利要求 26 所述的二硫键交联生物相容性高分子材料，其特征在于，所述活性治疗物质为消炎药、抗生素、镇痛剂、麻醉剂、伤口愈合促进剂、细胞生长促进剂或抑制剂、免疫兴奋剂或抗病毒药物。	27. The disulfide – bond cross – linked biocompatible macromolecule material for use according to claim 26, characterized in that the active therapeutic substances are antiphlogistics, antibiotics, analgesics, anaesthetics, wound healing promotors, cell growth promoters or inhibitors, immune stimulants, or antiviral drugs.

数据来源：智慧芽（PatSnap）全球专利检索数据库（2021 年 5 月 3 日）

表 2-5-2　EP2614828 号专利辅助请求

辅助请求（中文）	辅助请求（英文）
1. 一种低巯基化程度的巯基化生物相容性大分子衍生物，其特征在于：所述巯基化生物相容性大分子衍生物的侧链含有至少三个巯基，巯基修饰度≤4.5%；巯基修饰的生物相容性大分子衍生物是指将巯基通过化学方式引入生物相容性大分子的侧链基团得到的衍生物；巯基修饰度是指引入巯基的量与生物相容性大分子可修饰侧链基量的百分比；所述生物相容性大分子是指硫酸软骨素、皮肤素、肝素、类肝素、硫酸皮肤素、果胶、羧甲基壳聚糖、聚天冬氨酸、聚酒石酸、聚谷氨酸、聚富马酸、胶原、碱性明胶、酸性明胶、弹性蛋白核心蛋白、多糖层粘连蛋白和纤维连接蛋白或其盐类。	1. A mercapto-modified biocompatible macromolecule derivative with a low degree of mercapto-modification, characterized in that: the mercapto-modified biocompatible macromolecule derivative contains at least three mercapto groups in its side chain, and has a degree of mercapto-modification ≤4.5%; the mercapto-modified biocompatible macromolecule derivative refers to a derivative obtained by chemically introducing the mercapto group into the side-chain group of the biocompatible macromolecule; the degree of mercapto-modification refers to a percentage of the amount of the introduced mercapto group in the amount of the available side-chain group of the biocompatible macromolecule for modification; and the biocompatible macromolecule refers to chondroitin sulfate, dermatan, heparin, heparan, dermatan sulfate, pectin, and carboxymethyl chitosan, polyaspartic acid, polytartaric acidpolyglutamic acid and polyfumaric acid, collagen, alkaline gelatin, acidic gelatin, elastincore protein, polysaccharide laminin and fibronectin, or the salts thereof.
2. 根据权利要求 1 所述的一种低巯基化程度的巯基化生物相容性大分子衍生物，其特征在于，巯基化程度为 0.5%~3.0%。	2. The mercapto-modified biocompatible macromolecule derivative with a low degree of mercapto-modification according to claim 1, characterized in that the degree of mercapto-modification is 0.5%-3.0%.
3. 根据权利要求 2 所述的一种低巯基化程度的巯基化生物相容性大分子衍生物，其特征在于，巯基化程度为 0.75%~2.5%。	3. The mercapto-modified biocompatible macromolecule derivative with a low degree of mercapto-modification according to claim 2, characterized in that the degree of mercapto-modification is 0.75%-2.5%.

续表

辅助请求（中文）	辅助请求（英文）
4. 根据权利要求 1 所述的一种低巯基修饰度的巯基修饰生物相容性大分子衍生物，其特征在于，所述生物相容性大分子为硫酸软骨素、肝素、类肝素、聚天冬氨酸、聚谷氨酸、羧甲基壳聚糖、碱性明胶和酸性明胶或其盐类。	4. The mercapto-modified biocompatible macro-molecule derivative with a low degree of mercapto-modification according to claim 1, characterized in that the biocompatible macromolecule is chondroitin sulfate, heparin, heparan, polyaspartic acid-polyglutamic acid, carboxymethyl chitosan, alkaline gelatin and acidic gelatin, or the salts thereof.
5. 根据权利要求 4 所述的一种巯基修饰程度低的巯基修饰的生物相容性大分子衍生物，其特征在于，所述生物相容性大分子为硫酸软骨素或其盐类。	5. The mercapto-modified biocompatible macro-molecule derivative with a low degree of mercapto-modification according to claim 4, characterized in that the biocompatible macromolecule is chondroitin sulfate, or the salts thereof.

数据来源：智慧芽（PatSnap）全球专利检索数据库（2021 年 5 月 3 日）

三、处理结果

2018 年 1 月 8 日，被申请人针对申请人提交的异议意见，请求驳回，维持专利，并随函提出了主要请求与辅助请求。2018 年 11 月 23 日，欧洲专利局异议部针对此异议进行口头审理，认定被申请人所提出的主要请求与辅助请求不可受理，辅助请求的主题不符合创造性要求，不被纳入相关程序。最终，该专利被撤销。

四、案情解析

本案主要涉及《欧洲专利公约》第 54 条、第 56 条、第 76 条、第 80 条、第 99 条、第 100 条、第 114 条、第 123 条的相关内容，其中第 54 条、第 56 条、第 100 条、第 123 条见表 2-2-1，第 99 条内容见表 2-3-2，第 80 条和第 114 条内容见表 2-5-3。

表 2-5-3 《欧洲专利公约》第 80 条、第 114 条

中文版	英文版
第 80 条 欧洲专利申请的提交日期应为满足《实施条例》规定的要求的日期。	The date of filing of a European patent application shall be the date on which the requirements laid down in the Implementing Regulations are fulfilled.
第 114 条 (1) 在审理的诉讼中，欧洲专利局应自行审查事实；在审查中，不应仅限于各方提供的事实、证据和论点以及寻求的救济。 (2) 欧洲专利局可以无视有关各方未按时提交的事实或证据。	(1) In proceedings before it, the European Patent Office shall examine the facts of its own motion; it shall not be restricted in this examination to the facts, evidence and arguments provided by the parties and the relief sought. (2) The European Patent Office may disregard facts or evidence which are not submitted in due time by the parties concerned.

本案例所针对的是名为"低改性生物相容性高分子巯基改性衍生物、交联材料和所述材料的用途"的欧洲专利，该专利的权利人为百瑞吉公司。

2017 年 7 月 18 日，Strawman 有限公司以缺乏新颖性、缺乏创造性、公开不充分和增加主题为由提出异议，请求根据《欧洲专利公约》第 100 条将该专利全部撤销。同日，克罗玛公司也提交了一份异议，也是请求根据《欧洲专利公约》第 100 条将该专利全部撤销。二者都提交了相关的证据。欧洲专利局异议部认为该异议符合《欧洲专利公约》第 76 条与第 99 条的要求，因此可以受理。

被申请人百瑞吉公司在 2018 年 1 月 8 日对异议提出辩驳意见，并提交了主要请求，其主要请求主要包括三个内容：(1) 针对原有的权利要求 1，从生物相容性大分子列表中删除透明质酸和聚丙烯酸。(2) 对权利要求 9 进行了进一步的限制，其措辞为"二硫键交联生物相容性高分子材料，由一种或多种巯基修饰的具有低巯基修饰度的生物相容性高分子衍生物制成，其中所述巯基修饰的生物相容性高分子衍生物的侧链中含有至少三个巯基，巯基修饰度 <4.5%；巯基修饰的生物相容性大分子衍生物是指将巯基通过化学方式引入生物相容性大分子的侧链基团中得到的衍生物；巯

基修饰度是指引入巯基的量与生物相容性大分子可修饰侧链基量的百分比；所述生物相容性大分子是指硫酸软骨素、皮肤素、肝素、类肝素、透明质酸、硫酸皮肤素、果胶、羧甲基壳聚糖、聚天冬氨酸、聚酒石酸、聚谷氨酸和聚富马酸、胶原蛋白、碱性明胶、酸性明胶、弹性蛋白、核心蛋白、多糖层粘连蛋白和纤维连接蛋白或其盐类"。（3）根据主要请求，吸收权利要求 2~8 的特征，引入了与权利要求 9 有从属关系的新的权利要求 10~16。同时，为了保证提出的请求被接受，被申请人还提出另外的辅助请求，其中辅助请求 1 与其主要请求相对应，只是附加从属权利要求 10~16 被取消。

欧洲专利局异议部认为被申请人未能证明主要请求中引入新的从属权利要求 10~16 是合理、必要的，且补充的权利要求 10~16 还包含部分在原来的权利要求中并未给出的定义。根据《欧洲专利公约》第 123 条第（3）款，判定被申请人的主要请求是不能被接受的。针对被申请人所提出的辅助请求，申请人继续认为被申请人对于权利要求 1 的修改将会导致主题的增加，同前述主要请求一样，不能满足《欧洲专利公约》第 123 条第（2）款与第（3）款的规定。欧洲专利局异议部指出，被申请人目前提出的要求保护的分子都能在最初提交的权利要求中找到基础，因此，不会导致主题的增加，辅助请求 1 应当是可以受理的。然而，经过申请人对现有技术的举证，最终辅助请求 1 还是未能达到《欧洲专利公约》第 54 条与第 56 条关于创新性的规定。至于辅助请求 2~5，根据相关的规定，辅助请求 2~5 最晚的提交时间为欧洲专利局异议部宣布对其辅助请求 1 的结论，结合《欧洲专利公约》第 114 条的规定，欧洲专利局异议部认为，迟交的辅助请求 2~5 不可受理。因此，最终本案被申请人的 EP2614828 号专利被撤销。

五、镜鉴启示

（一）善于利用异议制度，适时无效竞争对手专利

科技的迅猛发展既使全球的专利数量激增，又引发了"专利丛林"问题。过多低质量的专利不但阻碍新技术的发展，还给社会造成巨大的潜在

经济负担。为应对这一问题,以欧盟为首的许多国家或地区都相继启动或强化了授权后的专利异议制度,期待通过这一方式,在专利授权后的一段时间内对其存在的瑕疵部分进行有效排查。❶ 目前,异议程序被公认为保证专利质量的重要指标之一。欧洲专利局专家哈霍夫(Harhoff)等认为:凡经历异议程序的专利比没有经历过异议程序的专利更有价值。❷

欧盟的异议程序主要内容如下:(1)申请人应当提交异议申请书。异议申请书的内容包括:①异议人的姓名以及住址;②异议专利的专利号、名称和专利权人;③异议请求的范围;④异议的理由;⑤指出事实/证据以及论据。需要异议人注意的是,异议申请中应当包含对该专利提出异议的全部依据,后续只能提出新的不同反对意见,而无法在原始异议的基础上增加其相关的依据。此外,依照《欧洲专利公约》第99条规定,申请人应当缴纳异议费,否则,异议通知视为未提交。(2)欧洲专利局在收到异议通知之后,将成立相关异议组。异议组在收到异议通知之后,会将异议通知以及相关依据发送给被申请人(专利权人)。被申请人可以选择是否对该异议进行回复,如果被申请人选择不回复,那么该专利因为异议人所提出的异议理由而被撤销的概率将会增大;如果专利权人选择回复,那么在异议期结束之后4个月内,其可以向异议组提供证明该专利有效性的依据,必要情况下,被申请人还可以对权利要求和说明书进行修改,但是依照相关的规定,该修改不能扩大其首次提交的权利要求的保护范围。同时,异议组还将向申请人发出邀请,邀请其提交相关的证据或论据,并在被申请人给予回复的基础上进行答复。被申请人可以继续就此情况进行答复并提交相关文件,双方可以重复此过程且无须等待异议组的邀请。每次答复的期限为自上次答复起4个月。当异议组认定以上书面程序时间过长,或者依照《欧洲专利公约》第116条,应该程序任何一方的请求,将会传唤双方参加口头审理,口头审理一般应当公开,除非其公开有可能对其他

---

❶ 刘点,肖冬梅. 日本专利异议制度回归缘由及其启示[J]. 湘潭大学学报(哲学社会科学版),2018,42(3):49.

❷ 闫晓苏、庆俊梅(编译)、陈卫明(审校). 欧洲专利局专利异议程序与技术领域关系初探——多样技术孕育多样战略[J]. 专利文献研究,2007(1):9.

尚未作出的决定造成严重且不公正的影响。口头传唤书中会包含异议组对于申请人所提出的异议的临时意见，异议双方可以根据该临时意见推测未来口头审理可能的走向。从传唤到正式审理，异议组通常会给予异议当事人6个月以上的准备时间，在此期限内，申请人和被申请人可以针对此次传唤，最后提交相关的论据和权利要求的修改，最后提交的截止日期为口头审理前2个月，截止日期之后，异议组将不再接受任何新的论据、证据以及对权利要求的修改（见图2-5-8）。

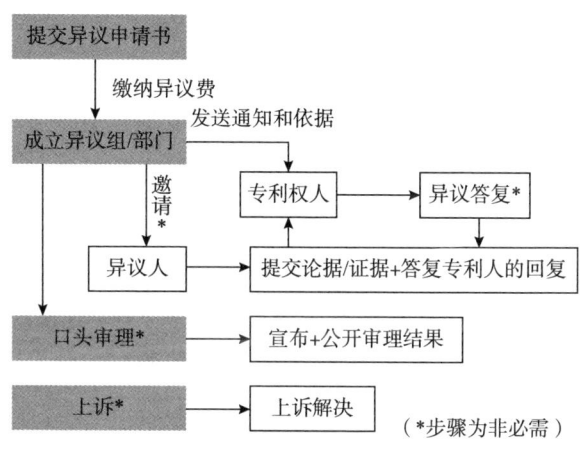

图2-5-8 欧洲专利异议程序

数据来源：《欧洲专利公约》（2021年3月4日）

我国企业在利用异议程序，提出专利权异议时，应注意以下问题：（1）根据《欧洲专利公约》第99条规定，自欧洲专利的授予在《欧洲专利公报》公布之日起9个月内，任何人可以通知欧洲专利局根据《欧洲专利公约实施细则》对该专利提出异议，且从前述介绍的异议程序中可知，被申请人在异议期之后拥有4个月的答复期，在答复期内申请人拥有提供相关的证据、对原专利申请作出修改、提出相关的主要请求和辅助请求等选项。因此，我国企业作为被申请人时，在收到异议通知后，应当充分调动专利相关人员，积极收集证据，避免因为轻视或者疏忽而失去原本可以获得专利授权的机会。（2）国外企业对专利权提出异议的惯常做法是当发现竞争对手的专利申请案中出现严重的缺陷时，并不急于立刻提出异议，从而给到竞争对手和专利局提示；而是等待对手获得专利授权之后，提出专利无效，给出致命一击。英国一位著名的专利律师曾经说："如果你是在批准专利前提出反对意见，那你就是帮助你的竞争对手把坏专利变成好专利；等到他控告你侵犯了他的专利权时，我们再利用以前在异议中应该提出的一切理由，这时，我们就可以胜诉。"❶ 我国企业可以学习这一策略，把握异议阶段申请人可以进行修改而无效阶段申请人无法进行修改的细节，达成有效推翻现有专利，加快市场入驻脚步或者进一步增加市场份额的目的。

（二）合理评估拥有专利的价值，优化专利储备

专利是企业重要的无形资产，其价值主要体现在两个方面：一是可以通过专利技术创造出具象的商品；二是可以通过专利技术的许可使用、转让、担保信托等使用，实现利益的最大化。专利价值越高，企业所能够收获的财富就越丰厚。因此，企业应当首先明确自己拥有的专利技术的价值。一份完整的专利价值评估报告应当包含两个方面的内容——定性与定价评估。所谓定性评估，是指企业应当知悉影响专利价值的要素，主要包括专利技术的创新度，专利权的保护范围，专利在专利族中的地位，专利的法定寿命和剩余经济寿命，专利的现有法律状况，成果转化潜力、收益及风险。要素不同，则专利价值也有所不同。专利的定价评估，主要有三种方法：成本法、市场法、收益法，应当根据具体的目的，结合相关的情况加以适用。（1）成本法。成本法可以作为投资底价的参考。投资底价等于将重复专利开发过程的投入作为重置成本减去专利的损耗和贬值。所谓重置成本，主要包括研发成本、交易成本、机会成本等；损耗是指专利资产（如相关设备等）的折旧；贬值则是包括功能性贬值与经济性贬值。（2）市场法。收集并参考若干同类专利技术在市场中流通所采用的交易条件、交易价格等信息，针对己方专利技术的特点进行适当的评估。（3）收益法。收益法着眼于专利的未来收益，存在一个基本的计算公式：

---

❶ 马秀山. 说三国谋略话专利经营隔岸观火——谈谈专利的异议及无效程序的运用［J］. 中国民营科技与经济，1998（4）：64.

$$V = \sum \frac{KR_i}{(1+r)} \tag{1}$$

在公式（1）中，V 是该专利的价值，R_i 是该专利第 i 年可以获得的预期净收益，K 为分成率，r 为折现率。使用收益法时应当注意上述参数的选定，以免出现严重的偏差。[1] 综上所述，企业可以通过上述定性与定价的方式对己方专利的价值进行综合评估，着重开发和保护高价值专利，减少在低价值专利上的研发和诉讼成本，做好取舍，优化专利储备。

---

[1] 赵晨．专利价值评估的方法与实务［J］．电子知识产权，2006（11）：26．

案例六

"药物雷西纳德结晶形式"专利权无效宣告请求案

☞**入选理由**：本案涉及欧洲专利异议程序与实体规则问题。通过本案，有助于企业明晰欧洲专利审查要点，提升"获权"概率；根据自身专利布局的实际需要，有效发起和应对相关的欧洲专利无效异议；跟踪技术研发趋向，提升创新基点。

一、基本信息

审理机构：欧洲专利局异议部。

申请人：英国 HGF 事务所。

被申请人：苏州晶云药物科技有限公司、苏州鹏旭医药科技有限公司。

处理时间：2020 年 4 月 9 日。

二、案情介绍

（一）基本案情

苏州晶云药物科技有限公司和苏州鹏旭医药科技有限公司拥有一项名为"药物雷西纳德（LESINURAD）结晶形式"的专利，该专利的专利号为 EP3071554B1。该项专利于 2014 年 11 月 20 日提交欧洲专利申请，优先权日是 2013 年 11 月 22 日，2018 年 10 月 3 日《欧洲专利公报》公告授予其专利权。2019 年 7 月 1 日，英国 HGF 事务所以该项专利缺乏新颖性、创造性、披露的充分性、优先权无效以及超出所提交申请内容的范围为由向欧洲专利局异议部提出申请，请求撤销该专利。欧洲专利局以听证会的形式进行了审理。

申请人英国 HGF 事务所在异议期间提交了以下证据：（1）D1–D3，与涉案专利有关的现有技术文件；（2）D4，美国专利及商标局举办的公共展会（2019 年 6 月 11 日）的数据；（3）D5，第一优先权文件 CN201310597329.6 的译文；（4）D6，第二优先权文件 CN201310633354.5 D7 的译文；（5）D7，专利申请期间提交的数据（2017 年 10 月 24 日）。

在欧洲专利局 2019 年 11 月 15 日收到的信函中，被申请人要求驳回申请人提出的异议意见。作为辅助措施，被申请人提交了辅助请求 1 和辅助请求 2，参见已存档的优先权文件的以下译本：

（1）P1，2013 年 1 月 22 日提交的第一优先权文件 CN201310597329.6 的译文；

（2）P2，2013 年 12 月 2 日提交的第一优先权文件 CN201310633354.5 的译文。

（二）背景介绍

1. 当事人情况

（1）申请人背景概述。

英国 HGF 事务所是一家成立于 1995 年的知识产权事务所，总部位于英国曼彻斯特，该所目前在英国境内设有 10 个办事处，荷兰海牙拥有 1 个办事处，总员工数逾 200 人，其中律师 120 余人。HGF 事务所在 PCT 案件方面，长期稳居英国事务所前三位和欧洲事务所前五位。根据其2018~2019 年年报显示，这一财年该事务所共代理专利申请 4677 项，商标注册申请 2002 项。截至 2019 年，经 HGF 事务所代理的有效专利和商标包括正在等待申请和已授权的部分在内，共计 28445 项和 48995 项。

（2）被申请人背景概述。

被申请人之一的苏州晶云药物科技有限公司（以下简称"晶云公司"），成立于 2010 年 7 月 21 日，总部位于苏州工业园区，在美国新泽西州设有分部,是中国首家专注于药物晶型研发和产业化的公司。该公司的业务集中在以药物的固态信息为中心的专业领域,包括原料药及其中间体的盐类,药物结晶工艺的优化和放大,临床前药物制剂的研发,以及上述相关领域自主知识产权技术和产品的开发,高级技术咨询及其培训等。❶ 晶云公司已与全球超过500家制药企业建立合作,为1200多个新药候选化合物提供了药物晶型研发的专业技术方案。❷

晶云公司的历年申请趋势分析图是根据该公司2012~2020年度专利申请情况绘制而成。由图2-6-1可以看出,2012年和2013年为公司成立初期,各项业务都处于初创和奠基阶段,因此专利申请总量较少。2014~2017年出现大幅度增长,2016年达到峰值158件,从侧面说明晶云公司初期技术研发已经取得一定成效,并积极地进行专利布局,获得较多的转化成果,而2018年以来进入申请空白期,其中2019年和2020年申请数量仅为3件。

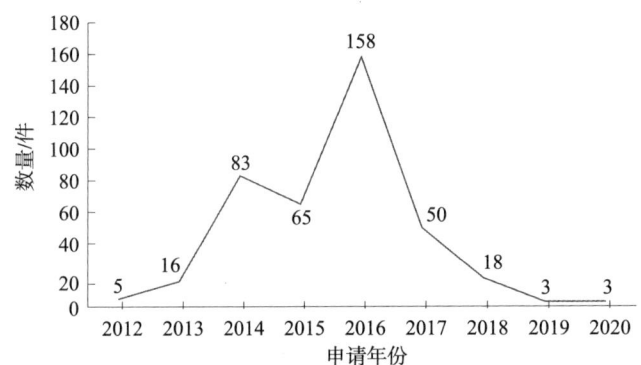

图2-6-1 晶云药物全球专利申请趋势

数据来源:智慧芽(PatSnap)全球专利检索数据库(2021年3月29日)

晶云公司持有专利共401件,中国布局的专利数量最多,为118件;海外则以世界知识产权组织、美国、欧洲等重要国家和地区为主,海外专

---

❶ 苏州晶云药物科技有限公司背景概述中的相关数据和信息来源于企查查。
❷ 苏州晶云药物科技有限公司概况[EB/OL].[2021-03-29]. https://www.crystalpharmatech.com.cn/profile.html.

利布局数量占持有专利总量的70%，反映出该公司向海外扩张业务的发展态势（见图2-6-2）。

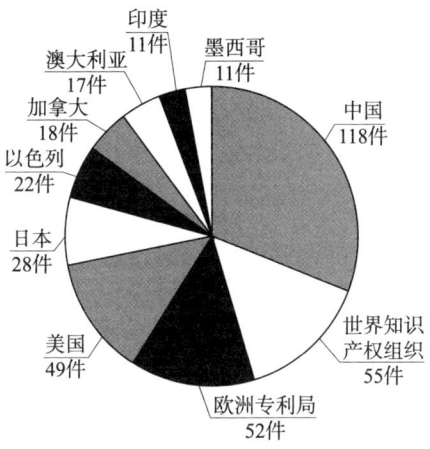

图2-6-2　晶云公司全球专利布局分布

数据来源：智慧芽（PatSnap）全球专利检索数据库（2021年3月29日）

晶云公司有效专利数量为201件，约占总量的50%，失效专利88件，约占22%（见图2-6-3）。

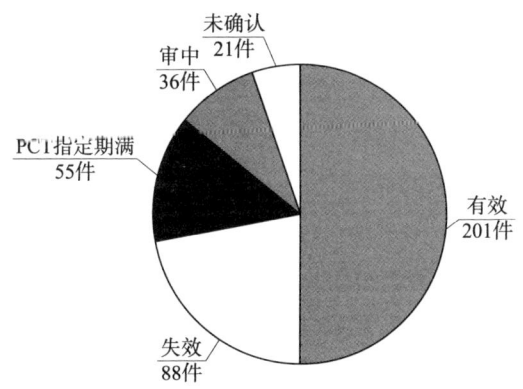

图2-6-3　晶云公司专利法律状态

数据来源：智慧芽（PatSnap）全球专利检索数据库（2021年3月29日）

另一被申请人苏州鹏旭医药科技有限公司（以下简称"鹏旭公司"），成立于2011年7月7日，公司位于苏州市吴江经济技术开发区，主要从事药物研发、化工产品销售及自营或代理各类商品和技术进出口等业务。晶云公司曾是该公司股东，2014年5月对鹏旭公司进行投资，但于2021年2月4日退出。[1] 鹏旭公司拥有专利总计183件，其中108件与晶云公司同为权利人。

鹏旭公司2012~2021年专利申请情况也呈现出与晶云公司相似的趋势，即初期申请数量较少，此后迅速增长达到峰值并较快回落，在2016~2021年保持在10件左右的专利申请的稳定状态，可能与两公司存在关联关系且同为多项专利的申请（权利人）有关。略有不同的是晶云公司在平稳期的专利申请数量较鹏旭公司而言更少（见图2-6-4）。

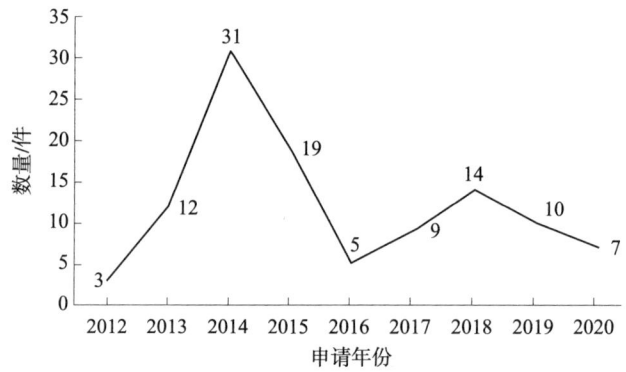

图2-6-4　鹏旭公司全球专利申请趋势

数据来源：incopat专利数据库（2022年3月28日）

鹏旭公司的专利申请以国内为主，占比达80%以上（见图2-6-5），这与晶云公司国内专利占比30%不同，说明鹏旭公司相对更注重国内专利布局。

---

[1] 苏州鹏旭医药科技有限公司背景概述中的相关数据和信息来源于企查查。

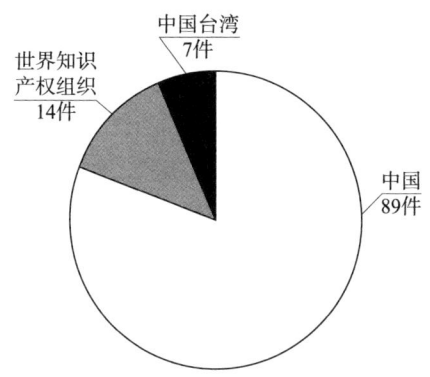

图 2 – 6 – 5　鹏旭公司主要专利布局情况

数据来源：incopat 专利数据库（2022 年 3 月 28 日）

2. 诉争专利情况

涉案专利基本信息如表 2 – 6 – 1 所示。

表 2 – 6 – 1　涉案专利基本信息

专利号	专利名称	申请日	法律状态
EP3071554B1	LESINURAD 的结晶形式 （Crystalline form of LESINURAD）	2014 – 11 – 22	有效

数据来源：智慧芽（PatSnap）全球专利检索数据库（2021 年 3 月 29 日）

EP3071554B1 号专利是一项关于"雷西纳德的结晶形式"（Crystalline form of LESINURAD）的专利，是申请人晶云公司和鹏旭公司于 2014 年 11 月 22 日提交专利申请，并于 2018 年 10 月 3 日获得授权。该专利共有 9 项权利要求，相关权利要求及专利附图如表 2 – 6 – 2 及图 2 – 6 – 6 所示。

表 2 – 6 – 2　EP3071554B1 号专利权利要求书摘要

权利要求书摘要（中文）	权利要求书摘要（英文）
1. 雷西纳德的结晶形式，称为晶型Ⅲ，具有 X 射线粉末衍射轮廓，包括使用 CuKα 辐射测量的以下 2θ 值：7.9°±0.2°，11.9°±0.2°，15.3°±0.2°，20.8°±0.2°和 23.8°±0.2°。	1. A crystalline form of lesinurad, designated as Form Ⅲ, having an X – ray powder diffraction pattern comprising the following 2θ values measured using CuKα radiation：7.9°±0.2°，11.9°±0.2°，15.3°±0.2°，20.8°±0.2°，and 23.8°±0.2°.

续表

权利要求书摘要（中文）	权利要求书摘要（英文）
2. 根据权利要求1所述的晶型Ⅲ，其中所述X射线粉末衍射轮廓还包括使用CuKα辐射测量的以下2θ值：17.8°±0.2°，24.0°±0.2°和27.2°±0.2℃。	2. The crystalline Form Ⅲ of claim 1, wherein the X-ray powder diffraction pattern further comprises the following 2θ values measured using CuKa radiation: 17.8°±0.2°, 24.0°±0.2°, and 27.2°±0.2°.
3. 根据权利要求1或2所述的晶型Ⅲ，其中所述X射线粉末衍射轮廓还包括使用CuKα辐射测量的以下2θ值：17.4°±0.2°和22.4°±0.2°。	3. The crystalline Form Ⅲ of claim 1 or 2, wherein the X-ray powder diffraction pattern further comprises the following 2θ values measured using CuKa radiation: 17.4°±0.2° and 22.4°±0.2°.
4. 根据权利要求1的晶型Ⅲ，具有如图1所示的X射线粉末衍射图。	4. The crystalline Form Ⅲ of claim 1, having an X-ray powder diffraction pattern substantially as depicted in FIG. 1.
5. 一种制备如权利要求1~4中雷西纳德晶型Ⅲ的方法，其包含：（1）将雷西纳德溶解于乙腈、乙酸乙酯、甲苯或其混合物中以形成溶液；（2）以受控速度蒸发溶剂，由此结晶形成雷西纳德固体晶型Ⅲ。	5. A process for preparation of lesinurad Form Ⅲ of claims 1-4 comprising: (1) dissolving lesinurad in acetonitrile, ethyl acetate, toluene, or a mixture thereof to form a solution; (2) evaporating solvent (s) in a controlled speed thereby crystallizing lesinurad solid as Form Ⅲ.
6. 一种药物组合物，其包含根据权利要求1~4中任一项所述的雷西纳德晶型Ⅲ和药学上可接受的载体。	6. A pharmaceutical composition comprising the crystalline Form Ⅲ of lesinurad according to any one of claims 1 to 4; and a pharmaceutically acceptable carrier.
7. 根据权利要求6的药物组合物，其用于治疗选自红细胞增多症、髓细胞化生、痛风、复发性痛风、痛风性关节炎、高尿酸血症、高血压、心血管病、冠心病、自毁容貌（Lesch-Nyhan）综合征、Kelley-Seegmiller综合征、肾脏疾病、肾结石、肾衰竭、关节炎、尿路结石、铅中毒、甲状旁腺功能亢进、银屑病和结节病等疾病或病症的方法。	7. A pharmaceutical composition as defined in claim 6 for use in a method of treating a disease or disorder selected from the group consisting of polycythemia, myeloid metaplasia, gout, a recurrent gout attack, gouty arthritis, hyperuricaemia, hypertension, a cardiovascular disease, coronary heart disease, Lesch-Nyhan syndrome, Kelley-Seegmiller syndrome, kidney disease, kidney stones, kidney failure, joint inflammation, arthritis, urolithiasis, plumbism, hyperparathyroidism, psoriasis, and sarcoidosis.
8. 根据权利要求1~4中任一项的雷西纳德晶型Ⅲ，将其用作药物。	8. The crystalline Form Ⅲ of lesinurad according to any one of claims 1-4 for use as a pharmaceutical.

续表

权利要求书摘要（中文）	权利要求书摘要（英文）
9. 根据权利要求1~4中任一项的雷西纳德晶型Ⅲ，其用于选自红细胞增多症、骨髓化生、痛风、复发性痛风、痛风性关节炎、高尿酸血症、高血压、心血管疾病、冠心病、自毁容貌综合征、Kelley – Seegmiller综合征、肾脏疾病、肾结石、肾衰竭、关节炎、尿路结石、铅中毒、甲状旁腺功能亢进、银屑病和结节病等疾病或病症的治疗方法。	9. The crystalline Form Ⅲ of lesinurad according to any one of claims 1 – 4 for use in a method of treating a disease or disorder selected from the group consisting of polycythemia, myeloid metaplasia, gout, a recurrent gout attack, gouty arthritis, hyperuricaemia, hypertension, a cardiovascular disease, coronary heart disease, Lesch – Nyhan syndrome, Kelley – Seegmiller syndrome, kidney disease, kidney stones, kidney failure, joint inflammation, arthritis, urolithiasis, plumbism, hyperparathyroidism, psoriasis, and sarcoidosis.

附：表1

2θ	原子间距	强度/%
7.95	11.13	51.65

数据来源：智慧芽（PatSnap）全球专利检索数据库（2021年3月29日）

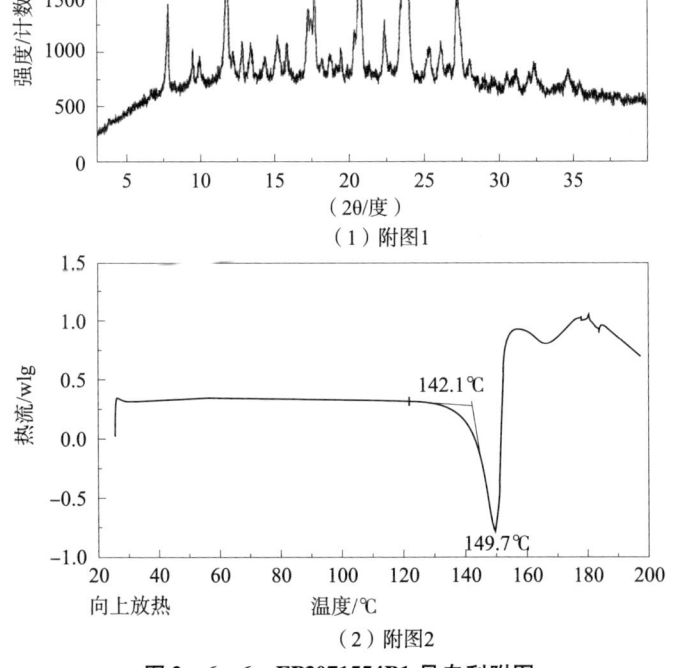

（1）附图1

（2）附图2

图2–6–6　EP3071554B1号专利附图

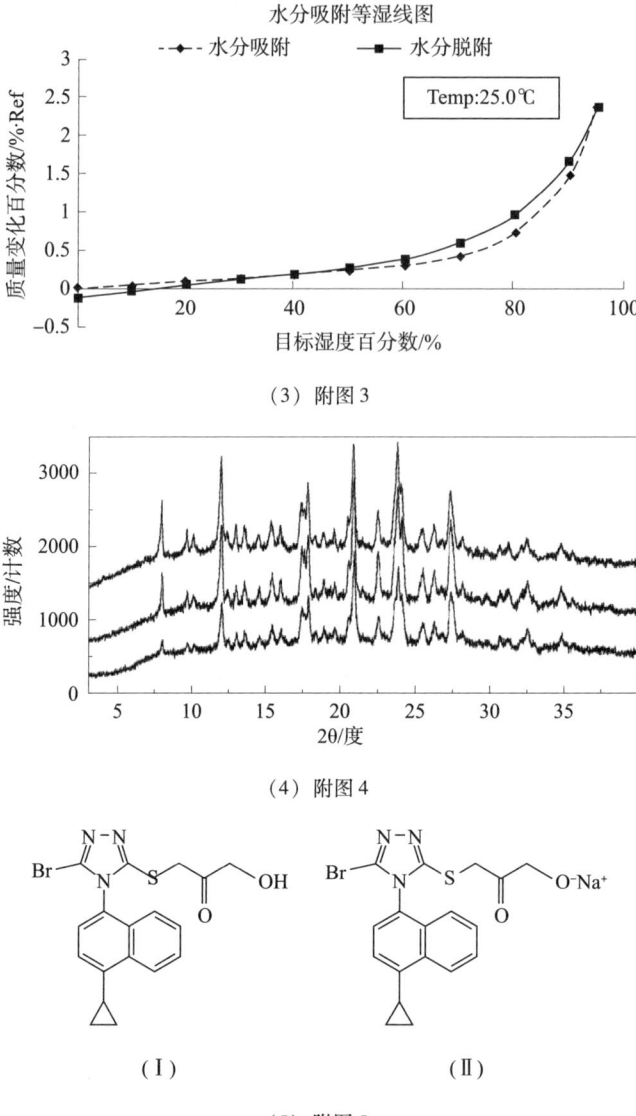

(3)附图3

(4)附图4

(5)附图5

图2-6-6　EP3071554B1号专利附图（续）

数据来源：智慧芽（PatSnap）全球专利检索数据库（2021年3月29日）

三、处理结果

基于申请人与被申请人双方发表的诉辩意见,欧洲专利局异议部经听证会审理认为,申请人的异议理由不影响涉诉专利的维持,因此,驳回申请人的异议申请,涉诉专利继续有效。

四、案情解析

欧洲专利局异议部将涉诉专利存在争议的部分确定为以下范围:根据权利要求1指定为形式Ⅲ的 Lesinurad 晶型、制备方法(权利要求5)、药物组合物(权利要求6)以及该晶型或其药物组合物的医疗用途(权利要求7~9)。

本案中申请人与被申请人争议主要集中在以下几点。

(一)涉诉专利增加主题问题

申请人认为,现权利要求1对应于原申请权利要求1与权利要求3的组合,其中原申请权利要求3中列出的4个峰值中的2个被删除,其余5个峰值在原申请中未明确公开,7个峰值减为5个,涉诉专利的主题超出了原申请的范围,因此,违反了《欧洲专利公约》第123条第(2)款的要求,即欧洲专利申请或欧洲专利经修改后,不得包含超出提交的原申请内容的主题。基于相同的理由,权利要求2~9所要求保护的主题也超出了原申请的范围。

欧洲专利局异议部在现权利要求1对应于最初提交的权利要求1和权利要求3的组合的观点上同意申请人的意见,其中从该组合中删除了7个峰值中的2个,以表征 Lesinurad 的晶型,并作为如实施例1、表1或附图1所示的晶型Ⅲ。但异议部认为涉案专利并未增加主题,由于最基本的峰值在最初提交的权利要求1中给出,因此,去除2个峰值不会对被申请人的原始申请内容产生实质性的影响。从最初提交的权利要求3中删除这两个峰值不需要单独挑出,因为只有一个列表是重要的。其余从属权利要求也以原申请为基础,原申请中已经提到生产工艺和医疗用途。因此,涉诉专利符合《欧洲专利公约》第123条第(2)款的要求。

可见，欧洲专利局判定修改后的专利主题是否超出原申请的范围是以原始申请内容为核心标准，结合修改部分的重要性予以综合考量。若增加或删减的技术特征对专利申请整体不产生实质性影响，换言之，改动的是非必要技术特征，则不认为修改后的申请较原始申请而言增加了要求保护的主题，而从属权利要求由于依附于原申请，如果原申请未增加主题，那么对其同样使用，反之亦然。

（二）披露的充分性问题

《欧洲专利公约》第83条规定，欧洲专利申请应对发明作出充分、清楚和完整的说明，该披露以熟练的技术人员能够实施为标准。

申请人声称，鉴于缺乏关于制备、所用固体形式（游离酸、盐形式、无定形、结晶）和Lesinurad纯度的信息以及分离回收晶体的条件，本领域技术人员无法在整个权利要求保护的范围内重复实施本发明。此外，蒸发干燥条件对于回收所要求的晶型Ⅲ是必不可少的：鉴于缺乏进一步的实验数据，技术人员面临需要尝试一系列问题，例如何种蒸发速度、何种容器、何种溶剂、何种干燥条件等，而这是一项不应有的负担。因此，涉诉专利不符合上述发明公开的规定。

针对申请人的主张，欧洲专利局异议部认定技术人员在整个应用过程中已经得到充分的指导，知道如何进行晶型Ⅲ的生产及其特征描述。第24~27段概述了制作细节，据此，没有支持申请人的主张。分析本案的判决可以得知，欧洲专利局异议部主要是结合《欧洲专利公约》第83条和第100条第（b）款来判定一项发明的公开披露是否充分。《欧洲专利公约》第83条规定，欧洲专利申请应对发明作出充分、清楚和完整的说明，以熟练的技术人员能够实施为准。《欧洲专利公约》第100条第（b）款规定，若欧洲专利没有充分、清楚和完整地公布发明以致本行业熟练技术人员不能实施发明，可基于此理由提出异议。

申请人以本行业熟练技术人员运用涉案专利说明书披露的信息无法在权利要求保护的范围内实施发明为由，对披露的充分性提出异议。欧洲专利局异议部认为，技术人员能够从说明书中得知如何生产晶型Ⅲ以及描述其特征，所以不支持申请人的异议理由。申请人对此提出质疑，即是否需要进一步详细说明使用的 Lesinurad 纯度、形式和来源,以便能够重复权利要求所称的过程。

针对申请人的主张,欧洲专利局异议部作出了如下具体阐述:在整个涉诉专利中,都提到 Lesinurad 是一种游离酸。如果要使用其盐形式,则需要明确指定。因此,如权利要求所述的生产工艺从作为游离酸的 Lesinurad 开始。申请人既然就说明书披露的充分性提出异议,则负有举证责任证明,通过使用不同纯度等级或形式(结晶或非结晶)的 Lesinurad,技术人员无法恢复结晶形式。在本案中,举证责任由申请人承担。

由此可见,在对发明的披露是否充分这一问题上,欧洲专利局采取"谁主张,谁举证"的原则。申请人就披露充分性提出异议,就当然负有举证责任,需要给出客观的证据使得欧洲专利局异议部相信本领域熟练技术人员无法使用说明书所披露的内容实施发明。而申请人认为,说明书没有披露 Lesinurad 的纯度、分离回收条件等相关信息,导致技术人员不能进行晶型Ⅲ的生产,那么就应提交相应的实验数据,否则申请人的异议理由是无法成立的。

此外,欧洲专利局异议部还对披露应达到的程度进行了大致界定。本领域技术人员是化学工作者,实现结晶化以及回收和/或干燥晶体属于其公知常识,如上文已经提到的,说明书给出了生产权利要求保护的 Lesinurad 晶型的一般说明。晶型的生产是一个较为复杂的工业过程,需要考虑多种因素和控制条件,其中一环出现偏差就可能影响最终的结果。如果要求专利权人在披露中事无巨细地给出所有可能性和具体信息显然是不现实且不应当的。因此,专利权人不必为属于权利要求保护的范围内的每一个实施例提供示例,提供一种代表性的晶型生产模式就已经足够认定为充分公开。申请人提出的关于"控制速度"含义的问题超出了说明书应当公开的范围,似乎更像是生产过程中应当解决的具体技术问题,不代表异议的理由。在涉诉专利的实施例 1 中说明了晶体的一种生产和分离模式,其中进一步鉴定了回收的晶型Ⅲ。制备包含这种晶型的药物组合物或其医疗用途属于药剂师的公知常识,就不再需要任何进一步的细节,因此,《欧洲专利公约》第 83 条的要求被视为已满足。

(三) 关于优先权有效性问题

申请人质疑优先权转让的有效性,因为向被申请人的转让发生在专利申请日之后。对于申请人的质疑,被申请人则主张应将 P1 和 P2 而不是 D5 和 D6 视为最早优先权文件的真实译文:一方面,被申请人没有提交 P1 和 P2;另一方面,D5 和 D6 均与 CN201310597329.6 和 CN201310633354.5 这些早期优先权文件翻译成欧洲专利局官方语言之一的译本相同,由申请人本人在 2017 年 10 月 24 日的审查程序中提交〔《欧洲专利公约实施细则》第 53 条第 (3) 款〕。因此,没有理由怀疑 D5 和 D6 的真实性。

欧洲专利局异议部没有同意申请人的意见,因为晶云公司和鹏旭公司明确被列为 D5 和 D6 两项优先权申请的申请人。由于两者都是 PCT 的申请人,因此不存在正式优先权的问题。所以转让发生在 D5 和 D6 的优先权日,这两个优先权日都早于涉诉专利的申请日,因此,优先权的转让是有效的。

申请人根据 D5 和 D6 对涉诉专利优先权的有效性提出质疑,因为涉诉专利的权利要求 1 中出现的 5 个峰值并未在其组合中具体披露。为了评估涉诉专利优先权的有效性,仅 D5 是相关的,因为其是 D5 和 D6 中唯一一份与目前所称的游离酸形式Ⅲ有关的文件。

欧洲专利局异议部对 D5 提供的信息披露进行了以下分析:D5 中给出了第 5 页第 1~18 行提到的具有特征峰值的晶型Ⅲ的依据,以及第 6 页第 4~8 行的相关准备。本发明不公开药物组合物或其医药用途。然而,在 D5 第 1 页上清楚地指出,本发明的技术领域涉及医药工业中已知与痛风有关的治疗高尿酸血症的特定晶型的药物。由于没有提及蒸发阶段使用的温度,申请的权利要求 17~21 是对优先权文件 D5 的生产工艺的概括。然而,本申请的权利要求 1~3 被认为得到 D5 第 5 页的支持,因为整个公开是针对图 1 或实施例 1 所描述的一种单一形式或第 5 页所列的任何特征峰值。如第 5 页第 17~19 行或第 20~21 页示例 1 所示,删除 3 个峰值不会产生新的指示。

因此,优先权被视为部分有效,该有效性涉及原申请的权利要求 1~3 所要求保护的晶型。

（四）关于诉争专利是否具有新颖性问题

申请人认为 D1、D2、D3 破坏了新颖性，因为它们分别公开了涉诉专利中针对 Lesinurad 晶型Ⅲ的组合中要求保护的所有区别峰值。申请人主张，本申请的晶型Ⅲ是 D1、D2、D3 中已知的晶型 2 和晶型 A 的混合物。因此，不符合《欧洲专利公约》第 54 条的规定，即不属于现有技术的发明应认为是新发明，而新发明才能被授予专利权。

欧洲专利局异议部没有认同申请人的分析，原因如下。D1 和 D2 公开了两种多晶型：晶型 1 和晶型 2，对于单独在水中重结晶或与乙酸乙酯结合回收的 Lesinurad 游离酸，D1 和 D3 公开了其钠盐的多晶型：晶型 A 和晶型 B。作为游离酸的晶型 2 和晶型Ⅲ最接近，不同之处在于 15.3 和 20.8 处没有峰值。晶型 A 的 4 个共有峰值与本申请的 4 个共有峰值均不是代表性峰值。申请人需要提交实验数据来证明所声称的当前晶型Ⅲ可能是已知晶型 2 和晶型 A 的混合物。如果存在杂质并污染了所寻求的游离酸晶型Ⅲ，则该晶型应为 Lesinurad 钠晶型 A，这种观点是非常值得怀疑的。

由此可见，欧洲专利局异议部在认定诉争专利是否具有新颖性时，会寻找最接近的现有技术文件，比对两者的技术特征是否存在差异并且分析此种差异的区分度。如前所述，异议部认为晶型 2、晶型 A 与晶型Ⅲ最接近，但是晶型 2 在两处不具有晶型Ⅲ峰值，这一差异是明显的。晶型 A 和晶型Ⅲ虽 4 个共有峰值相同，然这些峰值不具有代表性，不能有力佐证晶型Ⅲ相较于晶型 A 而言不属于新发明。若一项专利不满足新颖性，则其与现有技术必然存在较为紧密乃至完全相同的联系，简而言之，结合现有技术文件足以大致推断出诉争专利的主题，但欧洲专利局异议部认为在 D1、D2、D3 披露的信息中不能明确清晰地预见到目前要求保护的专利主题，因此，判定涉诉专利满足《欧洲专利公约》第 54 条的要求。此外，申请人欲证明诉争专利药物结晶仅是现有技术混合的产物，则需提交真实准确的实验数据，因为成分信息对于药物固体结晶是十分重要的要素，药物晶型可能受到其他成分的污染而变为截然不同的种类，而申请人没有相关数据，发现晶型Ⅲ存在已知成分就认为其是晶型 A，显然无法排除晶型Ⅲ被杂质污染的可能性，故不能支撑其主张成立。

（五）关于诉争专利是否满足创造性要求问题

申请人认为，鉴于 D2 或 D3 是最接近诉争专利的现有技术文件，本领域技术人员从 D2 得知存在 Lesinurad 游离酸的两种多晶型，寻找其他多晶型不需要任何创造性专业知识。因此，提出的解决办法是显而易见的，涉案专利缺乏创造性。在 D2 或 D3 中，客观技术问题都被表述为需要提供一个替代方案，因为存档的唯一比较数据是提交的数据与 D2 的晶型 2。由于不同的实验条件，这些数据被认为是不相关联的（申请人坚持认为晶型 1、晶型 2 和晶型Ⅲ提供的数据不是在同一条件下进行的）。此外，没有证据表明所提出的方案解决了在工业应用上的技术问题。如上文所述，本领域技术人员根据现有技术文件得到制备晶型Ⅲ的方法是显而易见的。根据《欧洲专利公约》第 56 条规定，如果考虑到现有技术，一项发明对于本领域技术人员不是显而易见的，应认为具有创造性，故此，判定发明是否有创造性的标准就是在本领域技术人员看来，能否结合现有技术显而易见地得到该项发明。

通过分析欧洲专利局异议部的阐述，可以得出其不支持申请人主张的理由如下：最接近的现有技术应当是针对同一产品、具有相同目的的现有技术，并且只考虑最共同的特征。如本案专利所述，D2 属于 Lesinurad 的游离酸形式，而 D3 属于其盐的形式，因此，D2 是最佳改善溶解度差问题的文件，其能够更好地进行体内吸收和生物利用，而不影响药效，从而减少药物剂量和提高化学稳定性，D2 是本案中唯一可能的最接近现有技术的文件，而不是申请人声称的 D2 或 D3。

申请人 2017 年 10 月 24 日提供的实验数据显示，与 D2 相比，D2 的拟议晶型，即晶型Ⅲ更易溶解，在相对高湿度条件下更稳定。尽管根据 2017 年 10 月 24 日的文件，D2 的结果是复制晶型 1 和晶型 2 得到，但仍表明进行了试验。此外，晶型Ⅲ的溶解度试验是在相同条件下进行，对这三种晶型进行实质性的比较是毫无疑问的。申请人以晶型Ⅲ改进效用不大提出反对意见，而对商业产品的剂量没有影响。相反，欧洲专利局异议部注意到，随着时间的推移，新的晶体形式的溶解度比 D2 的溶解度有所提高。据此，欧洲专利局异议部认为，测定稳定性的条件适用于涉诉专利的实例

2, 并且确实显示出晶型Ⅲ的更好的化学稳定性。

目标技术问题是提供游离酸 Lesinurad 的改进晶型, 权利要求1的拟议晶型Ⅲ被证明解决了该问题。如果只是寻找替代性多晶型来预期更好溶解性和稳定性, 在所引用的现有技术中并不能得出涉诉专利所提议的解决方案。由于要求保护的晶型Ⅲ涉及创造性步骤, 因此其生产方法和医疗用途也是如此。欧洲专利局异议部据此认为涉诉专利符合《欧洲专利公约》第56条的要求。

由此可见, 在创造性的问题上,《欧洲专利公约》和我国《专利法》基本保持一致, 均从本领域熟练技术人员的角度出发, 以最接近的现有技术为参考, 判断一项发明对本领域熟练技术人员来说是否具有显而易见为判定标准。在本案中, 欧洲专利局在评价涉诉专利创造性的同时给出了最接近现有技术的界定标准。此外, 欧洲专利局异议部还将创造性标准结合案情进行了具体分析, 即总结出一项专利的目标技术问题, 该专利被证明能够确实解决这一问题以及本领域熟练技术人员运用最接近现有技术无法得出该专利提出的解决方案。若上述条件均满足, 则可以认为该专利具有创造性。这些标准在一定程度上体现了欧洲专利局注重发明实用性的价值取向。正如《欧洲专利公约》在界定授予专利权对象时要求该对象必须要"能在工业中应用", 我国企业在作出欧洲专利申请决策、申请审查过程中可予以适当考虑以上倾向, 对发明创造性的部分要围绕上述标准进行着重描述, 从而提高获得专利权的可能性, 而在专利无效行政案件中, 也可以此为起诉或答辩的要点, 增加胜诉的概率。

五、镜鉴启示

(一) 明晰中欧专利异议程序规则差异, 更好进行海外维权

中欧专利异议程序规则方面存在诸多不同, 充分了解二者之间的差异, 是企业有效进行海外维权的前提。具体而言, 差异体现在以下几点:
(1) 异议期限差异。《欧洲专利公约》第99条规定, 在刊载授予欧洲专利之日起算的9个月内, 任何人均可向欧洲专利局所授予的专利提出异议通知。本案涉诉专利的授予已由2018年10月3日《欧洲专利公报》发表,

而申请人于 2019 年 7 月 1 日提起诉讼，处于规定的异议期间内。根据我国《专利法》第 45 条，自国务院专利行政部门公告授予专利权之日起，任何单位或者个人认为该专利权的授予不符合专利法有关规定的，可以提出宣告专利权无效请求，并未规定具体期限。(2) 审理程序差异。根据《欧洲专利公约》的有关规定，异议主要由欧洲专利局下设的异议部和申诉委员会处理。异议部负责对欧洲专利提出的异议进行审查，如果异议是可以受理的，异议部应审查按《欧洲专利公约》规定的异议理由是否损害欧洲专利的维持，以口头程序为审理的主要形式。若当事人对异议部作出的决定不服，可向申诉委员会提出申诉，申诉具有中止异议部所作出决定的效力。需要注意申诉必须在决定通知之日起的 2 个月内，以书面形式向欧洲专利局提出。只有在缴纳申诉费用后，申诉才应视为已经提出。可见对于欧洲专利的异议程序，主要是在欧洲专利局这一行政系统内进行的，并不涉及法院审判的司法系统。我国《专利法》和《专利法实施细则》规定，请求宣告专利权无效的，应当向专利复审和无效审理部提交专利无效宣告请求书和必要的证据。请求书应当结合证据具体说明无效宣告请求的理由以及所依据的证据。对专利复审和无效审理部决定不服的，可以自收到通知之日起的 3 个月内向人民法院起诉。因此，我国的专利无效宣告程序不同于欧洲的单一行政体制，是行政与司法相结合的。(3) 异议理由差异。《欧洲专利公约》第 100 条规定，提出异议只能基于如下理由：①欧洲专利的主题按第 52~57 条的规定，不能获得专利的；②欧洲专利没有充分清楚、完整地公布其发明以致本行业熟练技术人员不能实施发明；③欧洲专利的主题超出了原来提出的申请的内容，或者如果专利是根据分案申请或者按第 61 条提出的新申请授予的，其主题超出了原来提出的在先申请的内容。从本案原告的诉由可以看到，从专利的新颖性、创造性等实体条件，到披露的充分性、申请文件的修改，使用了《欧洲专利公约》第 100 条的所有异议理由。我国《专利法实施细则》所规定的请求宣告专利权无效理由要多于《欧洲专利公约》，除以上理由外，还有：①不属于专利法规定的发明、实用新型和外观设计范畴；②申请专利和行使专利权应当遵守诚实信用原则，不得滥用专利权损害公共利益或他人合法权益；③同样的发明创造只能授予一项专利权;④权利要求书应当以说明书为依据,清楚、简要地限定专利权要求保护的范围。

(二) 重视海外专利审查要点,增添"获权"筹码

纵观本案原告诉由和欧洲专利局阐发观点,可以看到争议焦点主要集中于新颖性、创造性、说明书公开不充分等。《欧洲专利公约》不同于我国专利法律,其规定的异议理由较少,基本限于上述几种,相应地提出异议的法律依据也更有限,故这些要点必然成为专利申请审查程序、专利无效行政诉讼的核心。虽然我国专利法律法规同样对此做出了相应规定,但是具体审理过程中价值判断和选择存在的不同倾向也会影响最终判决结果。企业应给予上述要点充分的关注,了解欧洲和我国相关机构对这些问题的侧重点,有选择地适时调整申请和答辩策略,可以提高获权可能性、授权后专利维持的稳定性以及针对无效宣告请求的"防守"能力。

(1) 创造性。欧洲专利局在说理中给出了创造性的判断依据:①针对同一产品的技术领域内筛选现有技术;②该领域内的技术还应当具备相同目的;③应当只考虑最共同的特征。根据这些步骤遴选出的技术则是与专利技术最接近的现有技术。进而将专利技术和最接近现有技术进行比对,找出专利的目的技术问题,如果该专利提出的改进方案能够解决这一问题,且本领域熟练技术人员根据最接近现有技术无法得出该专利的改进方案,则该项发明满足创造性要求。我国《专利法》规定若一项发明与现有技术相比具有突出的实质性特点和显著的进步则可认定该技术具备创造性。《专利审查指南》规定的"三步法"是判断创造性的主要标准:第一步,在专利技术所属的技术领域中,寻找最接近的现有技术;第二步,寻找二者的技术区别;第三步,分析该技术区别是否具有显而易见性,如果有显而易见性则不具备创造性。大多数国家和地区在比较专利技术与现有技术,认定是否有创造性时仅将"非显而易见性"作为判断标准,《欧洲专利公约》也同样如此。但是这唯一的衡量因素在实践中较为笼统和模糊,因此,如上文所述,欧洲专利局细化为本领域技术人员不能根据最接近现有技术得出能够解决目的技术问题的改进方案,使得"非显而易见性"趋于清晰明确。我国规定的突出的实质性特点和显著的进步,除满足

非显而易见性的条件之外，还应取得一定的技术效果。现行司法解释规定，当一项技术属于现有技术与公知常识的简单组合，则该技术仍然被认为构成现有技术，即不具有专利性。如果"三步法"中的第三步该技术区别是一种公知常识，且将现有技术与公知常识相组合具有显而易见性则实质上变成了对创造性的考察。❶

（2）说明书公开不充分。说明书公开是指本技术领域的任何人员借由说明书，无须经过复杂思考就可以理解该说明书中所记载的技术方案。说明书公开必须要达到法律规定的"清楚、完整的说明"程度，且本领域技术人员能够实现。如果说明书公开不充分，则应丧失新颖性。《欧洲专利公约》和我国《专利法》在这一问题上基本保持一致，但也有观点认为说明书公开的标准具有一定的浮动空间，应该综合考量具体技术领域、所能实现的技术效果等重要因素进行判断。欧洲专利局在一定程度上参考了这一观点，认为药物晶体生产是具有较强不确定性的工业过程，因此，说明书只需给出代表性的生产程序，对于公知常识不必赘述。

（3）权利要求不清楚。权利要求不清楚，则难以确定保护范围，导致在诉讼中无法进行侵权比对，因此会丧失专利的有效性。我国最高人民法院所发布的指导性案例的裁判要旨指出：如果权利要求不清楚，结合说明书、附图、公知常识及相关现有技术，仍不能确定权利要求书中技术术语的具体含义导致无法确定保护范围的，则不认定构成专利侵权。❷ 因此，在我国这一要求不仅是专利审查的重点，也是侵权诉讼中抗辩的主要理由。《欧洲专利公约》第 84 条规定，权利要求书应确定请求保护的内容。权利要求书应当清楚、简明，并以说明书为基础。虽然《欧洲专利公约》不像我国专利法律将"权利要求应当清楚"作为专利无效宣告请求的理由，但企业仍需引起重视，否则可能导致专利申请被驳回，进而对企业海

---

❶ 劳芳，赵菁. 从专利无效、行政诉讼的案例看药物晶型的创造性 [J]. 中国发明与专利，2016（2）：110 – 115.

❷ 柏万清诉成都难寻物品营销服务中心等侵害实用新型专利权纠纷案（最高人民法院指导案例 55 号）[EB/OL]. [2021 – 06 – 21]. https：//cgc. law. stanford. edu/wp – content/uploads/sites/2/2016/01/GC55 – Chinese. pdf.

外知识产权战略布局产生不利影响。我国法院在司法审判实践中总结出了以下判断权利要求是否清楚的几个主要因素,对企业撰写权利要求书、提出或反驳专利无效宣告请求有所裨益:①权利要求的类型要清楚,主题名称也应该清楚;②每项权利要求的保护范围应当清楚,技术特征之间的关系也应当清楚;③作为一个整体的技术方案也应当清楚,技术特征之间的引用关系也应当清楚。每项权利要求是否清楚的判断,需要从词义、标点符号、语句的表述、整体技术方案的理解等方面进行考量。另外,还应当从整体的技术方案出发,以一个本领域普通技术人员的标准进行判断。

(三) 跟踪技术研发趋向,提升创新基点

医药产业是典型的知识产权密集型产业,药物的研发生产对专利的依赖程度很高。药企的发展如果受到专利的限制,很可能会损害和阻碍向海外拓展市场的企业战略进程,在具有成长空间的热点领域竞争中失去良机。目前药物研发的热点集中于药物晶型,原研药厂和仿制药厂在药物晶型领域的专利布局"战争"也渐趋白热化。晶型药物研究的重要性体现在技术和专利两个层面:在技术层面,能够使制备的药物具有更好的生物活性,提高药物的化学稳定性和生物利用效益,降低不良反应发生的可能性和产品质量差异,达到增强临床疗效的目的。在专利层面,晶型药物专利的重要性在于:原研药企申请药物晶型专利能够获得技术保护,在延长基础专利保护期的同时可形成对仿制药企业的专利壁垒,扩大自身的技术优势;而仿制药企研发通过不同的药物晶型并请求专利保护,能够另辟蹊径地绕开原研药厂的专利障碍,获得制衡原研药企的资本,增强技术竞争力,博取一定的市场份额。

由于晶型技术的特殊性,使得药物晶型专利从申请文件的撰写,到申请文件的审查,以及专利授权后的无效、行政诉讼审理等多个程序均存在自身的特点。在专利复审委数据库中对涉及药物晶型专利的无效案例进行大致梳理后发现,创造性问题是药物晶型无效阶段争议的焦点,其中晶体是否具备"预料不到的技术效果"是创造性争议最多的问题。❶ 因此，对于申请人和专利权人而言，要达到成功布局晶型专利、维持专利权稳定性的战略目标，关键一环就是根据药物晶体的研发成果，以文字和图形的方式充分体现晶体产品中的创造性元素并将其撰写到申请文件中。反过来相关药企也能从目前我国对于药物晶型专利的创造性的要求中得到进行药物晶型制备、研发的思路和方向等有益的启示。

对于制药企业而言，在晶型专利保护方面应注重以下三个方面：(1) 给予药物晶型专利的知识产权保护充分重视。原研药企业应全面开发晶型药物，以晶型专利为核心，相关技术专利为支点形成较为完备的外围专利网，真正做到数量布局为柱、质量优势为梁，充分延长晶型药物的生命周期。仿制药企若想免受原研药企的专利壁垒阻隔，也应积极寻找即将失效专利蕴含的信息，对该专利结合自身技术进行二次开发，积极提出挑战专利，捷足先登，在竞争中获得一席之地。(2) 晶型专利的申请不应限于简单常规的技术转化，核心是其创造性应达到相当的高度，注重获得的晶型要有预料不到的用途或者效果方可顺利获权并维持专利权稳定。(3) 晶型的申请要内容翔实、公开充分，说明书、附图等相关资料要详尽齐备、严谨周密，既要全面保护专利发明，又要保证言之有据，尽量压缩或避免产生争议空间。❷

---

❶ 李轲. 关于司法审判中权利要求是否清楚的判断的思考［J］. 中国发明与专利，2015 (11)：112 – 114.

❷ 王雪，张宝喜，靳桂民，等. 药物晶型专利无效案例中的创造性和新颖性分析［J］. 医药导报，2020，39（5）：715 – 722.

参考文献

[1] 郑薇. 新能源汽车的技术专利研究 [J]. 汽车技术, 2009 (5): 43-45.

[2] 孙南申. 美国知识产权法律制度研究 [M]. 北京: 法律出版社, 2012.

[3] 李明德. 美国知识产权法 [M]. 2版. 北京: 法律出版社, 2014.

[4] 林艺思, 王宁玲, 宋嘉瑜. 管理美国专利诉讼风险 [J]. 进出口经理人, 2009 (11): 54-55.

[5] 马辉. 美国专利权利要求解释的简介 [J]. 知识产权, 2010, 20 (117): 95-96.

[6] 王翀. 论实施等同原则的体系性制度需求 [J]. 政治与法律, 2015 (5): 105-116.

[7] 杨志敏. 德国法院对专利等同原则的适用及其启示 [J]. 法商研究, 2011 (4): 127-134.

[8] 张小林. 论专利法中的"本领域普通技术人员" [J]. 科技与法律, 2011 (6): 22-29.

[9] 李曼. 行为保全制度的标准构建: 以美国法中间禁令制度的衡量标准为参考 [J]. 烟台大学学报 (哲学社会科学版), 2016, 29 (5): 26-36.

[10] 毕潇潇, 房绍坤. 美国法上临时禁令的适用及借鉴 [J]. 苏州大学学报 (哲学社会科学版), 2017, 38 (2): 86-95.

[11] 成小爱. 美国审前证据动议程序: 证据的隔离机制 [N]. 人民法院报, 2020-11-20 (008).

[12] David Musker. 欧盟外观设计专利制度介绍 [J]. 电子知识产权, 2004 (4): 29-32.

[13] 颜森. 《欧盟外观设计发展情况 (2010—2019)》报告述评 [J]. 中国发明与专利, 2020 (8): 24-30.

[14] 赵哲. 企业该如何应对涉外专利纠纷 [J]. 中国知识产权, 2016 (5): 1.

[15] 托马斯·库勒. 德国对科技发明创造的法律保护 [J]. 中德法学论坛, 2016 (13): 271.

[16] 于潇，孙英隽．专利情报分析对企业创新的影响研究［J］．情报科学，2007 (11)：1668-1671，1678．

[17] 刘红光，吕义超．专利情报分析在特定竞争对手分析中的应用［J］．情报杂志，2010，29（7）：35-39．

[18] 徐明．欧洲专利制度研究［M］．上海：华东理工大学出版社，2017．

[19] 杨山石，金春林，黄玉捷，等．全球医药及医疗器械领域专利布局及创新趋势［J］．中国卫生资源，2020，23（3）：201-205，216．

[20] 丁艳辉，王艳．企业专利管理视角下的专利申请文件质量要求探究［J］．科技经济导刊，2019，27（8）：223．

[21] 于莉．从审查角度看制剂专利申请文件撰写中的常见问题及改进建议［J］．中国医药生物技术，2018，13（4）：381-384．

[22] 郝琳佳．浅谈涉外专利申请文件翻译及撰写的重要性［N］．中国知识产权报，2016-11-16（005）．

[23] 汪宇伟．欧洲专利实践中的辅助请求及其对中国专利实践的借鉴意义［C］//中华全国专利代理人协会年会第五届知识产权论坛论文集（第一部分）．中华全国专利代理人协会，2014．

[24] 邓启红．浅论专利实施例的法律效力［J］．中南林业科技大学学报（社会科学版），2008（2）：48-50．

[25] 吴离离．对专利优先权制度的正确认识与合理运用［J］．中国专利与商标，2011（3）：48．

[26] 刘点，肖冬梅．日本专利异议制度回归缘由及其启示［J］．湘潭大学学报（哲学社会科学版），2018，42（3）：49．

[27] 闰晓苏，庆俊梅（编译），陈卫明（审校）．欧洲专利局专利异议程序与技术领域关系初探——多样技术孕育多样战略［J］．专利文献研究，2007（1）．

[28] 马秀山．说三国谋略话专利经营隔岸观火——谈谈专利的异议及无效程序的运用［J］．中国民营科技与经济，1998（4）：64．

[29] 赵晨．专利价值评估的方法与实务［J］．电子知识产权，2006（11）：26．

[30] 李轲．关于司法审判中权利要求是否清楚的判断的思考［J］．中国发明与专利，2015（11）：112-114．

[31] 王雪，张宝喜，靳桂民，等．药物晶型专利无效案例中的创造性和新颖性分析［J］．医药导报，2020，39（5）：715-722．

后　　记

本书是在江苏省知识产权局的指导下，由南京理工大学知识产权学院郑伦幸副教授、聂鑫副教授、徐升权副教授、董新凯教授以及若干研究生组建的课题组编著完成。除编写人员外，南京理工大学知识产权学院博士研究生卞秀坤，硕士研究生郭冰玉、艾静、杨震、唐青、马铭昭、魏铖雨、王晨、王雪琪、牟晓宇、任璐、王晓妍、姚璐莹、赵紫苏、刘涛、吴一凡对本书的编著也作出了一定贡献。

本书的成稿要感谢江苏省知识产权局支苏平局长、赵旗副局长，以及张卫东、袁晓辉、树轶、王懿晨、郑鹏等同志，正是他们的信任、支持和专业指导，让本书得以顺利出版；南京理工大学科学技术研究院王庚常务副院长、冷静副处长、杜建斌科长、卢芳老师等领导和同事对本书的出版给予了大力支持；南京理工大学知识产权学院戚湧常务副院长、施君书记对本项目实施高度重视，并为本书的撰写提供了必要的条件支撑。还要特别感谢的是知识产权出版社刘江编辑领衔的团队，为本书的及时面世付出了艰辛劳动。

由于本书是按照"寓教于研"的教学思想，吸纳广大研究生参与案例的研究与撰写，所以本书案例与案例之间的体系化难免不足，不少观点结论的得出可能不够周全，论据资料的使用亦可能存有谬误，因此，恳请同行专家对本书的谬误和不足不吝批评指正。

编写组

2021 年 9 月 15 日